KB051568

유목민 이야기

유라시아 초원에서 디지털 제국까지

유목민 이야기

초판 1쇄 발행 2002년 1월 10일
개정 2판 1쇄 발행 2016년 11월 10일

지은이 김종래
펴낸이 이승철
편집 이덕완 박일구
디자인 김진디자인

펴낸곳 꿈엔들
등록 2001년 8월 1일 제 10-2423호
주소 경기도 파주시 탄현면 헤이리마을길 93-75 B-114
전화 032-327-4860 ㅣ 팩스 0303-0335-4860
이메일 hunykhan@hanmail.net

ISBN 978-89-90534-25-5 03900

• 정성을 다해 만들었습니다만, 간혹 잘못된 책이 있습니다.
  연락 주시면 바꾸어 드리겠습니다.

유라시아 초원에서 디지털 제국까지

유목민 이야기

김종래 지음

꿈엔들

식물의 고향은 흙 속이지만

동물의 고향은 바람 속이다

식물적인 사회는 정착해서 자라지만

동물적인 사회는 이동하면서 성장한다

외로운 인간아

영혼은 머무는 것인가 떠나는 것인가

그리고 바람은
다시 제 갈 길로 돌아간다

서기 2000년 0시의 눈물

지금도 기억하고 있다.

처음 몽골의 대지에 두 발을 딛었을 때 눈앞에 펼쳐지던 그 막막한 풍경. 나를 꼼짝할 수 없이 가두고 있는 사방의 지평선은 단지 '황량한 들판'이라고 말해 버릴 수 있는 그런 것이 아니었다. 무릎 닿는 풀 한 포기 없고, 그늘이 되어 줄 나무 한 그루 자라지 않으며, 마른 목을 적실 물 한 모금 찾기 어려운 그곳. 방향을 가르쳐 줄 만한 표식은 물론이요 불러 볼 사람 하나 없이 영하 50도의 추위와 맹렬한 더위만이 자리를 바꿔가며 인간의 방문을 한사코 거부하는 땅. 그곳에는 고독한 영혼을 위무할 꽃들의 향기도, 수고로운 생애를 맡길 숲의 그늘도, 대지에 심어 놓고 생명의 육성을 노래하며 수확을 기다릴 씨앗도 없었다.

몽골의 대평원에 섰을 때 대부분의 사람들은 묵묵히 입을 다물고 육체적 긴장에 사로잡힌다. 그 벌판을 대하는 순간, 그동안 머리 속에 저장되어 있던 생존 방법이 단 하나도 먹혀들 것 같지 않은 어떤 한계 상황을 만나는 것이다. 정착문명 속에서 누려온 생존의 방법이 그 황량한 곳에서는 전혀 쓸모없는 것이 되어버린다. 그랬을 때 인간은 무슨 생각을 하게 되는가? 그곳에서 역사는 어떤 의미를 갖는가?

감히 그에 대한 이야기를 해보려고 마음먹은 것은 1999년 12월 31일 밤 12시였다.

그 생각만 하면 지금도 씁쓸하기만 하다. 거리는 넘쳐나는 인파들로 들끓고, 도시는 수천 개의 헤드라이트 불빛으로 작렬하고 있었다. 그 분주한 어둠 속에서, 성난 공룡이 불빛을 쏘아 대는 것처럼 골목 안까지 속속들이 쑤셔 대는 차량들, 대낮보다 밝은 밤, 부딪치는 발길들, 정체되는 자동차…… 사람들은 지구가 한 천년의 끝을 어떻게 마감하고 시작하는지를 보고자 어깨를 부딪치며 몰려다니는 중이었다.

지상에서 이같은 대축제를 벌일 수 있다는 사실이 인류는 감격스러웠을지 모른다. 그 밤을 만끽하게 해준 위대한 문명이 자랑스럽기까지 했을 것이다. 그래서 다들 먼 곳에서 먼 곳에 있는 자의 표정을 확인하고 또 확인하고 싶어하는 것 같았다.

자정이 임박할수록 이동전화의 폭주로 휴대폰이 자꾸만 불통되고는 했다. 도대체 서기 2000년의 0시라는 시간이 무엇이기에 다들 이 밤을 그냥 지나쳐 갈 수 없다는 말인가?

그 가공할 욕구를 충족시키기 위하여 공중파는 최신 단말기를 작동하여 여섯 개의 대륙에 걸친 주요 도시와 오지들을 접속하고, 지구촌의 표정과 메시지를 중계했다. 그리하여 마술처럼, 그 시각이 어떤 곳에서는 아직 12월 31일이었을 테고, 또 어떤 곳은 2000년 1월 1일이 지났을 터임에도 불구하고 지난 천년의 매듭을 동일한 전광판 위에서 동일하게 소멸시켰다. 거대한 밀레니엄 하나가 그렇게 굉음 속에서 막을 내린 것이다.

도약의 시대, 풍요로움을 꿈꾸는 시대, 문명을 기획하는 시대, 그 모든 낡은 꿈의 종착지인 한 천년의 마지막 밤을 보내고 '새로운 시간의 탄생'을 맞는 자리. 인류는 들떠서 과거에 일어난 사건들로부터 온갖 의미를 도출해 보지만, 지구촌이 체험할 미래의 일정에 대해서 대략의 윤곽이나마 그려낼 수 있는 자가 얼마나 될 것인가?

저물면서 멀어지는 망망대해와 같은 황혼 속에서 낯설고 새로운 시간들에 매우 근접해 있는 자, 그리하여 『21세기 사전』을 저술한 프랑스의 자크 아탈리 조차도 공포감을 감추지 못한다.

> 21세기 중반에 세계 인구는 80억을 넘어설 것이다. 대부분이 도시 유목민인 이들은 인구 500만이 넘는 숨막히는 도시에서 사는 경우가 많을 것이다. ……노동은 매우 불안정해질 것이다. ……가상현실은 많은 사람을 광기로 몰아넣을지도 모르며 다양한 형태의 유목 생활이 전염시키는 미지의 바이러스 때문에, 기상 재난 혹은 원자력 사고 때문에 상당히 많은 사람이 목숨을 잃게 될지도 모른다.
>
> ― 자크 아탈리, 『21세기 사전』

몽골 대평원

1900년대의 소멸과 함께 시작된 이 이상한 열풍은 새로운 밀레니엄의 인간들을 거의 완벽하게 사로잡고 있었다. 이 열풍을 만들어낸 신(新)인류의 이상한 퍼스낼리티를 앨빈 토플러의 말을 빌려 '미래 쇼크'라고 해도 될 것이다.

> 미래 쇼크는 시간적 현상으로 사회적 변화 속도의 대폭적 가속화의 산물이다. 그것은 새로운 문화가 낡은 문화와 중첩되는 데서 발생한다. 그것은 자기 자신의 사회 내부에서 일어나는 문화 쇼크이다. 그러나 그 충격은 훨씬 더 심각하다. 대부분의 평화봉사단원, 그리고 실제로 대부분의 여행자들은 그들이 남겨 두고 온 문화로 언젠가는 되돌아갈 수 있다는 것을 알기 때문에 위안을 얻게 된다. 그러나 미래 쇼크에 걸린 사람은 돌아갈 곳이 없다.
> — 앨빈 토플러, 『미래 쇼크』

방금 떠나온 과거의 땅으로 인류는 다시는 돌아갈 수 없다! 사람들이 그 시각에 어떤 마술에 걸려 있었던 까닭은 여기에 있다.

그 소란스런 와중에서 그날 밤 나는 어떤 큰 재앙에 대한 이야기 하나를 들었다.

초원으로부터의 리포트

몽골어로 '강(Gan)'이라고 하는 자연재해가 있다. 초원에 이상기온이 생겼을 때 찾아오는 집중 가뭄 현상의 하나이다. 이 '강'을 만나면 몽골은 초가을부터 풀이 말라 가축들이 기나긴 겨울과 봄을 나는데 필요한 영양분을 섭취하지 못한다. 여기서 유목민에게 있어서 가축이 무엇인가를 설명한다는 것은 지나치게 고리타분한 것일 수 있다. 간단하게 말해 두자. 유목민들에게 가축은 식량, 수송, 구매(현금/물물교환) 뿐만 아니라 보건, 교육 시설의 접근 수단이기도 하다. 하지만 무엇보다도 중요한 것은 생활의 필수적인 부분이라는 차원을 넘어 가족의 개념을 갖는다는 점이다.

그렇다면 한낱 자연 재난(?)으로 가족의 일부가 소멸해 버리는 것을 인간이 속수무책으로 지켜볼 리가 없다.

자연 재난에 대비해 초원의 유목민들도 저축을 해왔다. 봄, 여름, 가을, 겨울에 따라 초지(草地)를 계절별로 나누어 비축해 두고 살았던 것이다. 그래서 유목민들은 '강'을 만나면 이듬해 새싹이 돋을 때를 가늠해 가며 겨울과 봄에 쓸 저축 초지를 조금씩 절약해서 사용하면 되었다. 몽골에서도 대대로 그렇게 해왔다. 이같은 지혜가 다행히 계획대로만 되어 준다면 유목민들의 평화는 나름대로의 흉년과 풍년을 교차하며 지속될 것이다. 어떤 해는 겨울나기가 조금 어렵고, 또 어떤 해는 가령 보릿고개 같은 것을 넘기기가 조금 수월해지는 선에서, 오히려 단조롭지 않은 일상의 순환 과정에서 길고 짧은 행복을 발견할 수도 있을 것이다.

그러나 인간의 이성은 신의 힘을 다스리지 못한다. 우리 속담에도 복은 쌍으로 오지 않지만 화는 쌍으로 온다는 말이 있다. '강'을 이기기 위해 겨우겨우 절약하면서 살아온 이들에게 숨돌릴 틈도 없이 더 큰 재앙이 들이닥치는 수가 있다. 이른바 '쪼드(Dzud)'라고 하는 겨울 재해가 그것이다. '쪼드'는 여름과 가을의 가뭄 뒤에 때이른 강추위가 들이쳐서 인간과 가축을 위협 속에 빠뜨리는 재난인데, 정착민들이 알고 있는 천재지변 즉, 태풍이나 홍수 혹은 지진의 위협과는 비교도 안되게 무서운 것이다. 가뭄에 지쳐 허기진 자들의 대지에 눈이 내리고 얼음이 언다. 가축과 인간은 그 속에서 마실 물을 확보할 재간이 없다. 그래서 하는 수 없이 미래를 훔치는 일로부터 재난이 시작된다. 겨울과 봄에 살자고 당장 굶어죽을 수는 없는 노릇이니까. 일단 저축 초지를 가불(?)해서 사용하고 나면 미래의 불안에 초조하지 않을 중생은 없다. 그것은 처음에는 조심스럽게, 하지만 점점 노골적으로 초지의 황폐화를 진행시킨다. 갈수록 그것을 차지하려는 경쟁이 가속화되고 결국에는 내분이 일어난다. 그리하여 저축 초지 전체가 쑥밭이 되고 난 뒤의 결과를 상상하기란 어렵지 않다. 추위는 나날이 심해지고 배는 더욱 고파 온다. 유목민들은 이제 어디론가 길을 나설 수밖에 없다. 그곳이 어디이며 어떤 경계선이 쳐져 있는 곳이건 초지를 찾으면 뜯어야 되고 그걸 막으면 싸워야 된다.

이 이야기를 구태여 13세기까지 거슬러 가서 해야 할 까닭은 없다. 1999년 가을, 몽골 유목민들은 '강'을 만났다. 여름부터 시작된 가뭄으로 풀이 거의 없는 상태였다. 게다가 일찍 내린 눈이 두터운 얼음층을 만들어 동물들은 가을이 채 가기도 전에 마실 물도 먹을 풀도 구할 수가 없게 됐다. 그 상황이 얼마나 처참했는지를 CNN 방송은 이렇게 전한다.

> 몽골인들이 30년 만에 최악의 겨울에 직면해 있다. 가뭄 뒤에 눈보라와 꽁꽁 얼어버린 날씨가 사람과 가축을 시시각각으로 위협해 오고 있는 것이다. 유목민들은 추위를 막는 원형 천막의 난로에 피울 연료인 '건조해진 동물 배설물'의 부족을 겪고 있다. 전국적으로 기온이 영하 56도까지 곤두박질쳤고, 눈은 가축들이 주식으로 하는 목초지를 덮어 버렸다. 이미 백만 마리 이상의 가축을 죽여 버렸고, 고립된 시골 공동체는 위험하다.

유엔 관계자는 기아에 직면한 유목공동체 50만 명이 벼랑 끝에 서 있다고 경고한다. 어떤 지역에서는 가축의 절반이 죽어서 '겔'이라는 유목 텐트 주위에 시체가 산더미처럼 쌓여 있다. 양들이 절망적으로 흙과 돌을 먹는가 하면 소들은 말꼬리를 씹기도 한다. 어떤 주민은 죽은 양의 배를 갈라 보니 배 안에 자갈과 흙이 가득 차 있었다고 말한다. 굶주림을 참지 못해 절망적으로 흙을 파먹은 것이다. 유목민이 의존하는 유제품은 소가 죽었거나 젖을 내지 못하기에 거의 사라져 버렸다. 엄마들은 아기들에게 우유 대신 미음을 준다. 타고 갈 말이 없어서 출산이 가까운 임산부들은 수마일을 걸어서 병원에 가지만 그곳도 어렵기는 마찬가지다. 격심한 눈보라로 모든 말들이 사라져 버렸고, 폐렴이 계속 번지고 있으며, 학교는 문을 닫았다. 그리고……

1999년 12월의 마지막 밤을 몽골 유목민들은 그렇게 맞고 있었다.

끝없는 눈보라. 영하 50도의 추위를 헤치고 유목민들은 집을 나간 가축들을 찾아 헤매고, 동물들(소, 양, 염소, 말, 낙타)은 밤이면 추위를 이기지 못해 길가로 모여든다. 그 풍경은 측은하다 못해 고통스럽다. 추운 바람에 거의 미동도 하지 않던 어린 소가 어느 순간 뒷다리가 접혀서 도리깨질을 하고, 얼어죽게 된 조랑말이 길가에 곧추 서 있다. 최소한의 힘도 없어서 무릎을 꿇고 있는 모습이 좌절 그 자체다. 간신히 살아 있는 말들은 마지막 안간힘을 써서 앞다리로 얼음을 파헤치며 풀을 찾는다. 몽골 말은 땅딸막하지만 매우 강인하다. 그 말들은 동굴벽화에 새겨져 있는 말처럼 진한 갈색이나 검은 색으로 덮인 갈기와 크고 추한 머리를 가진 역사 이전의 말처럼 보인다. 그

'강'과 '쪼드'가 휩쓸고 지나간 몽골 초원은 죽음의 빛깔 그 자체였다. 새 풀이 돋을 무렵 야생동물에게 살점을 뜯긴 가축들의 하얀 시체가 초원을 가득 채우고 있다. 이 사진은 2000년 2월 몽골을 방문한 김호석 화백이 촬영한 것이다.

겨울을 통과하는 양떼

런 말들이 굶주렸고, 갈빗대는 하얀 반점이 있는 피부에 드러난다.

더욱 기가 막힌 것은 가축들이 봄을 두려워한다는 데 있다. 적어도 낮에는 기온이 올라가지만 대지는 아직 눈으로 쌓여 있다. 잔인한 역설은 봄의 모래바람이 단지 죽음만을 가져올 것이라는 점이다. 가축 사망률은 눈보라와 먼지 폭풍이 불고, 풀이 자라지 않는 봄 동안에 계속 증가할 것이며, 무엇보다도 새끼를 밴 동물들이 죽을 것이다. 양들은 보통 3월에 새끼를 낳는데 그때까지 새끼를 배 안에서 키울 능력이 없고, 새끼를 낳더라도 젖을 줄 수 없다.

이 참혹한 풍경이 유라시아 대륙에서 전개되고 있다는 사실을 몽골 유목민의 강인함을 아는 사람들은 믿고 싶지 않을 것이다. 몽골에서는 사실 악천후가 전혀 이상한 것이 아니다. 고비 사막의 기온은 겨울에 섭씨 영하 50도에서 여름에 115도까지 올라간다. 바람은 자갈이 많은 잿빛 갈색의 모래 위에 끊임없이 분다. 그런 환경 속에서 단련된 많은 유목민들은 어지간히 어려운 생활을 맞아서는 아무런 감정도 표현하지 않는다. 그러나 지나치게 비정상적인 어려움이 침묵을 깨뜨리게 한다.

이같은 상황에 대해 CNN이 인터뷰했던 한 부족장은 한 마디로 일갈하고는 서둘러 등을 돌려 버린다.

인간은 대지의 질서를 떠난 지 오래되었다. 이것은 하늘이 내리는 재앙이다.

불멸

내게 이 이야기를 들려준 친구는 몽골 현지에서 만난 한 소년의 사연에 흥분하고 있었다. 지프를 타고 가다 만난 소년은 머나먼 도회지로 약을 사러 가는 중이었다고 했다. 소년이 귀가하자면 밤새워 길을 걸어서 늦은 아침에 약을 구해 땅거미가 진 후에야 도착할 수 있다. 그 사이에 환자는 죽어 있을지도 모른

지금은 시골 소년의 모습일 뿐인 이 아이의 피 속에도 유라시아 대륙을 질주했던 초원 유목민의 강인한 유전자가 흐르고 있으리라. 초원의 아이들은 자신이 '푸른 늑대의 후예'임을 자랑스러워 한다.

다. 그 막막한 거리감, 그 아득한 공간의 절망감에 비하면 마라톤의 전설은 차라리 어리광스러운 것이었다.

　마라톤 경기가 그래서 생겨났다. 그리스에서 전투에 나섰던 어느 병사가 승전을 확인하고 나서 그 기쁜 소식을 아테네 시민에게 알리기 위하여 물경 42.195킬로미터를 내달린 끝에 절명했다. 인류는 왜 이것을 신화로만 스쳐 버리지 않고 '마라톤 경기'라는 기념비를 남기게 되었을까? 그에 대해 『거리의 소멸 @ 디지털 혁명』이라는 책의 한 필자는 이렇게 설명한다.

　　마라톤의 전설은 '거리'가 인간의 삶을 얼마나 구속하는지 단적으로 보여주는 예이다. 사실 인류는 오랫동안 거리의 제약에서 벗어나지 못한 채 주어진 공간을 숙명으로 받아들이고 살아야 했다.

　이 숙명과 싸우기 위해 인류가 지불한 대가를 생각한다는 것은 정말 힘든 일이다. 몽골의 그 소년은 21세기 앞에서도 여전히 그같은 숙명과 맞서 있었던 것이다. 역사는 그래서 탐구되는 것인지 모른다. 이같은 상황이 우리에게 떠올려 주는 것은 '불멸'이라는 말밖에 없다. 몽골 유목민들의 재난 소식은 인류가 간직했던 꿈과 절망의 '불멸'들로 가득가득 넘친다.

불멸!

그렇다. 세월이 아무리 흘러도 영원히 사라지지 않는 힘으로 역사의 지평을 열어가는 인간 의지의 불멸이 있다.

그 소년의 현실에서도 인간 의지의 불멸을 읽을 수 있다. 극도로 열악한 환경이 자포자기마저도 용납해 주지 않을 때 대부분의 인간들은 조급증과 자기 울분을 못 이겨 섣불리 패배의 지점을 찾지만, 어떤 사람들은 그 오랜 고독을 견디고 견딘 끝에 전혀 다른 역사를 만들어 낸다.

자연은 인간에게 가혹한 시련을 내려서 바위처럼 강인하고 불덩이처럼 뜨거운 인간을 만들어 낸다. 정착문명의 인간들이 자연의 혜택 속에서 풍요를 누리고 있는 동안 유목민들은 그 북방 잿빛 시련의 들녘에서 강인하게 벼려지고 있었다. 그것은 오늘날에도 그대로 이어져 오는 몽골 아이들의 성인식 행사에서 엿볼 수 있다.

몽골에서는 한 해에 있어서 처음으로 눈보라가 몰아치는 날을 중요시한다. 그 눈보라가 사흘째 몰아치는 날, 그러니까 가장 엄혹한 추위가 닥치는 날 성인식을 치른다. 그 광경은 말 그대로 한편의 장엄한 드라마가 아닐 수 없다. 영하 40도의 허허벌판, 눈을 뜨고 있기 어려울 만큼 세찬 바람이 몰아치는 들녘. 그 한복판에서 두터운 가죽옷을 입고 털모자를 눌러쓴 10여 명의 몽골 아이들이 말 위에 앉아 무언가를 기다린다. 부모들의 배려 속에서 이성의 친구들을 초대하여 소꿉놀이하듯이 어른들의 연애 감정을 흉내내어 보는 유럽의 청소년들과는 달라도 한참 다르다. 나이도 반으로 접었다고 할 수 있을 만큼 어리다.

이제 갓 열 살이 된 그 앳된 소년들이 살을 에는 추위와 바람에 볼을 발갛게 물들이며 우주의 점 한 톨처럼 막막한 공간을 체험하는 것이다. 이윽고 신호가 떨어지면 소년들은 말을 달리기 시작하는데, 눈보라를 뚫고 왕복 80킬로미터를 달려야 한다. 소년들은 출발한 지 두 시간이 지나서야 저 먼 지평선 끝에서

점점이 모습을 드러내며 말발굽 소리와 함께 무언가 알 아들을 수 없는 고함 소리를 들려준다. 너무나 추운 나머지 아이들은 마지막 도착 지점을 바라보면서 울분과 환희에 휩싸여 목청껏 소리를 지르며 달려온다. 그 고함 소리는, 인내력의 한계를 넘는 시련의 고문을 이기느라 내지르는 비명 소리이면서 동시에 그 시련의 끝을 발견한 자의 환희와 격정의 소리이기도 하다.

이같은 성인식의 결과는 즉석에서 확인된다. 눈보라 속을 뚫고 온 아이들의 눈빛은 출발할 때와는 판이하게 다르다. 돌아온 소년들과 말의 모습은 참혹하다. 어떤 소년은 너무나 힘든 나머지 고삐를 놓쳐 말에서 떨어지기도 하지만, 숨이 끊어지는 법은 있어도 말타기를 포기하는 법은 없다. 스스로 일어나 다시 말의 등에 오르지 않으면 그 추위를 벗어날 길이 영영 없는 것이다. 그렇게 해서 돌

걸음마보다 먼저 말타기를 배운다는 몽골의 소년 소녀들이 능숙하게 말을 타고 있다. 자신의 말은 물론 이웃의 말도 다 기억하고 이름을 불러 줄 정도로 말과 유목민의 관계는 사랑으로 가득 찬 것이다. 몽골의 유목민들에게 말은 생활의 일부라기보다는 몸의 일부이다.

위성 안테나를 설치해 두고 CNN방송을 시청하는 몽골의 겔. 천창(겔의 지붕에 난 창)을 통해 별자리를 읽는 유목생활과 묘한 조화를 이룬다.

아왔을 때 말의 입김이 얼어붙어서 말의 입가는 온통 허옇게 고드름이 맺혀 있고, 말의 온몸은 흘린 땀이 그대로 얼어붙어 얼음이 맺혀 있다. 그러면서도 온몸에는 뜨거운 김이 펄펄 난다. 또 말의 고삐를 쥐었던 소년들의 손은 얼어붙어서 퍼렇게 동상에 걸려 있다. 고삐를 놓치지 않는 유일한 길은 동상 걸린 손이 아무리 고통스러워도 참고 견디는 수밖에 없다. 소년들은 다 돌아와서야 동상 걸린 손을 눈 속에 파묻고 비빈다. 이열치열(以熱治熱) 같은 것이다. 동상 든 손은 눈 속에 파묻어야 다시 피가 돌기 시작한다. 이것은 조상들로부터 전해져 오는 지혜이다. 푸른 늑대의 후손, 몽골 유목민의 아이들은 이렇게 길러진다.

바로 그곳에 가득 찬, 인류사에 충격을 불러온 숱한 파란의 요소들은 우리를 전율케 한다. 그것은 대략 다음과 같은 것들이다.

하나, 태풍의 눈

그들은 지금도 이동식 천막집을 짓고 산다. 그 하얀 겔 속에서 800년 전의 사람들이 우리 2000년대의 사람들과 함께 동시대를 숨쉬고 있다. 그들이 한 집단에서 다른 집단으로 옮겨가려고 한다면 비행기만 한 번 타면 된다. 실제로 많은 몽골인들이 21세기의 나라들에 진출해 있고, 울란바타르(몽골의 수도)로 돌아가는 항공편에는 외지에서 불법 체류에 실패한 이들이 퇴출당하고 있다. 그들이 수시로 넘고 있는 그 엄청난 시간적 단절은 언제나 돌발적인 충동과 위험으로 가득 차 있다. 그들이 이동식 천막집 겔 안에서 CNN방송을 청취하고 있다는 사실이야말로 결코 외면할 수 없는 분노 혹은 에너지 폭발의 현장임을 우리는 잊어서는 안된다. 똑같은 시간에 음식 쓰레기와 전쟁을 치르고 있어야 하는 세상이 있다는 사실을 접하면서 그들은 과연 무슨 생각을 할 것인가?

둘, 이동의 숙명

그들은 이동하는 삶을 사랑하고 이동의 숙명을 숭배해 왔다. 모든 것은 생태계의 흐름을 따라 옮겨다녀야지 한 자리에 고이면 썩는다. 그들은 목축을 하더라도 이동에 장애가 되는 돼지와 닭, 오리 같은 것을 기르지 않았다. 신속하고 간편한 것을 추구하며, 몸에 지닐 수 있는 것 이상을 소유하는 것은 잘못이라고 믿어 온 것이다. 그들은 그렇게 형성된 철학과 역사와 문명을 안고 살아왔다. 그리하여 70년 간의 사회주의도 몽골 유목민의 문화를 없애지 못했으며, 초원의 귀족이라는 자부심과 세계의 절반을 공포에 떨게 했던 민족 자존심을 몰아내지 못했다.

자, 그런 환경에서 서기 2000년 0시의 '쪼드'를 만났다고 생각해 보자. 유목민들은, 어쩌면 이것이 기나긴 역사의 마지막 위기일지 모른다는 예감에 빠져 있다. 다시는 이같은 위기가 올 수 없는, 말 그대로 끝일 지 모른다! 이제 이들에게 살 것인가 죽을 것인가 하는 문제는 모든 문제를 앞서는 것이다. 살아남아야 한다면 약탈도 불가피해진다.

셋, 손과 발 그리고 촉수의 연장

극단적으로 어려운 상황에 처하고 나면, 이제 그들은 무엇이건 동원하지 않을 수 없다. 눈에 띄는 모든 것이 신체적 한계를 극복하는 도구가 된다. 아마도 그런 처지의 인간들이 발명의 역사를 채워왔을 것이다. 사다리는 다리의 연장이고 장대는 팔의 연장이며, 자동차는 발의 연장이고, 의복은 피부의 연장이요, 전기는 중추신경의 연장이다. 그들은 더 많은 연장을 필요로 한다. 그들의 기술 숭배는 발을 땅에 대고 있는 한 고갈되지 않는다. 이같은 필연 속에서 그들은 말(馬)을 길들여 자신들 발의 연장으로 삼았다.

넷, 인간과 자연의 일치

유목민은 동물을 몰고다니며 방목하는 사람들로 이해되지만 사실은 그 반대이다. 유목민은 자연(계절이나 기후 변화)이 가는 길을 제멋대로 이탈하지 못한다. 자연의 움직임을 따라 먼저 동물이 이동하고 그 뒤를 인간이 뒤쫓는 것이다. 여기서 그들의 광기에 가까운 질주의 역사가 출현한다.

칭기스칸처럼

'질주'라는 단어가 지구촌의 피를 끓게 하던 시대가 있었다. 유라시아의 12세기 후반에서 14세기 중반까지 2백여 년에 걸쳤던 칭기스칸의 시대가 바로 그때였다. 그 시기의 유목민들은 칸을 따라 하루에 수백 킬로미터의 대지를 내달리고는 했다. 비록 글을 읽을 줄 모르는 문맹들이었지만 그들은 눈앞에 펼쳐지는 세계의 질서가 그들의 질주로 인해 바뀌는 것을 보았고, 또 그들 앞에 무릎 꿇는 정착민들을 보면서 머물러 사는 자의 안락이 얼마나 무서운 것인가를 목격했다. 안락은 스스로를 안락사시킨다. 그래서 그들은 당장에는 가난하고 괴로워도 내일에의 꿈을 향해 말 위에서 자고 샜다.

해가 뜨는 곳에서 해가 지는 곳까지 칸께서 우리의 땅이라고 명하셨다.

이렇게 외칠 때 그들은 행복했다. 칸의 역사를 함께 사는 일, 칭기스칸이 만들어 가는 세상의 질서에 동참하는 일, 거기서 맛보는 미래에 대한 기대가 그들 스스로의 존재 의의를 일깨워주고 그들 스스로의 삶을 값지게 해준다는 것을 알았기 때문에 그들은 후회없이 말을 달렸다. 그리고 그들은 질주가 가로막힐 때마다 격렬한 전투를 피하지 않았다. 눈앞에 있는 것을 소유하려는 자들과, 소유에의 욕망을 잠재우려는 자들간의 싸움에서 승패는 언제나 불을 보듯 뻔했다. 유목민들의 승리였다.

아, 그리하여 얼마나 많은 피눈물과 신바람이 교차되며 격정의 한 시대가 만들어졌던가? 때로는 몇 십 만의 부족이 순식간에 도륙당하기도 했지만, 유목민이 승리한 대륙을 따라 역참제가 신설되었으며, 물샐 틈 없이 칸막이

숙영지 철거 작업을 그린 몽골 민화. 가볍고 부피가 작은 조립식 원형집 겔은 소유욕과는 거리가 먼 초원 유목민들의 인생관이 투영된 발명품이다. 이동할 때에는 단 몇 사람만으로도 겔 전체를 신속하게 조립하고 해체할 수 있으며, 부품을 싣고 운반하는 작업도 매우 간단하다.

되어 있던 문명과 문명간의 경계들이 허물어졌다.

동양과 서양이 통일되고, 지상의 먼 나라들간에 소통이 시작되던 그 대변혁의 시대. 유목민들이 칭기스칸의 깃발 아래 기꺼이 자신의 몸을 던지고 제국건설의 열기 속에 열정을 불태웠던 결과에 대하여 인류는 오랫동안 침묵해 왔다. 그러나 세상은 그들이 가고자 한 길을 뒤따라갔으며 역사는 그들의 에너지에 증폭되어 전혀 다른 차원의 방향성을 갖게 되었다. 바로 이 대목이 우리가 칭기스칸의 역사를 문제삼는 지점일 것이다. 정착문명이 만들어낸 숱한 국경과 성벽들을 생애의 마지막까지 돌파하다가 죽어간, 야심에 찬 황색의 한 질주자 칭기스칸에 대해 인류가 품어온 편견과 오해는 지독했지만 그가 꿈꾸었던 역사의 윤곽이 다시 그려지지 않는다면 이후 놀라운 진전을 이뤄온 지구촌 시대의 개막은 설명이 되지 않는다.

그랬다. 그들은 지구촌 시대를 꿈꾸었다!

그랬다. 그들은 지구의 이쪽과 저쪽이 잉여 물품을 서로 나누어 쓰는 물류 유통 사회를 희망했다!

그래서 칭기스칸과 그 후예들은 한편으로는 무력과 파괴, 다른 한편으로는 세계에 대한 열린 태도와 타민족의 종교에 대해 관용을 베풀 것을 강조하며 그것을 거부하는 자들을 무자비하게 응징하는 잔혹한 전쟁을 이끌어갔다. 그럼으로써 여러 다양한 민족들의 물질적 · 문화적 교류에 장애가 되었던 장벽들을 허물었다. 그리하여 '몽골족의 세기'에 대륙간 교역은 번성했고, 대상(隊商)들의 통로는 이전보다 더욱 안전해졌으며, 더욱 빈번하게 이용되었다. 이는 동서간의 개인적인 접촉으로까지 이어졌다. 이러한 접촉은 결코 마르코 폴로 한 사람에 그치지 않았다. 그리고 이러한 개인적인 접촉은 수천 년 역사 속에서 영원한 타자(他者)로서만 존재하던 동과 서가 서로를 정신적으로 이해하게 만드는 데 기여했다.

그들이 남긴 폐허, 그들이 얻은 영광, 그 모두를 일컬어 한낱 야만성에 불과하다고 혐오했으면서도 끝내 벗어나지 못했던 정착문명의 콤플렉스를 그나마 극복시킨 것은 그들 이후의 또다른 야만(?)이 출현하여 찬란한 질주의 광채를 다시 한 번 확인시키면서였다. 이름하여 서부개척시대 – 헐리우드식 카우보이

칭기스칸 영정

김호석 화백은 칭기스칸의 생존 시기가 우리의 고려 시대에 해당되므로, 인물이 왼쪽으로 고개를 돌리고 있는
고려 인물화 양식(우안칠분:右眼七分)을 따랐다고 한다. 김화백은 이 영정을 제작하기 위해 지난
1996년 몽골 정부가 지정한 칭기스칸 공식 영정을 비롯해 중국 베이징 역사박물관과
대만 타이베이 고궁박물관에 소장돼 있는 칭기스칸 영정, 칭기스칸의 용모가 기록된 옛 문헌들을 참고했다.

의 이상(理想)은 유목민 신화의 직접적인 후예라고 할 수 있다. 그곳에서 아메리카의 질주가 나온다. 그것은 기본적으로 칭기스칸의 정신에서 흘러온 것이었고, 오늘을 거쳐 내일로 가는 인류의 이동 방향을 예시하는 것이기도 했다.

질주하는 문명

그리고 세월이 흘렀다. 지구촌의 서막을 열었던 몽골 제국의 영광도 사라졌고 황혼도 잊혀졌다. 그러는 동안 지구촌에는 또다른 가치들이 출현하고 젊은 피들을 들끓게 했지만, 인류사가 진행되면서 간절히 추구되었던 거의 모든 가치들은 실패하거나 곡해되었다. 인간의 존엄성을 숭상하고 평화를 갈망하며 평등을 도모하던 인류의 꿈을 지난날의 역사가 어떻게 짓밟아 왔는가를 다시 거론한다는 것은 괴로운 일이다. 그 모든 가치는 심한 경우에는 그 가치를 추구하기 위해서까지 파괴되었다. 그러는 가운데 오직 하나, 지속적인 신장을 보여 온 것이 있다면 그것은 유목민들이 일관되게 추구해오던 가치, 즉 '자유'라는 데는 누구도 이의를 달지 않을 것이다. 전쟁과 학살로 얼룩진 20세기에도 자유는 신장했다. 우리가 유목민의 삶을 외면해서는 안되는 진짜 이유의 하나가 여기에 있다.

우리 모두는 혈통적으로뿐 아니라 문명사적으로도 그들의 후예이다. 디지털 감염자가 시시각각으로 늘어나는 21세기의 거리에서 저 어두운 13세기 유라시아 대륙의 유목민들을 떠올리며 그들의 열망, 그들의 속성, 그들의 영혼, 그것이 그 후 오랫동안 유럽과 아메리카 대륙을 돌고 돌아 또다시 거대한 이동을 하는 것을 보라. 그 이동의 힘은 지금의 지구촌 시민들, 곧 벤처 사업가들, 네티즌들, 디지털 시민들의 피 속을 관통하면서 오늘의 한국도 휩쓸어 가고 있다. 그리하여 그것은 저 거리의 퀵 서비스 사내에게도 흐르고 있고, 골목골목을 누비는 중국집 배달부의 오토바이 위에도 살아 있으며, 밤새 사이버 대지 위를 질주하느라 잠을 놓쳐 버린 청소년들의 가슴 속에도 요동치고 있다.

이제 머지 않아 모든 거리는 디지털 문명 속으로 사라질 것이다. 인간의 육신은 더 이상 커뮤니케이션을 위해 공간의 숙명 앞에서 막막한 거리감과 싸우지 않는다. 대지 위의 길은 그렇게 해서 소멸되지만 이동은 그러나 끝나지 않는다. 먼 옛날 칭기스칸이 밤하늘의 별과 함께 초원 위를 갔듯이 앞으로의 인류는 문명 속에서 문명 속으로 어두운 모니터 안에서 깜박이는 커서와 함께 한없는 질주를 지속하리라.

이 책, 『유목민 이야기』는 바로 그러한 삶에 동참하기 위해서 쓰여진 것이다.

1 장

역사가 오해한 것들

누가 성을 쌓았는가

미리 흥분할 것은 없다. 이제부터 이야기하려는 사람들은 문명의 역사 안에서 오랫동안 얼굴도 없이 등장하고 이름도 없이 존재해 왔다. 먼저 그 이야기부터 하자.

달의 높이에서 지구를 내려다보면 단 하나의 축조물만 보인다고 한다. 중국의 만리장성이다. 사실 여부를 백퍼센트 단언할 수는 없지만 저 아래 지구라는 별에 인간이라는 생물이 살고 있음을 나타내는 흔적으로 하필 만리장성이 거론된다니! 이는 참으로 흥미로운 일이 아닐 수 없다.

높이 85 미터, 폭 57∼65 미터의 웅장한 축성이 장장 만리에 걸쳐 뻗어 있다! 그것이 달에서도 보인다!

이 기이한 광경을 보기 위해 오늘도 관광객들은 북경 교외 북쪽 50킬로미터 지점에 있는 팔달령에 오른다. 그리고 산을 따라 뱀처럼 뻗어 가는 장성을 보면서 그 장성만큼이나 길고 먼 동양의 고대사를 상상한다.

일대 장관을 이루는 이 축조물을 인류가 처음 쌓기 시작한 것이 언제부터였는지는 확실하지 않다. 기원 수세기 전에 성의 흔적이 있었다는 기록은 여러 곳에서 발견된다. 명(明)대에 이르러 재축성이 되기 전까지 장성은 본디 돌이나 판목을 얼기설기 쌓아 올린 것으로 지금보다는 많이 볼품없는 것이었다고 한다. 그러나 어쨌거나 상관없는 일이다.

지구에 이같은 축조물이 존재한다는 사실을 통해서 우리는 지난 역사에서 몇 가지 지워진 페이지를 상상해 볼 수 있다. 먼저 유추할 수 있는 것은 지구에는 무엇인가를 지키려는 자와 빼앗으려는 자가 있었다는 것이다. 그로부터 한 발짝 더 들어가면 그 무엇인가를 차지한 자와 그렇지 못한 자 사이의 갈등이 곧잘 전쟁을 유발시켰다는 사실과 만난다. 그리고 곧바로, 그보다도 훨씬 중요한 것으로, 그들간의 대결이 팽팽한 긴장을 나누며 오래오래 지속되었다는 점을 알게 된다.

누구와 대립해 있는 사람들은 언제나 자신의 정당성을 설명할 나름의 진실을 갖고 있는 법이다. 그것은 얼마든지 논리적일 수 있다. 그 장대한 성과이 '중국'이라는 영토를 말 한 마리 들어올 틈도 없이 둘러싸고 있다는 사실을 설파하면서 당대 권력자들의 지배력과 권위를 논하는 것은 그리 어려운 일이 아니다. 그 큰 성을 쌓기 위해 숱한 기술의 축적과 희생이 따랐으리라는 점은 전혀 의심할 바가 없다. 한강을 가로지르는 교량 하나를 놓는데 평균 3명이 죽고 10여 명이 부상을 입는다는 것을 참고한다면 저 거대한 축조물에 바친 것은 인명 피해만도 최소한 오늘날의 산업재해보다는 더 컸을 것이다. 한강의 교량이 기껏 5리에 불과하니 오늘날을 기준으로 한다 해도 최하 2천 배의 희생이 따랐을 것은 틀림없는 일이다. 한 사람의 제왕이 그토록 엄청난 백성의 희생을 투자할 수 있었다면 그 권위의 크기는 새삼 물을 것조차 없지 않은가.

그러나 뒤집어서 생각해보면 전혀 다른 논리가 성립된다. 그 전제 권력의 내면에 담겨 있었을 집착과 정신 구조, 그리고 그 무엇인가에 대한 공포감을 감출 길이 없다. 도대체 무엇에 대한 공포가 중원의 문명인들로 하여금 그렇게 엄청난 방어 의식을 드러내게 했을까? 황하 문명이라는 대문명을 일으키고, 유사 이래 한 번도 자신들이 세계의 중심임을 포기하지 않았던 이 자존심 강한 중원의 백성들에게 도대체 무엇이 그토록 엄청난 노역을 지불하게 만들었을까?

만리장성을 사이에 두고 대립했던 양쪽 당사자들에 대해 오늘날의 교과서가 설명해 주는 것은 지나치다 싶을 만큼 단순하다. 그 둘의 관계에 대해 역사가들이 알고 있는 지식의 태반이 사실은 성곽 안에서 오로지 안일(安逸)만을 도모했던 쪽을 통해서 얻어진 것이라는 비리(?)를 우리는 결코 간과해서는 안 된다.

성 안의 사람들은 말한다. 기원을 전후로 해서 자신들은 빈번히 말을 타고 나타나는 변방의 침입을 받아 골머리를 앓았다. 침략자들은 활 솜씨와 말 타는 실력이 뛰어나 언제나 바람처럼 기습해 활 세례를 퍼붓고 물품을 약탈한 후 바람처럼 사라지고는 했다. 그들은 평상시에 북부의 초원 지대에 흩어져 살면서 말을 타고 방목 활동을 주로 해왔는데, 침략은 매번 가을에 있었다. 봄, 여름에 배부르게 풀을 먹은 말이 가을이 되면 통통하게 살이 오르지만 어느새 풀은 시

만리장성

달에서 보일 정도의 웅장한 스케일을 자랑하는 만리장성은 중국 고대의 주요 군사시설로서 그 기원은 B.C. 7세기경, 춘
추전국시대에 기나라에서 방성을 쌓은 데서 시작된다. 그 이후 초, 진, 연나라에서도 북방 흉노족의 침입을 막기 위해 3
천여 리에 이르는 방성을 쌓았고 B.C. 214년, 중국을 통일한 진시황제에 이르러서 본격적으로 각 제후국의 장성을 연결
시키기 시작해 10년에 걸쳐 구축되었다. 그 후, 한나라가 역시 흉노족을 막기 위해 장성을 더 쌓아 연장하였으며 명대에

이르러서는 몽골의 재침입을 대비하여 확장, 강화시켰다. 그 시기를 전후로 해 200여 년 간 장성을 18번 재건축하였으니 지금 남아 있는 장성의 대부분은 명대에 만들어진 것이다. 그렇게 건조된 장성은 서쪽의 감숙성 가욕관에서부터 동쪽의 하북성 산해관까지 6개의 성, 2개의 시를 가로지르며 그 길이는 6,700여 킬로미터에 달한다. 모택동이 '장성에 올라보지 않은 사람은 사나이가 아니다'라고 한 만리장성은 명13릉(명나라 13명 황제를 모신 능묘)과 함께 중국 관광에서 빼놓을 수 없는 코스로 일년에 수백만의 외국인 관광객과 중국인들을 끌어들이고 있다.

들고 혹독한 겨울이 오면 대지는 꽁꽁 얼어붙게 된다. 그래서 추위가 시작되기 전에 식량을 구하러 남쪽을 찾곤 했던 것이다.

이 때문에 성 안의 사람들이 온통 가을을 싫어하게 되었다는 사연을 『한서(漢書)』는 이렇게 전한다.

그들은 가을에 온다.
살찐 말과 강한 활과 함께.

이 대목에서 우리는 만리장성 너머에 의문의 존재 하나가 숨겨져 있었다는 것을 깨닫게 된다.

성곽의 역사는 과연 무엇을 의미하는가?

성 안의 사람들과 대치했던 '적'들의 존재가 처음부터 이렇게 공포의 빛깔로 채색되어 있었다는 사실은 매우 유감스런 일이다. 우리는 거듭 물어야 한다. 천하를 지배한다고 생각했던 중원의 사람들이 그들을 무서워했다! 그들은 도대체 어떻게 생겨 먹은 족속들이란 말인가? 그러나 이같은 궁금증에 대한 역사의 설명은 참으로 미미하다. 그들에 대한 성곽 안 사람들의 기록은 어느 페이지를 뒤적여 보나 관찰기라고 말하기조차 무색할 만큼 부실한 것들 뿐인 것이다.

가축을 따라 옮겨 다니며…… 수초를 따라 이동한다. 성곽과 항상
머무는 곳이 없으며 농사를 짓지 않는다.
— 사마천, 「흉노전」

저 유명한 사마천의 묘사조차도 그들에 대해서만은 인색하기 그지없다. 계속해서 사마천의 「흉노전」은 말한다.

문자가 없어 말(譯)로써 서로 약속하고…… (사정이) 괜찮으면 가축
을 따라다니고 사냥을 하여 금수(禽獸)를 잡는 것을 생업으로 하지

만, 급해지면 사람들은 싸우고 공격하는 것을 익혀 침략하는 것이
그 천성(天性)이다. …… 이익이 있는 곳이라면 예의를 알지 못하
고…… 건장한 사람이 좋은 음식을 먹고 늙은 사람은 그 나머지를
먹는다. 젊고 튼튼한 것을 귀하게 여기고 늙고 쇠약한 것을 천하게
생각한다. 아버지가 죽으면 그 뒤에 남긴 어머니를 부인으로 삼고,
형제가 죽으면 모두 그 부인을 자기 처로 삼는다.

― 사마천, 「흉노전」

모든 초점이 시종 열등하고 부도덕한 행태를 밥 먹듯이 일삼았던 야만스런
존재들이라는 쪽으로 맞춰져 있다. 물론 이같은 기록이 전혀 근거없는 것이라
고 말할 수는 없다. 이와 공통되는 서술이 상당한 시차를 두고 교정 없이 반복
된다는 것만으로도 그 진실은 충분히 가늠된다.

목축을 주업으로 삼아 수초를 따라 이동하니 항시 머무는 장소가
없다. 펠트로 만든 텐트를 갖고 피발좌임(被髮左衽)을 하며, 고기를
먹고 요구르트(酪)를 마신다. 몸에는 가죽옷과 털옷을 입고, 노인을
천하게 여기고 젊은 사람을 귀하게 대접한다.

― 『수서(隋書)』, 「돌궐전」

중요한 것은 우리의 주인공들이 이렇게 역사의 기록에서 언제나 나쁘고 사
나우며 악한 자로 묘사되어 왔다는 점이다. 그래서 인용문이 늘어날수록 독자
는 실망할지 모른다.

그러나 기록으로부터 한 발짝 물러서는 순간 고개가 갸우뚱거려지는 것이
한두 가지가 아니다. 성 안 사람들이 준엄하게 꾸짖고 통렬하게 매도하는 성
밖 무리들은 이상하게도 그들이 열등하다고 강조하면 할수록 오히려 그 열등
한 존재들에게 끝없이 침탈당했던 자들의 무력감만 도드라져 보이게 만들어
놓는다. 정치·경제·사회·문화·윤리 이 모든 차원에서 낙후되었던 자들에
게 중원의 패자들이 그토록 무기력하게 침탈당하곤 했다? 이것은 아무래도 이

상한 결과이다.

 그 당당한 목청 뒤에 도사린 곤혹감을 노출시키는 에피소드는 곳곳에서 출몰한다. 기원 전 110년 흉노와 전쟁을 벌였던 한 무제(漢 武帝)의 말은 그런 의미에서 무척이나 시사적이다.

> 이제 선우(單于: 흉노 군주의 칭호)가 능력이 있다면 앞으로 나와 한(漢)
> 과 일전을 겨루어 보라. 천자(天子)가 스스로 군대를 이끌고 변경에서
> 기다리리라. 만약 능력이 없다면 빨리 남면(南面)하여 한에게 신하를
> 칭하라. 어찌 멀리 도망하여 막북(漠北: 고비 사막 북쪽의 땅, 즉 오늘날
> 의 외몽골)의 춥고 고통스러운, 수초도 없는 곳에 숨어 있는가.
>
> ─ 『한서(漢書)』

 이 위풍당당한 호령이 풍차 앞에 선 돈키호테의 외침처럼 공허하게 들린다는 데 문제가 있다. 안타깝게도 한 무제는 그 흉노를 치기 위해 다른 동맹군까지 구해 장수를 파견했지만 번번이 사로잡히는 결과를 빚었다. 당시의 관계만으로 보면 너그러운 쪽은 오히려 침략자들이었다.

 이같은 일은 서양에서도 똑같이 일어났다. 페르시아 제국의 다리우스대제가 기원전 516년(혹은 513년)에 대군을 이끌고 보스포루스 해협을 건너 스키타이를 침공하지만 기동성이 뛰어난 적을 만나지도 못하고 전투도 한 번 치르지 못한 채 돌아오고 만다. 다리우스는 잡히지 않는 적을 향해, 도망만 치지 말고 정정당당하게 일전을 겨루던가 아니면 복속의 길을 선택하라고 외치지만 아무 소용이 없었다. 그는 낙담한 끝에 이렇게 실토한다.

> 그들은 도시도 성채도 갖지 않으며 어디를 가든 자신의 집을 갖고
> 다닌다. 더구나 그들 모두는 말 위에서 활 쏘는 데 능하며, 농사를
> 짓지 않고 가축을 치며 산다. 수레야말로 그들이 갖고 있는 유일한
> 집이니, 그들을 어떻게 정복하고 공격할 수 있단 말인가.
>
> ─ 헤로도토스, 『역사』 제4권

다리우스 1세
아케메네스 왕조 페르시아의 왕(B.C. 522~B.C. 486). 왕가 출신이나, 아버지는 속주의 장관에 불과했고, 본인은 선왕 캄비세스 2세의 친위 대원이었다. 선왕이 죽은 뒤, 반란을 진압하고 즉위했다. 선왕 시대의 영토를 되찾은 후에도 각처로 원정했으며, 인더스강으로부터 리비아 · 마케도니아에 이르는 대제국을 완성시켰다.

그랬다. 마치 제자리에서 붙박이로 살고 있는 식물과 사방팔방을 날뛰어 대는 동물간의 싸움처럼 이들의 대결은 전선이 제대로 형성되지 못했다. 그들은 싸우고 싶은 장소와 시간을 그들이 선택하여 느닷없이 치고 사라져 버린다. 상대로서는 아무런 대책을 세울 길이 없다. 반드시 어떤 장소에 의탁해야만 살아갈 수 있는 자들이 그 절대 가치인 장소를 갖지 않으면서 사는 자들을 어떻게 진압할 수 있다는 말인가? 이는 오늘날 SF 영화에서 씩씩한 지구의 용사들이 화성이나 다른 별나라의 이방인들을 만나 겪게 되는 곤혹을 연상시킨다.

길을 닦은 사람들

성곽의 역사는 오늘날의 인류에게 자신들의 과거사를 보여주는 하나의 기념비로 추억되고 있다. 그곳에는 지난날 소위 '문명'이라는 것이 걸어온 족적(야만과 싸웠던)과 성 안의 백성들을 보호해온 제왕들의 영광이 남아 있다. 그러나 그 족적이 정말로 자랑할 만한 것일까? 만일 21세기의 지구촌 시대가 불가피했다는 관점을 수용한다면 성(城)은 그 내부에 어떠한 사정이 담겨 있다고 하더라도 말 그대로 '닫힌 공간'일 수밖에 없다. 그것은 아무리 아름답게 설명해도 지상에 칸막이를 세우는 것이고, 대지의 연속성을 단절시키는 것이며, 사회와 사회, 문명과 문명간의 소통을 차단시키는 것이다. 그리고 이 단절과 차단의 칸막이는 열린 세상을 꿈꾸는 자들에게는 과거의 문명에 대한 회의감을 불러 일으킨다. 그 회의의 눈으로 보면 문명의 칸막이들은 무척 낯뜨거운 것이다. 개인의 내면에 가득 차 있는 이기(利己) 본능이 그 이기를 지키기 위한 보호 본능으로 발전된 사례는 흔하다. 인류가 하나의 큰 문명 집단을 단위로 해서 소유 본능과 폐쇄 본능을 발휘하여 세상을 잘게 쪼개었다는 사실이야말로 변명하기 어려운 치부이다. 불행하게도 위엄에 찬 성곽은 규모가 다를 뿐 중국만 아니라 유럽의 곳곳에도 서 있다. 문화 대국일수록, 찬란함을 자랑하는 문명 사회일수록 그것은 오히려 심하다. 그래서 동서양의 역사가들은 이구동성으로 성 밖의 존재를 괄호 안에 묶어 두는 데 쉽게 동의해 버렸는지 모른다.

여기서 재론할 문제가 하나 있다. 문명의 성곽에 대한 이같은 매도가 과연 정당한 것인가 하는 점이다. 오늘의 결과를 앞세워 과거를 단죄하는 것은 오류일 수 있다. 만일 지난날의 시대적 제약이 정말로 그럴 수밖에 없는 형편이었다면 성을 쌓은 것은 정당한 일이 된다. 하지만 더 일찍부터 열린 사회를 꿈꾸었던 또다른 인류가 있었다면 사정은 달라진다. 이제 그들에 대한 역사의 복권이 정말로 필요해진 것이다.

바로 그 점을 증명하기 위해 서기 1000년의 지구 풍경을 상기해 보자. 때는 아직도 캄캄한 중세였다. 그 중세의 밤중에 태어난 사람들은 평생을 살면서 지구 반대쪽의 세상을 알지 못하고 사라졌다. 그들이 죽을 때까지 지상의 모든 민족과 민족, 사회와 사회, 국가와 국가간의 경계는 이승과 저승의 간격보다 크고 멀었다. 그 1000년으로부터 다시 천년을 거슬러 올라가면 상황은 더 심각해진다. 각기 반대쪽 존재들에 대한 생각은 오늘날 지구인이 외계인에 대해 상상하던 것과는 비교도 안되게 기괴했을 것이다. 그 무렵에 통용되던 신화나 여타의 고전들을 보면 상대에 대한 인식은 언제나 얼음보다 차가웠고 혐오스런 상상의 동물로 대치되어 있었다. 예컨대 동북아시아 상상력의 원천이자 황당무계한 기서(奇書)로도 일컬어지는 『산해경(山海經)』에는 이런 이야기가 나온다.

우민국이 그 동남쪽에 있는데 그 사람들은 머리가 길고 몸에 날개
가 나 있다.

또 이런 표현도 있다.

환두국이 그 남쪽에 있는데 그 사람들은 사람의 얼굴에 날개가 있
고 새의 부리를 하고 있으며 지금 물고기를 잡고 있다.

이것은 무엇을 의미하는 것일까? 흉노가 쳐들어 왔을 때 한 궁정 관리는 이
렇게 묘사했다.

그들의 가슴에는 야생 동물의 심장이 고동치고 있다. 아주 먼 옛날
부터 그들은 인류의 구성원으로 간주되지 않았다.

황당한 것은 이토록 터무니없는 견해가 문명에 의해 그것도 문명 나름의 지
식과 논리를 앞세워 확대재생산된다는 점이다. 상상적인 지리 인식은 자신에
게 가까운 것과 먼 것 사이의 거리와 차이를 극화시켜 자기 중심의 사고를 강화
시킨다.

그들은 옷없이 산다. 그러나 중국에서 성군이 즉위하면 그 나무에
서 껍질이 나와 옷을 해 입을 수 있었다.

이같은 『산해경』의 세계 구조, 그것은 외견상 중국을 한가운데 두고 사방의
주변이 그것을 옹위하고 있는 듯한 형국이다. 이를테면,

다시 동쪽으로 500리를 가면 단혈산이라는 곳인데 산 위에서는 금
과 옥이 많이 난다. 단수가 여기에서 나와 남쪽으로 발해에 흘러든
다. 이곳의 어떤 새는 생김새가 닭 같은데 오색으로 무늬가 있고

두 개의 봉우리를 지고 사막을 건너는 고비 낙타

이름을 봉황이라고 한다.

그래서 그 엄청난 장벽이 최초로 허물어지기 시작했을 때의 풍경은 참으로 감격스러웠을 것이다. 이질적인 사람들이 적대감을 극복하고 무역과 교류를 시작하는 데는 많은 긴장과 시간이 소요되었을 것이 틀림없다. 하지만 그것은 분명히 전쟁의 위험을 몇 배로 줄이고 평화의 정착에 엄청나게 기여했다. 자, 그렇다면 이제 여기서 생각해 보기로 하자. 지구의 동쪽과 서쪽을 잇는 길을 뚫은 사람들은 누구인가? 장벽을 무너뜨리는 소통의 징표와 같은 교역로를 놓고 인류는 불행하게도 그것이 누구에 의해서 어떻게 만들어진 것인가 하는 문제를 매우 모호하게 취급해 왔다. 이름마저도 정당하게 부르지 않는다. 예컨대 그냥 실크로드라고 부르는 식인 것이다. 이것은 분명히 역사 재판에 올려질 만한 사안이다.

실크로드라는 이름을 처음 보급시킨 사람은 독일 베를린 대학 지리학 교수 리히트호펜(1833~1905)이었다. 리히트호펜은 『중국』이라는 다섯 권 짜리 책과 지도 한 권을 펴내면서(1877~1901) 중국과 유럽을 잇는 이 길을 '자이덴슈트라세'라고 표현했다. 중국의 비단이 멀리 로마에까지 도달했다는 데서 붙인 이름인 것이다. 이를 영어로 옮기면 실크로드, 곧 비단길이 된다.

그러나 정말 그런 도로(?)가 있었을까? 인간이 지나다닐 수 없는 곳을 중국인이나 유럽인이 개척한 끝에 지나다닐 수 있게 만든 그런 인공 도로가 말이다. 우리는 단호하게 '아니다!'라고 말할 수밖에 없다.

실크로드가 로드(도로)가 아니라는 사실은 역사의 중대한 비밀 하나를 추적하게 만든다. 그곳은 도로가 없기 때문에 통행세를 받는 사람도 없고 또 그같은 권리 행사를 어느 나라가 해야 마땅한지도 알 수 없다. 진정한 주인이 익명으로 존재하는 것이다.

그런데도 실크로드의 명성이 높아짐에 따라 이 지역은 유럽과 중국의 통로 구실을 한 도로라는 인상이 강하게 새겨지게 되었다. 그러나 그곳이 지금의 중앙아시아인 것은 분명하다. 그리고 중앙아시아는 무엇보다도 그곳에서 살아가는 사람들에 의해 존재했던 것이지 유럽과 중국을 위해 존재했던 것이 아니

대상(隊商)의 행렬
알 하리리의 『마가마트』 삽화. 여행가 아부 자이드를 형상화하고 있다.
파리 국립도서관 소장.

다. 중앙아시아는 동서 문화의 통로로서 동과 서의 문물을 중개하는 역할만 했던 것은 아니었다. 중앙아시아는 어디까지나 중앙아시아에 사는 사람들에 의해 고유한 사회와 독자적인 문화, 주체적인 역사가 만들어진 곳이다. 모든 중요한 교역로는 중앙아시아 사람들에 의해, 또는 그들의 참여 하에 개척되었다. 그들은 지리적 위치와 기동력, 운송용 동물의 소유, 먼 지역으로의 이동, 이주에 대한 그들의 독특한 심리적 태도를 기반으로 교역과 중개, 물건 운송, 운송에 필요한 동물을 팔거나 빌려주기, 대상(隊商)의 보호와 안내, 통행료 징수 등의 역할을 맡아왔다. 그것이 독특한 자연환경의 결과였음은 말할 나위도 없다.

유라시아 대륙 북부에는 대삼림 지대가 펼쳐진다. 시베리아의 삼림을 야쿠트어로 '타이가'라고 하는데, 이는 삼림이라는 뜻이다. 이곳에는 침엽수가 많다. 이 삼림 지대에는 수렵, 어로, 순록 목축을 하는 사람들이 살면서 독자적인 문화와 역사를 만들었다. 이 삼림 지대의 남쪽, 유라시아 대륙의 중앙부에는 건조한 초원 지대가 가로놓여 있다. 동으로는 몽골 고원으로부터 서쪽으로 중가리아 분지, 키르기스 초원, 그리고 폴란드·헝가리의 초원에까지 이르는 광대한 지대이다. 기원전 약 10세기부터 서남아시아 북부에는 청동제 재갈을 발명한 기마유목민이 출현해 이 초원 지대에도 기마유목민의 문화와 역사가 형성되었다.

초원 지대 남쪽으로는 사막이 가로놓여 있고, 그 사막 곳곳에는 오아시스가 흩어져 있었다. 타클라마칸 사막 주변에도 오아시스가 늘어서 있고, 카라쿰·키질쿰 사막을 통과하여 아랄해로 흘러 들어가는 아무다리야와 시르다리아강 유역과, 이 두 강의 틈에 끼어 있는 지역을 서쪽으로 흐르는 자라프산 강가에도 오아시스가 형성되어 있다. 오아시스는 산지의 만년설과 빙하가 녹아 흐르면서 만들어진 강 유역과 강 하류, 또는 용수지를 중심으로 하는 곳에 생겨난다. 사람들은 그 물을 확보하기 위해 저수지와 용수로를 파고, 지하수를 끌어들이는 지하 터널식 수로(카나트)를 만들었다. 오아시스에 사는 사람들은 보리·밀·면화·포도·뽕나무 등을 재배하고 목축도 했다. 그러나 적은 물 때문에 오아시스 농경에는 한계가 있었다. 그래서 오아시스 사람들은 철과 금, 옥을 채취하고 직물·피혁 제품·도자기·금속 제품 등 수공업을 일으켰다.

오아시스와 오아시스 사이에서 사람들이 물자를 교환하면서 상업이 일어나고 대상(隊商) 활동이 시작됐다.

덕택에 오아시스는 상업 도시 · 숙박 도시 · 대상 기지로도 발달했다. 삼림과 초원과 오아시스에 사는 사람들은 일찍부터 교류하고 있었다. 나아가 그들은 동아시아, 남아시아, 서아시아, 지중해 지역의 농경민과도 물자와 문화를 교류했다. 기마유목민은 때때로 농경지역을 지배했다. 또한 초원의 기마유목민과 오아시스 농경 · 상업민 사이에도 정복 · 지배 관계가 성립되었다. 지배를 당한 오아시스 사람들은 초원 사람들의 군사력을 이용하여 통상 범위를 확대하고자 했기 때문에 상호간에는 공존공영의 관계가 이루어 질 수 있었다.

삼림과 초원, 오아시스에 사는 사람들 사이에는 '삼림의 길', '초원의 길', '오아시스의 길'로서 교역로가 열렸으며 동과 서의 여러 지역으로도 교통로가 연결되었다.

이 교통로들은 삼림 지역의 담비, 우랄 · 알타이 산맥의 금, 타림 분지의 옥, 초원의 말, 중국의 비단 등 대표적인 무역품 이름에 따라 '모피의 길', '황금의 길', '말의 길' 그리고 '비단의 길' 등으로 불렸다. 그러나 그 길로 상품만 이동했던 것은 아니며 상인들만 왕래했던 것도 아니다. 정치가와 외교관과 군대가 오갔고, 종교인 · 사상가가 걸었으며, 기술자와 예술인들도 왕래했다.

이같은 길의 발견은 확실히 우리에게 진한 감동을 준다. 하지만 그 감동을 당시에 직접 체험한 사람들의 것과 비교할 수는 없다. 그것은 오늘날까지 몽골의 구전가요 속에 고스란히 남아 있다.

머나먼 길 걸어서
끝없는 사막과 자갈길을 나아간다
나의 진정한 벗 낙타들이여!

혹 위에 무거운 짐 싣고
대단한 힘을 가진
나의 진정한 벗 낙타들이여!

먼 길을 걷는 그대들과 함께 나도 나아간다
나는 초원을 생각한다
나의 진정한 벗 낙타들이여!

그대들이 없었다면 내가 무엇을 할 수 있었으리오
그대들이 있음은 나의 행복
나의 진정한 벗 낙타들이여!

우리는 걷는다. 타향이나 고향의 산천을,
돌과 모래도 넘고 넘어서
나의 진정한 벗 낙타들이여!

아득한 길을 걸어가는 우리들
여기서 물건을 팔고, 저기서 물건을 사고,
우리들은 모두에게 나누어준다. 먹을 것과 입을 것을

나의 진정한 벗 낙타들이여!

이 아름다운 시는 수세기에 걸쳐 불려지던 대상(隊商)의 노래였다. 문명의 역사에서 그들의 노래는 묵살되었지만 이것이 실크로드의 노래라는 것은 부정할 수 없다.

초원의 서사시

다시 원점으로 돌아오자. 어쨌거나 우리의 주인공들은 늘 성 밖에서 돌격해 오던 자들이었다. 가을이 되면 바람처럼 나타나 문명의 성곽에 상처를 입히고 오래오래 야만인의 악명을 떨치던 그들! 그들의 이름은 유목민이었다. 그 유목민의 삶에 대한 역사상의 발견은 매우 점진적으로 이루어졌다.

인류사가 진행되는 동안 유목민에게 가해진 가혹한 평가절하는 거의 대부분의 지역에서 똑같은 이미지를 만들어 냈다. 칭기스칸이 출현한 이후부터 러시아인들의 역사적인 기억 속에 정정할 수 없게 각인된 '잔인한 약탈자'나 '무서운 정복자' 같은 상(像)에서 크게 벗어나지 않았던 것이다. 그처럼 잘못 각인된 이미지로 인해 그들은 다른 민족을 응징키 위해 신이 사용하는 도구의 역할을 하는 사람들로 여겨졌다. 훈족의 왕 아틸라가 '신의 채찍'으로 묘사되었던 경우가 좋은 예이다. 유목민의 침입이 콜레라나 장티푸스 같은 재해의 하나로 기록된 일도 흔하다. 유목민들은 일관되게 악마의 현현(顯現)처럼 취급되었던 것이다.

그것이 진실이 아님은 물론이다. 유목민에 대한 적개심이 빚어낸 가장 대표적인 오해의 하나는 그들을 뭔가 알 수 없는 집단으로 표현하면서 생겨난 이미지 즉, 유목사회는 폐쇄적인 사회라고 단정해 버리는 거의 언어도단에 가까운 왜곡상이다. 유목생활은 그 빈곤함이나 기타 다른 부정적인 측면들에도 불구하고 이동성을 근거로 한 열린 사회의 추구라는 매우 놀라운 장점을 갖고 있었다. ‘철의 장막’ 안에 숨어 있는 세상이 아니었던 만큼 누군가 그 내부를 보려고 마음만 먹으면 얼마든지 또 언제든지 들여다 볼 수 있었다. 그리고 이같은 특성은 정착민들에게 많은 경이감을 불러일으키고, 정착민들의 답답한 상상력에 섬광을 주었다. 우선 초원에 펼쳐지는 유목민들의 생애 자체가 한 편의 서사시처럼 아름다웠다. 이는 정착문명권의 현자들에게 끝없는 의문과 호기심을 불러일으켰다.

그래서 유목민에 관한 신화는 정착사회의 현자들 사이에서 끈질기게 전수되었다. 철학자들은 여행가에게, 여행가는 다시 학자들에게 영향을 주었다. 그리하여 근대에 들어서게 되면 유목민들도 이제 전투 대상이 아닌 탐구의 대상, 인식의 대상으로 등장하게 된다.

이같은 변화는 근대적 역사학과 인류학이 성립한 이후 서구인들의 뇌리 속에서 유목민의 습격이 가져다 준 막연한 공포심을 걷어내면서 그 연구도 동양에서보다 훨씬 덜 경험적인 것이 되게 만들었다. 인류 전체의 발전사 속에서 유목민이 맡은 역할을 평가하려는 시도가 생긴 것은 그 때문이었다.

어쨌든 유목민에게 그들 나름의 고유한 세계가 있었다는 것은 자명하다. 그들 이상으로 대지의 자식들이 없고, 그들 이상으로 자연환경의 산물은 없었다. 그 점은 사마천에 의해서 ‘문자가 없다’고 멸시되었던 유목민들의 숱한 시에서 유감없이 드러난다.

> 우리아스타이 물살이 빠른 강
> 나는 헤엄쳐 건널 수가 없다네
> 내 마음에 드는 저 젊은이를
> 유혹하고 싶네 하지만 나는 할 수 없다네

그들의 삶에서 보여지는 것들은 일상생활이든 정신적인 고뇌이든 인생에 있어서의 다양한 현상은 언제나 자연현상과 일치되어 있었다. 그 자연현상이 인간들을 서로 떨어져 존재하게 만드는 생태계적 명령과 그로부터 발생되는 그리움이 그들에게서는 숙명으로 받아들여진다. 그 숙명 속에서 인간만이 느낄

고대 몽골에는 문자가 없었다. 여기 소개되는
시편들은 시라기보다는 오늘날에 사용하는
의미의 구전가요 혹은 시가, 혹은 민요라고 할 수
있다. 민요는 유목민에게 있어서 언제나 변함없는
삶의 동반자였다. 시간이 통과된 거리에 의해
측정되어지고, 말탄 사람이 천천히 변해가는
풍경의 관찰자가 되는 듯한 긴 여행, 싫증나는
이목(移牧) 도중에 무명 가수가 말안장 위에서
노래를 만드는 일도 흔히 있었다. 일상적으로
방목을 할 때, 또는 수심에 잠겨있을 때 노래가
만들어졌다. 장중하면서도 편안한 노래는 몽골
가곡의 고전적 형식이고, 정적(靜的)이다. 드넓은
초원, 자연의 신비와 아름다움을 느끼게 하는 주로
편안하고 긴 가곡(長歌, 오르틴도)이 생겨났다.
이같은 가곡에는 무언가 침울한 인생의
불가사의한 문제에 고민하는 마음의 슬픔 같은
것이 표현되었다.

몽골의 대표적 현악기 마두금(馬頭琴)

수 있는 진정한 '아름다운 슬픔'이 노래되는 것이다.

    흩어진 돌에도, 나무에도
    백조는 머물지 않네 머물지 않네
    멀리 목지(牧地)에서 온 젊은이와
    함께 하고 싶지만

 한낱 도적의 무리에 지나지 않는 자들이 이런 시를 가지고 있었다고 생각하
기에는 아무래도 석연치 않을 것이다.
 유목민들은 분명히 그들에 의해 불운하게 정복을 당한 사람들의 눈에 비쳤
던 것처럼 그 자체가 공격적이거나 혐오스러운 것은 아니었다. 그들의 구전가
요에서 엿보이는 인간관계의 풍요로움을 보면 그들은 정착사회가 알지 못했던
아름다운 세상을 꿈꾸었던 것이 틀림없다.

    보름달은
    밤하늘의 밝은 등불

    15세의 소녀는
    부모의 환한 등불

    설령 달이 하늘에서 스러져도
    온 우주를 비추는 달은 등불
    설령 아내가 서른이 넘어도
    가족들에게 그녀는 희망의 등불

    달은 사라져 없어지는 일도 있지만
    온 우주를 비추는 밤의 등불
    비록 어머니가 늙어 노파가 되어도

자녀들에게는 따스한 등불

  유목민사회에서 딸이자 아내요 어머니가 되는 여성은 한 개인이 아니라 모든 주변 사람들에게 있어서 등불이었음을 이 시는 노래하고 있다. 여성이 가정에서 당연히 존경받아야 할 권리를 당시의 정착사회들이 이만큼 배려하고 있었다고 말한다면 그것은 기만이다.

  이쯤 되면 우리는 유목민에 대한 이미지를 전혀 다른 것으로 갖게 된다. 그들의 문화적 역량은 미개하거나 열등한 것이 아니다. 단지 달랐을 뿐이다. 그 점에 대해 구소련 학자 똘리베꼬프가 그리고 있는 카자흐 유목문화에 대한 묘사는 유려하고 감동적이다.

> 일자무식의 카자흐 유목민들은 다른 곳의 유목민들과 마찬가지로 목자(牧者)이며 동시에 전사(戰士)이고, 웅변가이자 역사가요, 시인이자 가수였다. 세대를 걸쳐 쌓여온 민족의 모든 지혜는 구전(口傳)의 형태로만 존재하였다.

  똘리베꼬프는 이같은 현상이 15～18세기까지 지속되었다고 말하지만 사실은 지금도 현재진행형이다. 몽골 국민의 45퍼센트에 달하는 유목민 사회에 엄연히 관통되고 있는 것이다.

  다시 말하지만 그들은 언어를 선호하지 않은 것이 아니라 문자를 선호하지 않았으며, 인문주의적 소양이 없었던 것이 아니라 그 소양을 전수하는 방식이 달랐다. 뿐만 아니라 그들은 스스로 매우 높은 도덕률을 가지고 있었으며 자신들의 문화에 대해 정착문명의 사람들보다 더 높은 긍지를 가지고 있었다. 그들이 자신들의 삶의 방식에 자부심을 느끼고 살았던 것을 우리는 중앙아시아의 카자흐 등지에서 살고 있는 유목민들을 보면 알 수 있다. 그들이 자식을 꾸짖을 때는 언제나 농경민으로 전락할 위험성을 상기시킨다.

> 네 놈은 네 똥이 있는 데서 계속 뒹굴며 살아라!

몽골의 어느 겨울날
일본 국립민족학박물관 소장.

　유목민의 눈에 농민이란 자기의 똥이 뒹굴고 있는 곳에
서 살아가는 존재였으며 또 그것은 당연히 멸시할 만한
생존 방식이었다. 그리고 실제로 두 종류의 족속들이 어
울려 사는 곳에서는 언제나 유목민이 더 선호되었고 사
회적 우위를 점했다. 투르크멘 같은 지역에서는 농경민
은 유목민을 동경했기 때문에 농경으로 가축을 늘리면
유목민이 되었고, 유목민이 악천후나 전염병 등으로 가
축을 잃으면 가난한 농경민이 되었다.

　유목민들이 남긴 몇 안되는 사서(史書)에서도 우리는 초
원에서의 생활에 대해 유목민들이 갖는 무한한 자부심과
기쁨을 느낄 수가 있다. 예컨대 『황금사(黃金史)』에는 다
음과 같은 기록이 있다.

하루는 몽골의 왕사들이 둘러앉아서 인생에서 가장 훌륭한 순간 혹은 가장 행복한 생활이 무엇인지에 대해 이야기를 나누었다. 조치 (칭기스칸의 큰아들)는 "내게 가장 큰 기쁨은 최상의 목지를 찾아내 가축을 치는 것, 머물기에 가장 좋은 장소를 찾아 황장(皇帳)을 치는 것, 그리고 모든 사람이 한 곳에 모여 커다란 잔치를 벌이는 것, 이 것이 최상의 것이다"라고 말했다. 톨로이(칭기스칸의 막내아들)는 "잘 조련된 준마를 타는 것, 뛰어난 매를 데리고 들판의 연못에서 구구 거리는 새들을 사냥하는 것, 산과 계곡으로 가서 점이 박힌 새를 사 냥하는 것, 이것이 인생에서 가장 행복한 시간이다"라고 말했다.

그리하여 정착문명이 갖는 악의성과 머물러 사는 해악(?)을 시종 경계해 왔다는 사실은 이견의 여지를 남기지 않는다. 그래서 그들은 칭기스칸 시절 북(北)중국을 점령했을 때도 정착세계의 풍요로움을 즐기기는커녕 황하 이북의 평원을 완전히 초지로 바꾸어 가축을 키우려는 생각을 할 정도였다.

여기서 주목해야 할 것이 있다. 어쩌면 이것이『유목민 이야기』의 총체적 주제가 될지 모른다.

유목민들이 생명처럼 여겼던 것, 즉 성을 쌓기보다 길을 닦아야 된다는 감격적인 생각을 하게 된 것은 우연의 산물이었을까? 필연적인 결과였을까? 간단하게 답할 수 있는 사실은 그들의 생존 방식이 그랬다는 것이다. 그러나 그것이 우연이라고만 설명하는 것은 왜곡에 속한다. 그들은 분명히 그러한 의식을 가지고 있었다.

오늘날 울란바타르 근교에 가면 돌궐 제국을 부흥시킨 명장 톤유쿠크의 비문이 천년의 세월을 견디고 있다. 이 비문은 당시 유목민이 겪었던 눈물겨운 사연들을 구구절절 기록하면서 다음과 같은 장군의 유훈(遺訓)을 깊이깊이 새기고 있다.

성을 쌓고 사는 자는 반드시 망할 것이며
끊임없이 이동하는 자만이 살아 남을 것이다.

톤유쿠크 비석

    닫힌 사회는 망하고 열린 사회만이 영원하리라는 이 말은 성을 쌓지 않고는 견딜 수 없었던 사람들과는 크게 다른 이상(理想)을 가진 자들이 추구한 사회적 이념을 적나라하게 드러낸다. 유럽이 겨우 중세의 아침을 맞고 있던 시기(기원후 7,8세기)에 벌써 열린 세상을 꿈꾸라고 외쳤던, 이 전율할 듯이 선구적이고 예언자적인 집단이 일구어 놓은 문명의 능력과 품위를 인류는 오랫동안 신뢰하지 않았지만 그들이 성을 파괴하고 길을 놓으려 했던 것은 분명한 사실이다. 이는 무엇을 의미하는 것일까?

    매우 중요한 단서를 러시아의 저술가 미하일 일리인이 『인간의 역사』에서 암시한다.

    숲과 들은 뭔가 눈에 보이지 않는 벽으로 칸막이가 되어 있는 듯하다. 어떠한 짐승도, 어떠한 새도 이 벽을 빠져나갈 수 없는 듯이 보인다. 산새, 다람쥐 같은 숲의 주민들은 들에서는 볼 수 없다. 들기러기, 야생 토끼 같은 들의 주민들은 숲에서는 발견할 수 없다. 이렇듯 어느 숲, 어느 들도 눈에 보이지 않는 벽으로 단단히 둘러싸여 하나의 작은 세계를 이루고 있는 것이다.

일리인이 '칸막이'라 말한 어떤 경계에 의하여 세계는 엄격하게 분할되어 있다. 모든 존재들은 자신에게 할당된 '작은 세계' 안에서만 자유를 구가한다. 뭍의 것들은 뭍에서만 살고, 어패류는 물에서만 산다. 한 발 더 나아가면 그것들은 더욱 좁은 영토로 분할되어 있어서 예컨대 제비는 겨울 하늘을 날지 못하고 민물고기는 바다를 헤엄치지 못하는 것이다. 그런데 그 경계를 뛰어넘고, 영토의 칸막이를 허물어뜨려 온 존재가 있다. 일리인은 그것이 바로 인간이라고 주장한다.

지난 역사를 살펴보면 그 칸막이는 자연계에만 있는 것이 아니라 인간 사회 내부에도 있었다. 종족과 종족, 국가와 국가, 종교와 종교, 계급과 계급간에 거의 단절된 형태로 그 칸막이가 엄존해 왔다. 중세에 이르면 그 칸막이 안에서만 자유를 구가한 민족도 있었고, 그 칸막이를 무너뜨리며 넘나드는 자유를 갈구한 민족도 있었다. 일리인이 바로 그런 칸막이를 뛰어넘는 데서 인간의 위대성을 보았다면, 유목민들의 이동마인드 역시 그 같은 위대성을 보여준 예라고 볼 수 있다. 지상에 구축된 상이한 사회와 각종의 문화를 연결하는 역할은 유목민의 역사에서 일관되게 수행되었던 것이다.

그렇다면 유목민이란 무엇인가?

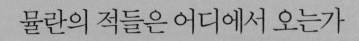

2장

물란의 적들은 어디에서 오는가

뮬란의 적

유목민을 목격하기 위해서 너무 멀리까지 갈 필요는 없다. 지금 당장 울란바타르행 비행기에 오를 수 없다면 비디오 대여점을 찾는 것도 한 방법이다. 어린이들이 좋아하는 애니메이션 코너에 어김없이 꽂혀 있는 「뮬란」을 뽑으면 된다.

줄거리는 대강 이렇다.

만리장성으로 둘러싸인 중국(위나라) 국경의 북쪽. 훈족이 쳐들어오자 온 나라에 징집령이 내려진다. '파'씨 가문의 외동딸 뮬란은 늙은 아버지의 입대를 안타깝게 여겨 자신이 남장을 하고 훈련소로 떠난다. 집안이 발칵 뒤집혔다. 이 소동을 하늘에서 내려다 본 파씨 가문의 조상들이 유령으로 환생해 대책회의를 열고 가문의 수호신인 무슈를 보내 그녀를 돕기로 한다. 그리하여 무슈와 귀뚤이(귀뚜라미)의 도움으로 뮬란은 병영에서 여자라는 사실을 감쪽같이 숨긴 채 훈련에 임하고, 뜻밖의 전공을 세워 훈족을 물리치는 데 성공한다. 하지만 부상을 치료하는 과정에서 여자임이 밝혀져 위기에 빠진다. 뮬란이 적을 물리치고 중대장 샹을 구한 공이 인정되지 않았다면 죽음을 면치 못했을 것이다. 우여곡절 끝에 뮬란은 목숨을 건지지만 감히 여자가 국가를 속이고 신성한 국방의 의무에 참여한 잘못은 용서를 받지 못한다. 이제 추방당할 수밖에 없다. 그러나 샹과 병사들이 황궁에서 성대한 환대를 받을 때 훈족의 적장이 다시 쳐들어온다. 그것을 눈치챈 뮬란이 무슈, 귀뚤이, 병사들과 의기투합하여 또다시 황제와 나라를 구한다. 그리하여 금의환향하는 뮬란, 소녀 시절부터 늘 정숙하지 못해서 혼처도 없이 부모님의 걱정이나 끼치던 그녀가 마침내 영웅적인 중대장 샹과 결혼해 행복한 결말을 맺는다.

이 애니메이션은 개봉되자 곧바로 지구촌의 이목을 끌었다. 이성과 과학을 앞세운 서양의 근대가 반성되면서 동양적인 것들에 대한 관심이 한창 드높아 가던 무렵이었다. 세계화 시대의 신소재라고 할까? 뮬란은 미국 영상 기술의 능력을 유감없이 발휘하는 자랑거리가 되었다. 그때만 해도 동양의 이야기에 무기력하던 할리우드의 실망스런 전례를 뒤엎고 미국이 동양 이야기로 지구인의 정서를 장악하는 데 성공한 것이다. 그래서 이 애니메이션은 오늘의 이야기에 소중한 자료가 된다.

전문가들은 하나같이 디즈니풍답지 않은 중간색의 배경 처리, 부드러운 담채 기법, '미녀와 야수'에서 시작된 컴퓨터 그래픽의 기술력 등으로 실사 영화 못지 않은 웅장한 서사시를 만들어 냈다는 평가를 내렸다. 한국에서도 여러 언론으로부터 찬사를 받았다. 설원의 전투와 황궁 장면 등의 볼거리, 매끄럽고 따스한 스토리 전개, 개성있는 캐릭터 묘사, 그리고 감미로운 음악 세계(뮬란의 아리아를 '미스 사이공'의 주역 레아 살롱가가 부르고 부대장 샹의 노래를 도니 오스몬드가 불렀다) 등은 디즈니 만화영화의 수준을 한 단계 높였다고 했다.

어른들도 마찬가지이지만, 어린이들이 이 애니메이션을 보면 걷잡을 수 없이 빨려 들어가게 되어 있다. 여러 나라의 어린이들이 주인공 뮬란의 행적에서 많은 재미를 느끼고 배우며 또 상상했을 것이 뻔하다. 전란을 맞아 공동체에 헌신하는 뮬란의 미덕을 통해 삶의 시련과, 그것을 극복하는 사람의 아름다운 인생을 배웠을 것이다.

그러나 곰곰이 따져 보면 여기에는 심각한 결함이 있다. 여성의 지위가 너무 낮은 점, 남성 위주의 정착사회가 가문의 명예와 체면에 지나치게 집착하는 점 따위를 치명적이라고까지 말할 수는 없을지 모른다. 그것은 당시 중국 사회의 분위기를 반영하는 것이기 때문이다. 하지만 모든 역사에는 상대가 있는 법이다. 이 애니메이션은 뮬란의 역사에 동원된 상대측의 논리를 모조리 일축해 버린다. 아니, 적들의 용모를 돌이킬 수 없이 비틀어 버린다. 문제는 여기에 있다.

뮬란의 적들에 대해 이 애니메이션이 가르쳐주는 것은 그들이 막무가내의 저돌성을 지닌 불멸의 악마라는 점과, 이름이 훈족이라는 것 외에는 아무것도 없다. 마치 저주에 찬 존재들처럼 뮬란의 적들은 아무 이유없이 사람들을 괴롭히고 침략과 파괴를 감행한다. 충돌의 원인은 한편은 선(善)인데 한편은 악(惡)이라는 것밖에 없다. 그 점을 강조하기 위해 뮬란측의 사람들에게 귀엽고 훈훈한 인간미를 부여하고 적들에 대해서는 색상부터 다르게 칠한다. 동작이 똑같은 유령들처럼 온통 죽음의 빛으로 채색하고 있다. 이 화면에서 소름 끼치는

뮬란

중국판 잔다르크 이야기. 영화 「뮬란」은 1998년 월트 디즈니사에서 제작한 애니메이션이다. 그런데 「뮬란」이 「목란시(木蘭詩)」라는 중국 북방 민가(民歌)에 그 바탕을 두고 있다는 것은 많이 알려져 있지 않은 사실이다.

중국 남북조 시대(5-6세기), 북조(北朝)는 열악한 자연환경과 북방 이민족의 잦은 침입 탓으로, 가볍고 서정적인 노래가 유행한 남조(南朝)와는 달리 호방한 작품이 주류를 이루었는데 그 중 하나가 바로 「목란시」이다.

「목란시」는 5언(言) 62구(句) 총 310자(字)로 이루어진 장편 서사시. 그 내용은 큰아들이 없어 징집 대상이 된 아버지를 대신하여 '목란' 이란 처녀가 남장을 하고 출정하여 큰 공을 세우고 돌아온다는 것으로 되어 있다.

충효를 덕목으로 한다는 점과 희극적 결말, 그리고 부드러운 여인과 용감한 전사를 오가는 북방 민족의 이상적 여인인 목란의 매력적인 캐릭터로 인해 중국인들에게 오랫동안 회자되고 있는 이야기이다. 이것은 지금도 중국에서 목란의 이야기가 오페라 경극(京劇) 「화목란(花木蘭)」이란 작품으로 개작되어 공연되고 중국이나 대만의 여자 축구 국가 대표팀을 목란대(木蘭隊)라 부르는 것을 통해서도 잘 알 수가 있다.

무릇 중국인이라면 모두가 사랑하는 영웅으로 자리잡은 '화목란', 그녀를 「목란시」에서 만날 수 있다. 번역된 한시의 전문은 『동양사 논총』(1993, 지식산업사) 중 박한제 교수의 「木蘭詩의 時代」에서 옮겨 온 것이다.

덜그럭 덜그럭, 목란이 방에서 베를 짠다.
베틀 소리 멈추고, 긴 한숨 소리 들린다.
무슨 걱정인가 물으니, 무슨 생각인가 물으니
"다른 생각 아니요, 다른 생각 아니요.
어젯밤 군첩(軍帖)이 내렸는데, 가한(可汗, 황제)께서 군사를 부른다오.
그 많은 군첩 속에, 아버지도 끼어 있소.
우리 집엔 장남 없고, 목란은 오라비 없으니
내가 안장과 말을 사, 아버지 대신 싸움터에 나가겠소."
동쪽 장에서 말을 사고, 서쪽 장에서 안장 맞추고

남쪽 장에서 고삐 사고, 북쪽 장에서 채찍을 사
아침에 부모에게 하직하고, 저녁에 황하(黃河)에 머무른다.
부모 애타는 소리 못 듣고, 다만 황하 물소리만 철철
아침에 황하를 떠나, 저물어 흑산두에 묵는다.
부모 애타는 소리 못 듣고, 연산(燕山) 오랑캐 말굽 소리 터벅터벅.
만리나 변경 싸움터에 나서고, 나는 듯 관문과 산을 넘었다.
삭북의 찬바람은 쇠종 소리 울리고, 찬 달빛은 철갑옷을 비춘다.
장군은 백전을 싸우다 죽고, 장사 십년 만에 돌아오다.
돌아와 천자(天子, 황제)를 뵈오니, 천자는 명당(明堂)에 앉아
공훈을 열두 급으로 기록하고, 백 천 포대기의 상을 내린다.
가한은 소망이 뭐냐고 묻거늘, 목란 대답하되
"상서랑 벼슬도 싫소.
원컨대 명타천리마(明駝千里馬)를 빌려 주어 나를 고향으로 보내 주오."
부모는 여식 돌아온다 하니, 곽(郭) 밖으로 나와 환영한다.
누이도 동생 온다 하니, 새 옷 바꿔 입고
남동생은 누이 온다 하니, 칼 갈아 돗과 양을 잡는다.
동각 내 방문 열고, 서상에 내 앉으며
싸움 옷 벗어놓고, 옛 차림 하며
창 앞에서 머리 빗고, 거울 보고 화장한다.
다시 나가 전우를 보니, 전우들 모두 놀라며
"십이 년을 같이 다녔건만, 목란이 여자인 줄은 몰랐도다."
수토끼 뜀걸음 늦을 때 있고, 암토끼 분명치 못할 때 있거늘
두 마리 같이 뛰어 달리니, 그 누가 가려낼 수 있겠는가?

(한시 원문은 생략함)

적들이 아무리 죽여도 소멸되지 않고 몰려오는 느낌이 드는 것은 그 때문이다. 관객들은 분노에 떨 수밖에 없다.

훈족에 대한 이 부당하기 짝이 없는 편견이야말로 정착문명의 역사가 지난 천년 동안 저질러온 과거사에 대한 잘못을 단적으로 상징하고 있다. 언제나 그랬다. 뮬란이 보여준 바 그대로 역사 속의 유목민은 우리에게 지극히 혐오스러운 모습으로 목격된다. 그들과는 공존이 불가능하다. 과연 그랬던가? 다민족 혼혈 사회라는 미국은 다른 영화에서 지구인과 외계인의 갈등을 그릴 때도 상대방을 그렇게까지 악마로 만들었던가? 유목민은 인류사를 이끌어온 한 주체로서 우리에게 풍요로운 유산을 물려주지 않았다는 말인가? 그 점은 우리에게 정착적 사고의 편협성을 돌아보게 만든다. 유목민은 결코 지구를 파괴하러 온 외계인이 아니다. 뮬란의 적들은 도대체 왜 어디에서 무엇을 하러 왔다가 그렇게 혼이 나야만 했다는 말인가?

이 도깨비 같은 유목민의 돌발적 출현에 대해 그들의 알리바이를 추적하여 재구성하면 이렇게 될 것이다.

중국측의 기록에 의하면 기원전 300년경, 비옥한 계곡을 끊임없이 침범하는, 중앙아시아 북쪽의 야만적인 종족으로서 유목민이 나온다. 중국인들은 이 침입자를 '흉노'라고 불렀다. '훈(Hun)'이란 명칭은 이 흉노에서 유래된 것이다.

중국의 한족이 흉노의 정체성을 일찍부터 유목민으로 인식하고 있었다는 것은 만리장성으로 알 수 있다. 만리장성은 농경지대와 유목지대의 생태분계선이었다. 당연히 한족은 이 생태분계선을 사이에 두고 흉노와 대립했고, 그 때문에 또 흉노의 움직임을 보다 면밀하게 관찰할 수 있었다. 그것을 요약하면 이렇게 된다.

그들은 처음에 몽골의 고원 지대에서 살고 있었다. 이후 남쪽과 서쪽 그리고 아시아 대륙의 넓은 지역으로 옮겨간다. 중국이 만리장성을 쌓은 것은 그 때문이었다. 그러나 그 엄청난 성곽도 유목민의 진출을 막을 수 없었다. 결국 중국이 정복되어 광대한 중원에 흉노의 첫 제국이 건설된다. 하지만 유목민은 정착하는 순간 몰락이 시작된다. 이때도 그랬다. 흉노는 수백 년 동안 불안한

멈출 수 없는 훈족의 진격
Frank Frazetta 作. 훈족의 강인한 위용이 잘 묘사되어 있다.
유럽인들에게는 매서운 폭풍의 이미지 그 자체였을 것이다.

정세 속에서 많은 분쟁과 전투가 잇따른 끝에 그 영향력이 현저하게 줄어든다. 서기 350년에 극악한 인종 박해를 받고, 벌써 몇 세대를 그 땅에 살았던 흉노는 사라지고 만다. 이때 중원의 정착민들에 의해 그들 중 20만 명이 남녀노소 지위고하에 상관없이 살해되는데, 그것이야말로 한때 절대적인 지배자였던 흉노로서는 이루 말할 수 없이 충격적인 경험이었다. 이제 새 길을 찾지 않을 수 없었다.

살아 남은 흉노는 우선 북쪽으로 도망친다. 그들의 이동을 가속화시킨 것은 끔찍한 기후 변화였다. 혹독한 겨울 추위를 만나면 초원은 황폐해진다. 눈이 끊임없이 내리고, 악천후의 적응력이 뛰어난 들소조차도 선 자리에서 동사한다. 유목민은 생사의 기로에 서지 않을 수 없었다. 결국 373년, 유목민들은 북쪽 피난민이 늘어 초원에서의 삶을 지탱하기 어려울 만큼 인구가 최대로 증가한 상태에서 몹시 추운 겨울을 맞고 처참한 타격을 입게 되었다. 초원 지대의 얼음이 녹을 겨를도 없을 만큼 여름은 짧았고, 양식은 거의 바닥이 났다. 설상가상으로 늦은 봄의 어려운 시기에 어린 가축들은 떼죽음을 당했다.

중국인들이 기억하는 것은 바로 여기까지이다. 그렇다면 그 후로는 어떻게 되었을까? 그에 대한 추측은 어렵지 않다.

흉노는 식량 부족과 인구 과잉으로 대이동을 감행하지 않을 수 없는 상황이었다. 남쪽은 튼튼한 방어 수단이 된 만리장성과 중국 때문에 내려갈 수 없어서 다른 길, 즉 서쪽으로 가는 길을 택한다. 알타이 지역을 지나 아랄해와 카스피해 그리고 흑해를 지나 유럽의 카르파티아 산맥 분지까지 쭉 뻗어 있는 초원 지대를 따라간다. 이렇게 해서 서쪽으로 떠난 흉노를 훈족이라 한다는 설이 있다. 그리고 유목민이 그 훈족이라는 이름을 달고 유럽사의 전면에 등장하는 시기가 열리는 것이다.

신의 채찍

뮬란의 시대에 유목민의 등장은 잠든 대지를 일깨우는 하나의 태풍의 눈과도 같았다. 그것은 우물 안 개구리처럼 살아오던 정착민에게 가해진 참으로 놀라운 외부 충격이었다. 불우하게 뮬란에게 패해 서양 쪽으로 기수를 돌린 훈족! 그들이 유럽에 출현했을 때 유럽인들은 경악과 충격에서 헤어나지 못했다. 언젠가 독일 ZDF TV의 역사 다큐멘터리 시리즈는 그 점을 다루기 위해 유목민의 정체와 이동 경로를 추적하여 Q채널로 방영한 적이 있다.

> 유럽에 폭풍같이 밀려들던 훈족은 서양 역사상 큰 수수께끼의 하나이다. 훈족은 어디에서 나타났을까? 도대체 이들은 왜 서쪽으로 방향을 잡았고, 수천 킬로미터를 가로질러 미지의 땅으로 진출했을까? 이 원정의 배후에는 어떤 비밀이 도사리고 있을까?

아시아와 유럽의 최강국들을 공포의 도가니에 빠뜨려 버렸던 훈족의 실체에 대하여 서양의 역사가들은 많이 알지 못한다.

유목민의 정체를 불확실한 것으로 만든 가장 큰 요인은 유럽인들의 종교였다. 당시 로마인들은 북아프리카로부터 골란 지방까지 종말론에 사로잡혀 있었다. "로마의 멸망은 곧 세계의 멸망"이라는 생각과 로마의 분열, 수많은 황제들의 쿠데타 등 정세 불안으로 모두가 위기감을 감추지 못하던 때였다. 그들은 구약성경에 나오는 곡과 마곡(세상의 종말을 가져올 종족)을 각각 고트족과 마사게타이족으로 여겼으며, 당시에는 마사게타이족이 사라진 뒤였음에도 불구하고 훈족이 바로 그들이라고 믿었다. 그리고 그런 심리적 불안을 배경으로 묵시록의 심판자인 말 탄 기사의 이미지는 국경을 넘어 침략하는 유목민들에게 투영되었다. 로마인들은 이렇게 훈족을 악마가 보낸 군대라고 믿었기 때문에 굳이 훈족의 유래에 대해 연구할 필요가 없었다. 유목민의 이미지는 그만큼 유황 냄새와 지옥의 화염에 휩싸여 있었던 것이다. 이때 가졌던 유목민에 대한

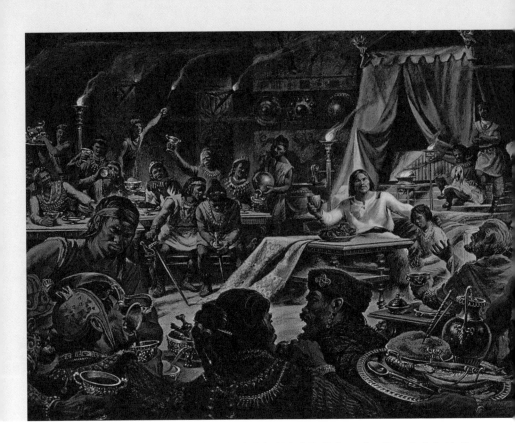

아틸라의 연회

유럽인들의 반감은 「니벨룽겐의 노래」라는 서사시 안에 아로새겨져 지금도 고스란히 전해지고 있다.

여기서 아틸라에 대한 이야기를 생략하고 갈 수 없다.

아틸라는 우리의 환상을 자극하는 카리스마를 지닌, 세계 역사상 손꼽히는 지배자 중 한 명이었다. 어린 학생들은 그의 이름에서 연상되는 잔인함과 정열과 힘에 매혹된다. 그가 일생 동안 약탈로 모았거나, 교묘한 협정을 체결해 확보했던 무한한 재화, 로마인들에게 대놓고 맞섰던 교만, 세계의 구석구석에서 미인을 데려다 놓은 하렘(harem), 술자리에서 흔들리지 않는 모습, 전쟁에서의 인내, 외교술, 그리고 젊은 부인 일디코의 팔에 안겨 맞은 수수께끼 같은 죽음 등등은 이 유목민 왕을 신비로운 인물로 만들었다.

1200년경 도나우 지방의 어느 오스트리아 사람이 중세 고지(高地) 독일어로 쓴 서사시. 작가의 이름은 알려져 있지 않다. 14세기의 어느 사본에는 제목이 『크림힐트의 책』이라 붙어 있다. 오랜 동안 여러 사람의 손을 거쳐 전해지면서 형태가 달라져 중간에 내용이 서로 모순되기도 한다. '니벨룽'이란 말도 작품 전반부에서는 지크프리트의 나라와 백성, 보물을 가리키지만 후반부에서는 부르군트족의 다른 이름으로 쓰인다.

대략 줄거리를 보면, 라인강 하류 지방에 지크프리트 왕자의 나라가 있었고 독일 남서부, 라인강 왼쪽 기슭에 면한 하항도시 보름스에 부르군트족의 왕국이 있었다(실제로 보름스는 413년부터, 훈족에 의해 파괴되는 436년까지, 부르군트 왕국의 수도였다). 지크프리트는 부르군트족의 왕녀 크림힐트에게 청혼하고자 보름스에 갔는데, 크림힐트의 오빠인 군터왕과 그의 신하 하겐은 지크프리트에게 우선 색슨족과 맞서 싸워줄 것을 요구한다. 지크프리트는 전투에서 싸워 이기고 돌아와 크림힐트와 사랑을 싹틔운다. 군터왕은 뛰어난 힘과 미모를 지닌 여왕 브룬힐트가 자신의 무예에 대적해 이기는 남자하고만 결혼하려 한다는 소식을 듣고, 지크프리트의 도움을 받아 부룬힐트를 이겨 그녀와 결혼한다. 하겐은 지크프리트의 힘이 커지는 것을 경계해, 지크프리트의 몸 가운데 단 한 군데에만 상처를 입힐 수 있다는 사실을 알아내고 그곳에 치명상을 입혀 그를 죽게 한다. 지크프리트가 죽자 크림힐트는 그의 보물을 모두 나누어주기 시작하는데, 하겐은 이때문에 크림힐트의 힘이 커질 것을 두려워해 보물을 라인강에 빠뜨려 버린다. 크림힐트는 오빠와 하겐에게 복수하기 위해 훈족 왕 에첼(아틸라)의 구혼을 받아들인다. 여러 해가 지난 뒤 크림힐트는 자기 오빠들과 하겐을 에첼(아틸라)의 궁전으로 초대, 모두 죽인다. 그러자 크림힐트의 잔혹함에 분개한 기사 힐데브란트가 그녀를 죽이고 만다.

니벨룽겐의 노래 (Nibelungenlied)

파르마 카르투지오회 수도원의 외벽에 붙어있는 훈족 왕의 대리석 부조. 새겨진 글자는 '아틸라, 플라겔룸 데이(Flagellum dei)' 즉, '아틸라, 하느님의 재앙'이라는 뜻이다. 이 인물 형상이 아틸라인지는 확실하지 않으나 많은 이들이 그러리라고 추정하고 있다.

아틸라는 게르만 민족의 이동을 촉발시킨 유목민의 아들로, 훈족은 그를 통해 비로소 한낱 초원의 야만인 집단에서 로마 제국을 쓰러뜨릴 수 있는 공포의 대상으로 인정될 수 있었다. 서기 434년, 훈족의 부족 연맹 지도자로 선출되면서 그 명성을 떨치기 시작하여, 451년 북프랑스를 침탈했다가 실패한 후 2년 만에 죽기까지 아틸라는 탁월한 전술과 무자비한 응징으로 온 유럽을 공포에 떨게 했다. 극적인 행동, 검소한 생활, 뛰어난 정치적 지략은 유목민을 단순무지한 야만인으로만 생각했던 유럽인의 편견을 말끔히 불식시켰다. 그러나 그의 제국이 자식들의 권력 쟁탈전으로 분열되고 흔적도 없이 붕괴되자 아틸라의 적들은 그를 외계인 괴물로 몰고 말았다.

로마의 동전에는 훈족이 주조되어 있는데 거기에는 악마 인간에 머리는 뱀인, 그리고 한때 제우스신에게 대적했던 이상한 존재로 나타난다. '로마 황제의 발 밑에 깔린 뱀'이 조각된 그 금화 속의 용모를 역사가들은 유럽인들이 그린 아틸라의 초상으로 추정한다. 그러나 아틸라의 성격을 당시 로마 제국의 장수들보다 야만적이고 잔인했다고 평가할 수는 없다.

그에 관해 서기 449년, 동로마 사절단의 일원으로 아틸라의 궁정에 머무른 적이 있는 그리스인 프리스코스(Priscus)의 관찰은 중요한 정보를 제공한다. 프리스코스에 의하면 훈족은 자신들의 왕 아틸라를 '하늘의 아들'로 여겼다. 하지만 아틸라와 일반 훈족 사이에는 유럽의 왕들과 백성들 사이에서 볼 수 있

는 엄청난 격차의 신분 차이가 없었다. 프리스코스는 말한다.

아틸라는 왕관을 쓰지도 않았고, 옷은 수수했다. 그의 칼, 신발, 마구(馬具)에도 금장식은 찾아볼 수 없었다. 그는 나무잔으로 술을 마셨고, 나무 접시에 음식을 담아 먹었다. 아틸라는 훈족 내부의 다툼을 듣고 중재하는 역할을 했다.

물론 이같은 관찰만으로 모든 것을 단정지을 수는 없다. 여기서 말하는 아틸라가 그 유목민 왕의 본명인 것도 아니다. 현대의 학자들은 종족적으로 몽골인보다는 터키인

젊은 부인 일디코의 팔에 안겨 맞은 아틸라의 수수께끼 같은 죽음
Ferenc Paczka 作. 시와 소설, 오페라와 영화에서 자주 소재로 이용하는 아틸라 인생의 마지막 극적인 장면이다. 고트의 연대사가 요르다네스는 "결혼식 후 아틸라는 축하연 자리에서 아주 기분이 좋았다. 그는 등을 대고 침대에 누웠고, 술로 깊은 잠에 빠졌다. 그때 그의 코에서 한바탕 피가 쏟아졌다. 그러나 피는 밖으로 흘러 나오지 않고 목으로 흘러 들어, 그는 질식사했다. 침실에서 전혀 기척이 없자, 다음날 경비병들은 불안해져 침실로 들어갔다. 그때 그들은 피를 잔뜩 흘리고 죽어 있는 아틸라를 발견했다. 외상은 없었다. 그리고 베일을 쓴 채 고개를 떨구고 눈물을 펑펑 흘리는 신부를 발견했다"고 쓴 바 있다.

아틸라의 장례식
로마 점령을 눈앞에 두고 젊은 훈족왕
아틸라가 급사한다. 그리고 바람앞의
등불이던 유럽 세계는 목숨을 연명할
수 있게 된다.

을 닮은 이 특이한 민족이 어떤 언어를 썼는지 이리저리
추측할 뿐 딱히 확정짓지 못한다. 명백히 알려진 것은 꽤
많은 고유명사뿐이다. 이런 단어도 이민족 언어인 로마
어나 고트어, 혹은 그리스어로 전해졌다. 그렇다면 '아
틸라'라는 이름은 세월이 흐른 후에 붙여졌을 것이다. 아
틸라 자신은 고트어로 '아버지'를 뜻하는 '아틸라'라는
이름을 한 번도 듣지 못했을 가능성이 크다. 유럽인들은
훈족의 왕이 실제로 어떻게 불렸는지 모른다. 그러나 오
늘날 그에 관한 모든 이름은 아틸라로 통일되어 있고, 지
금 인용하는 프리스코스의 기록은 그에 관한 것으로써
의심의 여지가 없는 것이다. 프리스코스는 아틸라와 그
친척들을 매우 가까이에서 접할 수 있었던 사람인 까닭

이다.

> 아틸라는 수염이 적었다. 아틸라는 까무잡잡한 얼굴에 키가 작았
> 다. 코는 아주 납작했다.

그는 아틸라를 자세히 묘사하면서 아틸라 궁정의 생활 방식과 훈족의 관습에 대해서도 관찰했다. 그러면서 훈족들에게서 매우 긍정적인 느낌을 받았던 것 같다. 그에 의하면 손님을 집주인의 아내와 동침하도록 배려하는 훈족의 관습도 야만적이라는 느낌보다는 자기들을 찾아온 손님에게 최대한의 우의와 친절을 베풀려 하는 유목민의 심성이 먼저 느껴진다. 아틸라는 그런 문화권 속에서 유목민들의 존경과 사랑을 한 몸에 받으며 유럽인들을 호령했다.

여기에서 우리는 유목민의 실체를 만나는 것이 실제로 만만치 않음을 알 수 있다. 칭기스칸에 앞선 아틸라 같은 인물들의 출현으로 인해 유목민의 용모는 정착민에 의해 마음껏 편집되고 각색되었다. 「뮬란」만 해도 오히려 좋아진 경우에 속한다. 그 이전에는 정확히 말하면 드라큘라의 수준을 벗어나지 못하고 있었다. 무서운 도적떼 이야기가 어린 아이의 울음을 그치게 하는 것처럼 유목민 이야기가 서양인들의 울음을 그치게 했던 데서 「드라큘라」가 영화화되었다. 그러니까 「뮬란」 이전에는 영화 「드라큘라」에 유목민이 출현했던 것인데, 거기에는 그럴 만한 역사적 곡절이 있었다.

유럽사에 등장하다

이제 무대는 유럽이 된다.

당시 훈족의 출현이 얼마나 당혹스런 것이었는지를 다루면서 독일 ZDF 방송의 다큐멘터리는 유럽인들이 시종 공포를 떨치지 못했다고 전한다.

신의 채찍
폭풍처럼 휘몰아쳐 온천지를 공포의
도가니로 밀어넣은 이 반인반마의 괴
물들은 이미 적(敵)도 아니고 사람도
아니었다. 그들은 탐욕된 인간 세상
을 응징하게 위해 찾아온 신의 채찍
이었다.

서기 375년, 유럽인들은 마치 지진이라도 난
것처럼 몸이 부르르 떨리는 일을 경험했다.
광활한 아시아로부터 온 야만적인 기마집단
이 동쪽 국경을 유린하자, 살인과 고문 그리
고 불탄 마을에 관한 충격적 소식이 그들보다
먼저 도착했다. 로마 세계권은 공포의 도가니
에 빠졌다. 훈족이 온다! 세상의 종말인가? 성
서에 예언된 지구의 종말이 온 것인가?

　언젠가 유럽 북쪽 리메스 건너편의 야만인들이 전쟁을
걸어와 로마를 불안에 빠트린 적이 있긴 했지만 이처럼
파죽지세는 아니었다. 약탈이나 하는 아시아의 기마유목
민이 어떻게 해서 세계 제국인 로마를 유린하고, 군사적
으로 초강대국인 찬란한 고대의 마지막 숨통을 끊어놓을
수 있었는지 그들은 도무지 이해할 수 없었다. 그러면서

도 그들이 지불한 대가는 혹독했다.

유럽인들은 기마병과 말이 그렇게 혼연일체가 된 것을 한 번도 보지 못했다. 로마의 연대사가들은 반인반마(半人半馬)의 괴물이라 해도 훈족만큼 자기의 말과 일체가 되어 자라지는 못할 것이라고 표현한다.

훈족의 말들은 강인하고, 많은 짐을 운반할 수 있을 뿐만 아니라 까다롭지도 않다. 그 말들은 혹독한 겨울에 눈 속에서도 먹이를 직접 찾는다. 훈족 기병대의 가장 큰 장점이 여기에 있었다. 로마인과는 반대로 훈족 기병대는 과외 비용 없이 일년 내내 출동할 수 있었고, 예비 말도 충분했다. 훈족의 전사 한 명이 말 일곱 마리를 가지고 있었다. 유럽인들은 훈족 한 사람이 말 여러 필을 동시에 부리는 것을 보면서 아연 숨이 차서 제대로 입을 열 수가 없었다. 그리고 거기에 덧붙여 훈족에게는 로마인이 상상도 못했던 신(新)기술이 있었다.

당시 로마인들을 압도해 버린 아시아 유목민의 신기술은 네 가지였다.

하나, 나무 안장

유럽인들의 눈에 말과 기수가 한 몸으로 보이는 것은 안장 때문이었다. 훈족의 안장은 로마인의 안장처럼 말의 몸통에 가죽끈으로 잡아매는 평범한 것이 아니었다. 훈족의 안장에는 나무 버팀목이 있었다. 앞뒤로 높이 올려진 우뚝한 기둥과 안장머리는 말이 움직일 때마다 기수에게 안정감을 준다. 이에 반해 로마의 둔중한 기병들은 전투 도중 균형을 잃고 낙마해 때때로 목숨을 잃기도 했다. 그러나 이 가공할 아시아 유목민들은 전혀 달랐다. 그것을 암니아누스 마르켈리누스는 이렇게 기록한 바 있다.

> 회오리바람처럼 높은 산에서 휘달려 내려와, 그들이 누구인지 미처 깨닫기도 전에 진영으로 몰려들었다.

둘, 등자

훈족은 아시아에서 올 때 안장 외에도 새로운 전쟁 기술을 풍부하게 가지고 들어왔다. 그때까지 유럽에 알려져 있지 않았던 등자도 그 중의 하나였다. 훈족은 장시간 말을 탔을 때 생기는 다리의 피로감을 예방하는, 발을 받쳐 주는 가죽 밴드나 발주머니를 안장에 부착했다. 기수는 안장에 단단하게 앉아 다리를 고정시키는 발판(등자)을 이용하여 달리면서 사방으로 화살을 쏠 수 있었다.

셋, 새로운 활

훈족이 보여준 또 하나의 무기는 특이하게 제작된 활이었다. 탄력 있는 나무로 만들어 진 훈족의 활은 당길 수 있는 중간 부분과 활의 현에 놓인 화살의 끝 사이 폭이 꽤 짧았다. 이 활은 아래쪽보다 위쪽이 더 많이 구부러져 있었는데, 이는 기병이 자유자재로 손을 놀릴 수 있게 만들어 주었다. 이때문에 이 활은 '복합곡궁' 혹은 '불균형의 반사궁'이라 불렸다.

넷, 삼각 철 화살

훈족은 아시아에서 낯선 화살도 들여왔다. 손잡이에 특별한 구멍이 뚫려 있는 훈족의 화살은 공중에서 여러 가지 소리를 내게 하는 효과가 있었다. 이 소름끼치는 소리 때문에 전투가 진행되는 동안 유럽 병사들 사이에는 이해할 수 없는 일이 벌어지고는 했다. 화살촉은 삼각형 모양의 뾰족한 철이었고 화살의 길이는 대략 60~80센티미터였는데, 그것은 저승사자의 휘파람 소리를 내면서 날아가 꽂힌다. 화살의 파괴력은 치명적이었다. 그것이 무서운 소리를 내고 나면 곧 가죽으로 만든 로마의 갑옷을 종이조각처럼 뚫고 큰 상처를 입혔다. 훈족의 활은 60미터 떨어진 거리의 목표물도 명중시킬 수 있을 정도로 성능이 훌륭했다. 덕택에 훈족의 전사들은 칼, 창으로 싸우는 전통적인 병사의 사정거리를 벗어나 공격할 수 있었다. 훈족은 적과 직접적인 접촉없이 공격할 수 있었고, 그 때문에 압도적인 군사력의 우위를 지킬 수 있었다.

훈족의 이러한 군사적인 우월성을 경험하고 나자 서양 사람들은 마치 세상이 끝난 것 같은 충격에 빠져들었다. 서양은 자신들과 다른 전투 방식을 쓰는 훈족을 막을 재간이 없었다. 이길 때까지 적과 눈을 맞대고 싸우는 고대의 전술은 이제 소용 없어졌다. 유럽인들은 이같은 전투에 적응하는 데 많은 시간을 허비했다. 인명 피해가 갈수록 늘자 로마는 방어 수단을 강구했다. 하는 수 없이 군사들에게 쇠사슬로 만든 갑옷을 입히기 시작한 것이다. 그러나 이런 새로운 장비는 행군을 할 때나 전장에서 매우 거추장스러웠다. 군인들은 자신의 몸

을 예전보다 더 잘 보호할 수는 있었지만, 자유롭게 움직일 수도, 자유자재로 싸울 수도 없었다. 그랬을 때 전투가 어떤 양상을 보였을지는 이제 상상에 맡겨도 될 것이다.

훈족의 전술은 완벽히 성공할 수 있었다. 그들은 500명에서 1000명으로 이루어진 강한 소부대를 만들어 화살이 비 오듯 쏟아지는 가운데 여러 쪽에서 동시에 적을 공격했다. 적이 달려오면 훈족은 곧 도망치는 척하면서 적을 유인했다. 그러면 그때까지 꼭꼭 숨어 있던 화살 부대가 공격을 시작했다. 매복 장소로부터 도망친 적병은 불과 몇 명이었지만, 도망치는 척했던 훈족의 기병들은 다시 머리를 돌려 곧바로 적진 깊숙이 들어가 초토화시켰다.

서양 사람들은 결국 이렇게 말할 수밖에 없었다.

훈족의 생업은 전쟁이었고 그들의 일자리는 말의 등이었다.

이 놀라운 사태를 경험한 유럽인들은 작은 소규모 전투를 하더라도 훈족을 필요로 하게 되었다. 소위 '용병'이라는 희한한 군사 영업이 등장하는 것이다. 이제 훈족은 거액의 몸값과 스카우트비를 받으면서 유럽의 곳곳으로 팔려 다니기까지 한다. 기절초풍할 일이었다.

하지만 훈족이 전쟁만 한 것은 아니었다. 그들은 말을 팔아서도 많은 이익을 거두었다. 적국의 기병대가 훈족의 말로 무장하는 경우가 생길지 모르기 때문에 전쟁 중에 말을 파는 행위는 위법이었지만 훈족은 그런 것에 전혀 개의치 않았다.

그리고, 알 수 없는 일은 끝없이 이어졌다. 유럽의 정착민들은 훈족이 자기네가 정복한 지역을 계속 유지하려는 집착을 보이지 않는 까닭을 도저히 이해하지 못했다. 훈족은 자신들이 직접 경작하기 위해 농부를 밭에서 쫓아내지 않았고, 도시의 건물에서 편하게 살기 위해 도시 사람들을 몰아내지도 않았으며, 특권을 누리기 위해 정복 지역의 정통 정부를 해체하지도 않았다. 그들은 그저 닥치는 대로 훔치며 약탈하고 죽이면 그만이었다. 그 때문에 그들은 유럽에 알려진 그 어느 적보다 더 두려운 대상이 되었다. 성직자들은, 하늘이 요한계시록의 기사를 보냈는데 훈족이 단죄를 집행하는 살인마들이고 드디어 신의 분노가 내렸다며 넋을 잃었다. 이에 아우구스티누스는 말했다.

세계는 이미 멸망하고 있고, 쇠락하고 있다.

이 모든 사례들은 농경정착민과 유목이동민의 마인드가 얼마나 크게 다른 것인지를 실감나게 한다. 그 점은 개미와 거미의 차이로 설명할 수 있다. 뮬란이나 유럽측이 개미와 같다면 유목민은 거미와 같았다. 개미와 거미는 같은 절지동물로 이미지는 비슷하지만 개미는 곤충강(綱)에 속하고 거미는 거미강(綱)에 속하는 전혀 다른 동물들이다.

개미와 거미

『이솝우화』의 개미와 베짱이가 말해 주듯이 개미는 근면성, 협동성, 조직성을 가진 존재로 근대 산업사회에 이르기까지 유럽인들이 모든 역사를 통틀어

지향했던 서구적 가치관의 정점을 나타내 왔다. 우리가 그간 개미의 이미지를 긍정적인 것으로 간직해 온 이유는 그것이 산업사회의 가치관에 걸맞았기 때문이다. 그러나 최근 들어 개미 사회의 가치관은 걷잡을 수 없이 회의되고 위협받고 있다. 개미 사회는 여왕개미, 일개미, 군병개미 등 매우 질서 있게 구조물을 만들어 생활하는데, 이 개미식 조직화의 능률을 실험을 통해 관찰하면 매우 비관적인 상황이 발견된다고 한다. 예컨대, 개미 하나하나에 번호를 붙여 놓고 특수 광선 효과로 비디오 추적을 하면 개미가 열심히 일한다는 것이 거짓임이 판명되는 것이다. 그렇게 바쁘게 왔다갔다 일하는 것 같은 개미들 중 정말로 열심히 일하는 개미는 15 퍼센트에 불과하고 나머지는 괜히 휩쓸려 다니기만 하는 것이다. 더욱 재미있는 것은 열심히 일하는 개미들만 따로 모아도 그 중의 15 퍼센트만 일하고 나머지는 놀며, 놀기만 하는 개미들도 함께 놔두면 15 퍼센트는 다시 일한다는 점이다. 조직의 생리상 일하는 자와 조직에 얹혀 사는 자가 있기 마련인 근대 관료 조직의 특성이 이것이다.

그러나 거미는 그 같은 개미의 마인드와는 크게 다른 패러다임을 가지고 있다. 땅에 구멍을 파고 사는 개미와 달리 허공에다 집을 짓고 사는 거미는 삶을 영위하는 방식이 전혀 다른 것이다. 거미는 공중에 거미줄을 쳐 놓고 벌레가 와서 잡히기를 기다렸다가 날쌔게 먹이를 채간다. 이 둘의 생존 방식은 마치 관료 사회의 마인드와 정보사회의 마인드만큼이나 다른 가치관을 낳게 된다.

당시 유럽인과 훈족의 차이, 즉 개미와 거미의 차이는 오늘날의 정착마인드를 가진 사람과 이동마인드를 가진 사람들 사이에서도 극명하게 드러난다.

거미의 마인드와 동작들은 개미로서는 납득도 예측도 되지 않는 것이었으므로 개미 집단 안에는 거미들에 대한 온갖 유언비어가 유포되어 난무했다. 유럽의 국경에 훈족이 출현한 후 유행된 수없이 많은 풍문들은 지금 생각해 보면 참으로 어처구니없는 것들 투성이이다. 훈족은 적의 두개골을 파내어 물 사발로 이용하고, 자기 부족의 노인을 죽이며, 전쟁 전에 끓인 태아의 즙에 화살을 담근다고도 하고, 어린아이를 먹거나 여자의 피를 마신다고도 했다. 또한 그들은 밤낮으로 말을 타다 안장 위에서 잠을 자며, 다리가 기형이어서 걸을 수가 없다고도 했다. 거의 희극에 가까운 그 같은 오해의 일부를 우리는 다음과 같은

아틸라 궁전

훈족 왕의 궁전에 살았던 비잔틴의
사신 프리스코스가 보고한 것처럼 아
틸라는 '나무 궁전'에서 살았다. 궁정
의 위치는 오늘날까지 밝혀지지 않았
지만, 헝가리 남동부에 위치한 도시
세게드 근처일 가능성이 높다. 위 그
림은 19세기 교과서에 실린 것으로
유럽인들이 훈족에 대해 갖고 있던
편견의 한 단면을 보여 준다.

사례에서 볼 수 있다. 역시 그 다큐멘터리에 나오는 이야
기이다.

400년 말경 암미아누스는 훈족이 불도, 맛있는 음식도
필요하지 않을 정도로 자신들의 생활 방식을 단련했다고
주장한다. 그들은 야생 식물의 뿌리와 동물의 날고기를
먹고, 고기를 말 등과 허벅지 사이에 놓아 약간은 따뜻하
게 만들어서 먹는다고 하는 것이다. 그러나 이같은 주장
은 해석의 황당함만을 증명할 뿐이다. 유목민은 식물의
뿌리를 먹지 않는다. 또한 고기를 사람과 말의 체온으로
데워 먹었다는 관찰은, 훈족이 안장 때문에 생긴 자국을
빨리 치료하기 위해 상처난 말 등에 생고기를 붙이고 안

장을 얻었다는 것과, 그들이 물기없이 바짝 마른 고기를 항상 지니고 다니며 먹었다는 사실을 오해한 데서 생긴 것이었다.

이같은 유언비어들은 지금도 상식처럼 통용되고 있지만 사실 상당 부분은 훈족이 전투의 일환으로 일부러 퍼뜨린 작전용 낭설이었을 가능성이 크다.

훈족은 심리전의 대가였다. 그들은 적에게 위협을 주기 위해 칼로 자신의 뺨에 상처를 냈다고 전해진다. 어깨와 팔의 문신, 북슬북슬한 모피, 온갖 동물의 뼈와 뿔 장식, 화살 통에 꽂힌 피로 붉게 물든 화살, 색색 천으로 질끈 동여맨 십자형 혁대 등으로 치장하고, 울긋불긋 물들인 변발이거나 한쪽을 빡빡 밀어 낸 머리를 뒤흔들면서 원초적인 소리를 지르며 적진으로 진격했다. 그리하여 폭풍처럼 밀려드는 훈족 앞에서 로마는 집단 히스테리에 휩싸인다.

유럽에서 훈족의 영향력이 커져 훈족의 미적 관념을 수용할 정도까지 되었던 것을 우리는 결코 간과할 수 없다. 그 점을 역사 다큐멘터리는 이렇게 전한다.

고고학자들은 몽골에서부터 서프랑스에 이르기까지 훈족 시대의 묘를 발굴하는 과정에서 특별한 사실을 알아냈다. 죽은 사람의 머리가 정상적인 형태가 아니었다. 관자놀이와 이마가 특이하게 눌려 있었고, 고랑 같은 주름이 머리에 죽 둘러 나 있었고, 머리통은 길게 늘어났다. 머리 형태가 변형된 것이다. 고고학자들은 이 뾰족 머리가 인위적으로 변형시킨 결과라고 한다. 뼈가 아직 부드럽고, 형태를 갖추지 않았을 영아의 머리 정수리 부분을 끈이나 혁띠로 묶으면 머리통이 길어진다.

훈족이 점령한 지역의 귀족 제후 가문도 자식들의 머리를 이런 식으로 변형시켰다. 머리 변형은 하층 계급과 신분을 구분하는 방법이 되었다. 게르만 지역의 튀링겐과 오덴발트에서도 훈족의 미적 이상을 받아들였다는 증거가 발견되었다.

훈족의 유행에 동화한 이 증거 자료들은 훈족이 점령지에서 어떤 평가를 받았는지 전해준다.

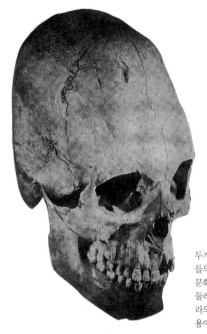

두개골이 길게 늘어난 훈족의 유골. 이는 당시 유목민들의 전통이었다고 전해진다. 재미있는 사실은 이러한 문화가 신라의 유물인 금관에서도 나타난다는 점이다. 둘레가 약 45cm(7~8세 어린아이의 두개골 크기)인 신라의 금관은 머리를 훈족처럼 길게 늘이지 않고서는 착용이 불가능했을 것이다.

오늘날 학자들은 훈족의 역사적인 유산을 재구성하는 데 많은 노력을 쏟고 있다. 로마인들의 눈에 훈족은 무정부적이고 야만적인 용병 집단에 불과한 것으로 묘사되고 있지만 그들에게도 발달한 문화가 있었다. 만일 훈족이 가축이나 기르는 기마병에 불과했다면 앞서 말한 '기적의 무기'는 허구가 된다.

훈족의 활, 복합곡궁은 유럽에서 오랫동안 연구되고 여러 장인에 의해서 복원이 시도되었지만 대부분 성공하지 못했다. 훈족의 무덤에서 발굴된 활과 똑같이 활대를 중심부터 가장자리로 갈수록 가늘게 다듬고, 활시위를 최대한 당겼을 때 활대가 골고루 휘어지도록 나무 결이나 흠을 정밀하게 깎아봤지만 훈족이 쓰던 활과 똑같은 성능을 가진 활은 만들어지지 않았다. 나무와 각재를 모양에 맞게 다듬고, 활 등에 댈 힘줄의 모양을 만들고, 활 각 부분의 약한 곳과 강한 곳의 최적 비율을 맞추는 일 등은 오랜 기간의 숙련이 필요한 것이었다.

내가 아는 한 백인 중에서 복합곡궁을 만드는 데 성공한 사람은 셋밖에 없다. 그들은 모두 "황인종이 만드는 것을 백인종이 못만들라는 법이 있는가?" 라며 덤벼들었다. 하지만 어느 누구도 고대 동양인들이 만든 활과 겨룰 만한 것은 만들어내지 못했다.
— 엘머, R.P.

　유럽인들의 이같은 진술은 4,5세기가 아니라 20세기 중반까지도 계속된다. 훈족에게는 피혁공, 금 세공장이, 목수, 목판 조각가, 가구장이, 마구장이, 땜장이, 도공, 수레 목수, 병기 제작자 등 다양한 직업이 있었다. 수공업에 대한 그들의 능력과 지식이 수준 높은 경지에 있었다는 것은 여러 곳에서 증명된다. 고도의 문명 국가 옛 페르시아 제국의 오리엔트 예술품과 비교해 결코 떨어지지 않는 분묘 출토품은 그들의 기술이 이미 실용적인 도구들을 넘어 과시벽과 장식 취미를 발휘하는 수준에 가 있었음을 보여준다.

3장

장

유목민이라는 이름의 슬픔

시간 대 장소

오늘날 학자들은 유목이라는 것이 농경에 비해 결코 열등한 것이 아니라는 사실을 인정하고 있다. 그러나 그것으로 유목민에 대한 부당한 편견이 불식되는 것은 아니다.

유목민들이 어떻게 해서 자신의 역사를 빼앗겼는지를 설명하기란 쉬운 일이 아니다. 누차 강조하지만, 유목민과 유목사회, 그리고 그들이 중추가 된 유목국가가 인류사에서 수행한 역할은 일방적으로 격하되어 왔다. 이제 그것을 복구하자면 대략 두 가지의 문제점을 재고하지 않으면 안된다.

첫째, 그간의 역사 서술이 기록 중심의 사관에 편집광적으로 집착했다는 점.

유목민에게 문자가 전혀 없었던 것은 아니지만, 그들의 문자 의존도는 매우 미약했다. 유목민에 관한 기록은 대부분 정착민들 쪽에서 쓰여졌기 때문에 기록된 것보다 그렇지 못한 것이 많았는데, 기록된 것도 오해와 곡필이 많았다. 기록하는 측은 이견의 여지없이 자신들을 '문명인'으로 상정한다. '야만족' '파괴자' '비(非)문명' 등의 언어를 부여하는 과정에서 기록자들은 언제나 유목민의 성격 자체를 악의적으로 채색했다. 유목민에게 공격·지배당했던 사건에는 극도로 피해의식이 가미되었고 자신들이 유목민을 공격했던 시기에는 과도한 우월감을 드러내 왔다.

그것은 이를테면 이런 식이었다. 유라시아 유목민의 행적은 주로 중국 사가들의 눈으로 관찰되는데, 그로 인한 불이익은 1차적으로는 그 지칭에서 시작된다. 흉노(匈奴)는 시끄러운 종놈, 돌궐(突厥)은 날뛰는 켈트족, 몽고(蒙古)는 아둔한 옛것……. 이것은 명백히 문자의 폭력이다. 한자라는 상형문자가 마음 속에 심어주는 조형의 힘은 알파벳 등 표음문자와는 다르다. 아메리카를 똑같이 미국이라고 부르더라도 쌀 미(米)를 써서 표기하는 것과 아름다울 미(美)의 나라라고 쓰는 것은 전혀 비슷하지 않다.

이같은 예를 통해, 우리가 얻을 수 있는 결론은 한 가지밖에 없다. 과거의 역사에서는 매번 글을 쓴 쪽이 승리자가 된다는 것. 남긴 쪽은 미화되지만 남기

지 않은 쪽은 후세에 부당하게 단죄된다. 그러나 기록을 남기는 것이나 기록을 남기지 않는 것은 실은 그 생활의 근저에 있는 어떤 가치관에서 기인하는 것일 뿐 그 자체가 개인과 인간 집단의 우열을 결정하는 척도는 아니다. 말하자면 그것은 생활 속의 형태이다. 고상하게 문명으로서의 형태라고 말해도 뜻은 마찬가지이다.

둘째, 그간의 역사는 오직 공간만을 중심에 놓고 관찰되었다는 점.

지난날의 역사는 아주 쉽게 정리된다. 인간은 출현 이후 채집생활 혹은 수렵생활을 하다가 지금부터 만년 전에 주로 하천을 중심으로 농업혁명을 일으키게 되었다. 농업혁명 이후 잉여 생산이 생겨났으며, 그로부터 경제가 본격적으로 발전되고 정착생활이 시작되었다. 약 6천 년 전에 티그리스·유프라테스강, 나일강, 인더스강, 황하 등지에서 도시 문명이 일어났다. 도시가 형성된 것이

몽골 국립도서관이 소장하고 있는 몽골 역사책. 가로 40cm, 세로 10.5cm의 크기이며 책을 싼 바린탁(책보) 위에 검은 먹으로 '칭기스칸에서 토곤 테무르(원元순제)'까지 몽골의 역사'라는 글귀가 위구르 문자로 적혀 있다. 후대에 이르러 기록되었음을 알 수 있다.

4대 문명의 발상지와 유목민족의 활동범위

라스코

알타미라

메소포타미아 문명

티그리스강

유프라테스강

바빌론

멤피스

이집트 문명

나일강

4대 문명

유목민족의 활동범위

메소포타미아 문명
비옥한 초승달 지역이라는 메소포타미아는 "두 강 사이의 땅"이란 뜻으로 티그리스강, 유프라테스강 유역을 중심으로 번영한 고대 문명이다. 지리적 요건 때문에 이민족의 침입이 잦아 이 지역의 문화는 개방적, 능동적이었다. 세계 최초의 성문법인 『수메르법』과 『함무라비 법전』을 편찬하였고 수메르인의 우루크시왕에 대한 서사시 『길가메쉬』를 남겼다.

이집트 문명
헤로도토스가 이집트를 가리켜 "나일강의 선물"이라 일컬을 만큼 이집트 문명은 나일강 하류와 주변의 기름진 토양을 바탕으로 일찍이 농경이 발달하였다. 지리적 위치가 폐쇄적이어서 정치·문화적 색채가 단조롭지만, 규칙적인 홍수로 인한 나일강의 범람은 태양력·기하학·건축술·천문학을 발달시켰다.

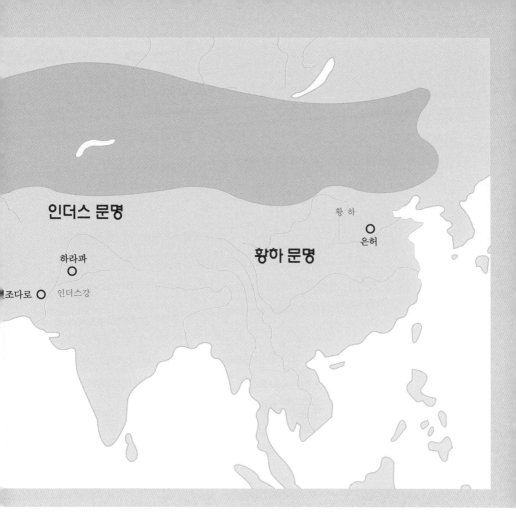

인더스 문명

하라파

조다로 ○ 인더스강

인더스 문명

황하 문명

황 하
○
은허

인더스 문명
B.C. 3000년 중엽부터 약 천년 동안 인더스강 유역에서 청동기를 바탕으로 번영한
고대 문명이다. 문명의 2대 도시였던 하라파와 모헨조다로에서는 벽돌로 지어진
건물과 정교한 도로망, 하수도 시설, 그리고 목욕탕ㆍ집회소ㆍ곡물 창고 등이 발굴
되었다.

황하 문명
황하강 중류, 하류 지역의 비옥한 황토 지대에서 발생한 문명이다. 신석기로부터
시작하여 청동기시대에 은 왕조를 건설하고 국가 체제를 정비하였다. 춘추시대 철
기의 사용으로 농업혁명이 시작되어 급격히 수확이 증대되었다. 부의 축척은 화폐
경제를 활성화하고 상공업을 융성시켜 도시의 번영과 국가의 부강을 가져왔다.

다. 이후 산업혁명이 일어나고 다시 지식혁명이 있기까지 인류는 어느 특정 장소들을 중심으로 문명을 일궈왔다. 처음에는 하천 주변에서 인류 문명이 발달하다가 그 다음에는 지중해라든가 카스피해 등과 같은 내해와 연안으로 옮겨갔으며, 지금부터 300여 년 전부터 대서양 문명 시대가 계속되고 있다.

이같은 관념은 오늘날의 사람들에게 거의 저항감 없이 받아들여지고 있다. 그러나 그것은 사실일지언정 진실은 아니다. 인류사가 자랑해온 4대 문명의 발상지는 정확한 용어로 다시 표현하면 4대 정착문명의 발상지라 해야 옳다. 4대 정착문명의 거점들은 자연 환경과 역사 경험에 따라 매우 다른 개성들을 지니기도 하지만 상당히 공통된 특성을 보이는 것도 사실이다. 예를 들어 하나같이 물가에서 출현했고, 식물을 중심에 두고 사고했으며, 오직 씨를 뿌려서 거두는 것을 삶의 기본이자 세상의 표본적 질서로 생각했다. 그리하여 성을 쌓고 울타리를 늘리고 관료제를 발달시켜 왔으며 배타적이면서 공간 이동을 싫어했다. 그 뿐이 아니다. 언제나 자기를 중심으로 세계를 파악했고 그러한 지식 체계를 형성했으며 그 바깥에 있는 것을 소위 '야만'이라는 이름으로 끝없이 추방하고 기피했다는 것도 피할 수 없는 공통점이다.

세상사를 읽는 데는 이와 같은 장소 중심의 사고만이 유일할 것 같지만 사실은 그렇지 않다. 우리는 몽골의 초원을 여행하면서 인간이 장소 중심이 아니라 시간 중심으로 사고하는 충격적인 장면을 목격한 적이 있다. 어느 겔에 방문했을 때이다. 소변을 보아야겠는데 몽골의 무서운 개 때문에 꼼짝할 수 없었다. 몹시 난처한 몸짓을 보였더니 주인이 두 뼘도 안되는 끈 하나를 가지고 나와서 개를 불렀다. 어리둥절할 수밖에 없었다. 정착민의 사고 속에서 개를 묶는 방법은 목에 올가미를 씌워 어느 한 곳에 구속시키는 것 이외의 수단이란 있을 수가 없다. 그런데 두 뼘도 안되는 끈으로 어떻게 올가미를 할 수 있을 것인가? 하지만 그 유목민은 간단히 해치워 버렸다. 앞발 중 하나의 관절을 반으로 접어서 끈으로 칭칭 감아 절름발이 걸음을 만들어 버린 것이다. 세상에! 우리가 해오던 방식이 공간을 제한시켜 개의 활동력을 구속하는 것이라면, 유목민의 것은 시간(개의 속도)을 구속하여 개의 활동력을 약화시키는 방식이었다. 놀랄 수밖에.

이것은 유목민의 이동마인드를 이해하는데 많은 영감과 착상을 준다. 오늘날의 인류는 공간 위주의 사고로부터 많이 자유로워져 있다. 집없이 사는 이들이 늘고, 고정된 장소를 필요로 하지 않는 직종들이 많아지고 있다. 하지만 그것은 극히 최근의 일들이다.

흔히 세계를 나눌 때 쓰이는 동양과 서양은 어떤 특정한 장소들을 염두에 두고 형성된 관념들이다. 서양은 유럽공동체를 중심에 두고 동양은 중국을 기준으로 삼는다. 이를 앞의 개 이야기에 비유하면, 어느 한 곳에 말뚝을 박아놓고 우리의 생각을 그곳에 묶는 방식인 것이다. 그러나 그것은 하나의 고정관념에 지나지 않는다.

유목민들은 전통적으로 그 어디에도 들어 있지 않았다. 아니 그렇게 말하는 것은 잘못일지 모른다. 그들은 동ㆍ

정착민이 공간을 중심으로 사고하는 것과는 달리 유목민은 시간 중심의 사고체계를 가졌다. 말의 속도(시간)를 제압함으로써 공간 구속의 효과를 가져온다는 장면을 보여주고 있는 몽골 민화가 인상적이다.

서 모든 곳에 속해 있었다. 이 책의 서두에서 언급한 실크로드가 좋은 예이다. 한 정착문명과 다른 정착문명의 찢긴 자리에 스며들어 두 간극을 메워온, 다시 말해서 벽돌 같은 조각들을 시멘트처럼 접착시키고 있었던 사람들을 우리는 어느 쪽에 소속시켜야 옳은가?

이렇게 된 원인은 문명권이 정착문명을 중심으로 세계를 읽으면서 파생된 것인데, 세계사를 바라보는 틀로서 동양과 서양이라는 개념은 처음부터 정착문명 중심적이요, 특히 서구 중심적이었다. 그 이분법이 놓쳐버린 인간들과 그들의 역사에 대한 김호동 교수의 지적은 감동적이기까지 하다.

> 그들은 유라시아의 내부에 동서로 넓고 길게 펼쳐져 있는 초원에서 살면서 때로는 소규모의 부족 집단으로 정주지대를 약탈하기도 했고, 때로는 거대한 제국을 건설하여 정주지대를 정복하기도 했다. 동아시아, 서아시아, 남아시아, 유럽의 정주문명들이 근대에 들어오기 전까지 상호간의 접촉과 영향이 긴밀하지 못했기 때문에 이들을 통합적으로 하나의 세계사로 파악하기가 어렵다고 할지라도, 이들은 모두 내륙아시아라는 '공통 분모'를 갖고 있다. 따라서 세계사를 동양과 서양이라는 불균형한 양분법에 의해 설명하거나 아니면 상호 연관성을 결여한 지역들의 역사를 기계적으로 모아 놓는 방식을 지양하고, 그것을 하나의 전체로서 이해하고 그 역사적 전개과정을 총체적으로 이해하고자 할 때 이 공통 분모는 매우 유용할 수 있다.
>
> — 김호동, 「문명과 야만-정주세계와 유목세계의 역사적 관계의 일면」

유목민이란

이제 유목민에 대한 1차적인 정의를 내리자.

유목민의 정의에 대한 학자들의 견해는 크게 두 가지로 압축된다. 하나는 경제 활동과 관계없이 이동생활을 하는 사람 모두를 유목민이라 규정하는 것이고, 다른 하나는 농경생활에 의존하지 않는 이동적인 목축민만을 유목민으로 보는 것이다. 여기서 우리는 후자의 입장을 견지하기로 하자. 왜냐하면 유랑하는 수렵·채집인들과 이동하는 유목민들을 하나의 범주에 포함시키기에는 양자 간의 공통점이 너무 적기 때문이다. 하나는 식량 채집이고 다른 하나는 식량 생산이라는 면에서 경제적 기반이 다르고, 이동의 이유나 성격도 같지 않다. 마찬가지로 '유목민'이라는 말은 여타의 단순한 이동 집단에 대해서도 사용될 수 없다. 집시들, 동남아시아의 소위 '해상 유목민', 이동식 농경민들, 아니면 현대 산업사회의 일부 노동자 집단(소위 산업적 이동)과 같은 민족·직업 집단들이 그 예라고 할 수 있다. 그러나 이러한 경우에도 유목민의 특성이 없는 것은 아니다.

하지만 유목민의 정의는 분명히 정치·경제·사회·문화적 독자성을 포괄해야 한다. 한마디로 말해서 '삶의 기초인 경제 활동이 목축에 의해서 이동성을 띠는 경우'만을 유목민이라 해야 옳다는 뜻이다. 왜냐하면 농경이 식물을 순화(domestication)시켜 식량을 생산하는 것처럼 유목도 동물을 순화시켜 식량을 생산한다는 점에서 양자 모두 식량 생산 경제의 단계에 속하는 까닭이다.

그럼 언제부터 그러한 삶이 시작되었을까? 유목의 기원에 대해서는 분명하지가 않다. 발생한 장소도 복수일지 모른다. 그리고 발생한 시기도 애매하다.

어쨌거나 그들은 양·산양·소·말·낙타 등의 가축들을 관리하고 사육하면서 풀을 따라 1년을 이동하면서 살았다. 목적지도 없는 방랑이 아니라 정확한 계절 이동이었다. 여름 영지(營地)와 겨울 영지 사이의 이동 경로도 거의 결정되어 있었다. 요소요소에는 우물이 설치되고 목초지가 존재한다. 이러한 이동과 설치를 반복하는 중에 가축들, 특히 주요한 가축인 양들은 봄의 출산으로부터 여름의 비육, 가을부터 겨울에 걸친 도축과 임신도 정해진 순서에 의해 관리된다. 생활이 시스템화되어 있는 것이다. 그 시스템은 넓은 지역을 순환한다는 의미에서 역동적이라 할 수 있다.

이렇듯 유목민을 이해하는 데 무엇보다도 중요한 것은 그들이 정착민과는

해질녘, 집으로 돌아온 양떼

다른 생태권에서 살았다는 점이다. 오늘날 유목민의 빈곤을 퇴치하기 위해서 그들에게 경작을 가르치고 건초 사업을 권장하는 이들도 있지만 이는 쉽게 생각할 문제가 아니다. 유라시아 유목민이 겨울 식량으로 건초를 만들지 않는 이유는 크게 두 가지라고 한다. 하나는, 초원은 한 번 벌초를 하면 다시 풀이 자랄 때까지 수년이 지나야 하고 그러는 사이에 벌판은 덤불이 무성해져 목초지로서의 가치를 상실하는 까닭이요, 다른 하나는 노동력이 절대적으로 부족한 탓이다. 100마리의 말을 방목하는데 1년 내내 한 사람이면 족하지만 100마리를 겨울 동안 먹이기 위해서는 건초가 24만 5천7백 킬로그램이 필요하다. 차라리 풀이 있는 겨울 영지로 이동하는 것이 몇백 배 효율적인 것이다.

이같은 상황은 다음과 같은 유목사회의 특징들을 낳았다. 첫째, 구성원끼리 결속력이 강하다. 둘째, 구성원들은 서로 평등하며 광범위한 사회적 참여의 가능성이 열려 있다. 셋째, 구성원 내부의 분업이나 전문화를 기피한다. 넷째, 정치 관료 조직은 초보적이다. 다섯째, 방목지는 공동 소유, 가축은 가족 소유가 대부분이다. 그러나 이런 설명만으로는 유목민의 정체가 온전하게 포착된다고 보기 어려울 것이다. 생물학적인 분석 못지 않게 중요한 것은 인문학적인 설명이다.

다시, 유목민이란

유목민의 정체를 인문학적으로 파악한다는 것이 말처럼 쉬운 일은 아니다. 그러나 편리한 방법이 없지는 않다. 정착민이 유목민에 대해 이해할 수 있는 기본적인 항목들은 13세기에 칭기스칸이 유목민을 통일하면서 선포한 대법령, 자사크에 구구절절이 묻어 나온다. 그 제1조는 다소 뜻밖의 것이다.

간통한 자는 사형에 처한다.

간통 정도를 사형에까지 처한다? 아마도 이렇게 과중한 형량을 정착사회는 쉽게 이해할 수 없을 것이다. 칭기스칸은 어쩌면 공동체의 내적 결속을 이완시키는 행위를 가장 큰 범죄로 생각했는지 모르겠다. 유목민들은 고립되면 죽는다. 어떤 경우에도 집단을 이루지 않으면 울타리가 없는 상황에서 외부의 위협으로부터 보호받지 못한다. 이처럼 절대적으로 열악한 상황을 이기기 위해서 어떤 내적 이완도 용납하지 않는 신의의 공동체를 바라는 것은 당연한 일일 것이다. 간통은 융합집단의 내부 연대감을 파괴시킨다. 그러나 이렇게만 정리하고 가는 것도 추상적이다.

여기서 반드시 주목해야 할 것이 있다. 이 법의 선포자가 적장의 자식을 잉태한 아내를 아무런 전제없이 받아들였다는 사실이다. 왜 아내를 사형에 처하지 않았는가? 그것은 아내의 잉태가 간통이 아니라 강간에 의한 것이었기 때문이다. 여기에 이 조항의 핵심이 있다. 약속의 파기는 중형에 처한다. 간통은 믿음에 대한 배신이고 약속의 파기이다. 그러나 강간은 약속의 파기가 아닌 만큼 간단하게 용서된다. 이 실사구시의 정신을 보라. 형사취수(형이 죽었을 때 형수를 아내로 삼는 것)도 오늘날의 눈으로는 짐승만도 못한 것으로 생각될 수 있으나 당시에는 남자를 잃은 여인네들을 그렇게 살리는 것 외에는 도울 방법이 없었다.

이같은 유목민들의 사고방식은 제2조에서부터 더욱 구체화된다.

수간(獸姦)을 한 자는 사형에 처한다.

언뜻 보면 인간의 품위를 강조하는 규정처럼 보인다. 아니면 애니미즘이나 토테미즘 혹은 샤머니즘에 기초한 인습의 발로라고 해석될 수도 있다. 그러나 그것은 지나친 비약일 수 있다. 그보다는 동물의 생명을 인간과 같은 궤도에 올려놓고 존중하려 했던 지구 공동체적 발상이 아닐까? 유목민사회의 표본이라 할 만한 몽골 사회는 지금 한국의 어덟 베에 이르는 대지에서 ㅗ 20분의 1이라 할 만한 인구가 살고 있다. 1인당 경유 면적이 한국인의 160배에 달하는 것이다. 그 고립무원의 대지 위에서 친하게 지낼 것이라고는 동물밖에 없다. 따라서

수간 장면을 묘사한 청동기시대의 바위그림

그곳에서 약자에 대한 강자의 횡포가 가장 적나라하게 이루어지는 것은 인간과 동물간의 관계에서이다. 최근에 한국에서 상영한 바 있는 일본 영화 「나라야마 부시꼬」에는 육체적 힘은 넘치지만 정신적 사유는 박약한 사내가 여성의 부족으로 결혼할 방도가 없어지자 수시로 이웃집 개를 겁탈하는 장면이 나온다. 초기 유목민 사회에서 이같은 일은 아마도 비일비재하게 일어났을 것이다.

이러한 경우에 요즘 우리 사회에서 목도되는 미성년자에 대한 성 보호법 같은 것을 동물계에 적용할 필요가 없으리라는 법은 없다. 수간을 동물에 대한 성적인 학대로 이해하고 그에 대해 엄벌에 처하려 했던 의지는 제8조를 읽고 나면 한층 선명해진다.

짐승을 잡을 때는 먼저 사지(四肢)를 묶고 배

를 가르며 짐승이 고통스럽지 않게 죽도록 심장을 단단히 죄어야 한다. 이슬람 교도처럼 짐승을 함부로 도살하는 자는 그같이 도살 당할 것이다.

유목민들이 동물을 인간과 똑같이 한 가족으로 보았던 흔적은 여러 곳에서 쉽게 찾을 수 있다. 유목민들이 가졌던 동물에 대한 애정이 어떠한 것이었는지는 최근까지도 그들의 시에 수없이 반복해서 나온다.

나의 가을에 태어난 어린 양아!
이마엔 하얀 줄무늬가 있는 너를
수천 마리의 양떼들 한가운데에 있어도
나는 항상 알아 볼 수 있구나!
매에! 매에! 우는 소리
오라면 항상 나에게 뛰어오네
(생략)
우리에서 태어난 후로
우리 둘이서 늘 놀았다네
무릎을 꿇고
엄마 젖을 빠는 너
나의 가슴에서
얼마나 반갑게, 얼마나 반갑게, 나를 핥는다

이것은 몽골의 대표적인 현대 시인 나착도르즈(D. Nacagdorj)가 쓴 「가을에 태어난 어린 양」의 일부인데, 인간과 동물의 애틋한 관계가 마치 가족간의 우애처럼 그려져 있다. 동물들 중에서도 말(馬)에 이르면 관계는 더욱 애틋해진다.

칭기스칸의 역사에도 그런 에피소드가 있다. 아버지를 잃고 적들에게 쫓기던 젊은 테무진(칭기스칸의 아명)이 극도의 고립 상태에서 벗어나 새 역사를 만들기 시작하는 계기가 말 때문에 생긴다. 테무진은 언젠가 사냥할 때 사용하는

베트남에서 돌아온 말 동상
대륙을 가로질러 돌아온 말을 위해
몽골 정부는 10마리의 암말과 함께
자유롭게 살도록 자이산에 풀어주었
다. 말이 죽은 후, 울란바타르 근교
투브아이막에 동상을 세워 동물들과
의 우정을 추모하고 있다.

짧은 꼬리의 아홉 번째 말을 제외한 여덟 마리의 말을 도
난당했다. 테무진은 혼자서 그 말들을 찾아 헤매다가 그
것을 안타깝게 생각한 동행인을 얻게 되는데 그가 바로
칭기스칸의 역사에서 없어선 안되는 장수 보오르초이다.
두 사람은 목숨을 걸고 싸워서 도난당한 말을 되찾아 오
고 뜨거운 동지애를 맺게 된다. 테무진이 1206년, 칭기스
칸으로 등극한 후 처음 하는 일도 자신이 가장 신뢰하는
신하가 말을 관리하도록 하는 일이었다. 이같은 일은 사
람이 아니라 말측에서도 일어난다.

베트남전쟁 때(1961년) 몽골은 사회주의 우방으로서 응
원하는 뜻에서 월맹측에 말을 보냈다고 한다. 그런데 그
말들 중 일부가 베트남의 열대에서 적응하지 못했던지
자신들이 기차를 타고 갔던 길고도 긴 철길을 따라 몽골
로 되돌아왔다. 고향의 주인이 그리워 크나큰 중국 대륙

하나를 종단해 버린 것이다.

오, 이 애틋한 동물들끼리의 우애!

그리고 제3조에서 비로소 인간의 품위에 대한 규정이 나온다. 여기서도 절도 범죄 등 소유권의 보호에 관한 것보다 상황에 관한 것이 중시된다. 이 역시 눈여겨 볼 만한 것이다.

> 거짓말을 한 자, 다른 사람의 행동을 몰래 훔쳐본 자, 마술을 부리는 자, 남의 싸움에 개입해 한 쪽을 편드는 자는 사형에 처한다.

어쩌면 이렇게 21세기형의 범죄들을 조목조목 언급했는지 모른다. 20세기 말의 인간들에게 보편적 삶의 형태가 되어 버린 제반의 덕목들, 즉 언어를 전략적으로 구사하는 자, 관음증이 있거나 염탐하는 자, 진실하지 못한 자, 왕따를 주도하는 자를 엄벌하겠다고 한 셈이다.

그래도 여기까지는 어쨌거나 상상이 가능한 범위에 속한다. 우리가 흔히 교과서에서 배우던 일반적인 고대의 법령을 크게 벗어나지 않는 것이다. 그러나 대자사크가 마냥 그런 항목들로만 구성된 것은 아니다. 이어서 제4조에 이르러 그 전율할 듯한 존재의 외침이 나온다.

> 물과 재에 오줌을 눈 자는 사형에 처한다.

아니, 13세기의 대지에서 지천에 널린 흔하디 흔한 물 따위, 불을 피우고 난 재 따위에 방뇨한 것을 사형에까지 처한다니! 여기에 무슨 종교적 이유라도 있을까? 만일 그것이 아니라면 아마도 누구나 쉽게 '해도 너무 하는 것 아니냐'고 칭기스칸의 통치 방식(제 기분 내키는 대로 처벌하는)을 한탄하기가 쉬울 것이다. 그도 그럴 것이 농경정착사회에서는 거름을 만들기 위해 물과 재에다 오물을 섞는 일이 다반사인 까닭이다. 그러나 실은 이 항목을 제대로 이해하는 것이 핵심이다. 칭기스칸은 누차에 걸쳐 물의 소중함을 역설한다. 사소한 잘못까지도 그것만은 용서할 수 없다는 의지를 구체적으로 조목조목 짚어서

수천 년 유목민과 함께 흐르는 자연 그대로의 강

선포하는 것이다.

제14조 물에 직접 손을 담가서는 안된다. 물을 쓸 때는 반드시 그릇
에 담아야 한다.

물에 대한 이같은 역설은 이슬람 정벌에서도 드러난다. 대자사크 11조에 "모
든 종교를 차별 없이 존중해야 한다"고 규정하면서도 칭기스칸은 이슬람교도
들이 물을 사용해 세례를 하는 것만은 금지시켰다.

제15조 옷이 완전히 너덜너덜해지기 전에 빨래를 해서는 안된다.

그가 왜 이런 법령을 발표했는지는 이 책의 프롤로그에서 말한 재앙을 떠올
려 본다면 충분히 이해가 될 것이다. 유목민의 생존에 결정적인 역할을 하는
것은 물과 불씨였다. 갈증을 해소할 길이 없는 건조 세계와 피할 수 없는 혹한
의 대지는 그들로 하여금 물과 불을 신성한 것으로 인식케 했다.
피보다도 소중한 물! 목숨과도 같은 불!
그랬다. '유목'이라고 하는 삶의 형식은 물의 부족에서부터 시작되었다. 지
구는 원래 물이 80퍼센트를 차지한다. 그러나 지상에는 바다가 있는가 하면 강
이 있고 사막도 있다. 세상의 모든 이치가 그렇듯이 물이 귀한 곳에서는 그 소
중함을 알고, 흔한 곳에서는 그 소중해 하는 태도를 이해할 수 없다.
이 물의 부족 때문에 그들은 세계를 전혀 새로운 방식으로 이해하지 않으면
안되었다. 유목민에게 지상이란 초원·황야·사막 그리고 경지(논)·녹지
(산)·마을로 이루어져 있는 공간이 된다. 모든 토지는 물의 유무로 구별한다.
초원·황야·반사막(半沙漠)은 물이 적은 곳이다. 유목민들의 사막(沙漠)은 이
른바 모래밭으로서의 사막(砂漠)과는 다른 것이다. 초원·황야·사막은 물이
적은 정도의 차이 또는 풀 등의 식물이 자라고 있는 밀도의 차이에서 생긴다.
풀의 그림자가 조금이라도 짙으면 초원이고, 적으면 황야이거나 사막이다. 중
요한 것은 산록의 용수선과 샘물, 산간의 계곡 혹은 하천이 급히 평지에 이르

고, 지중의 염분을 아직 흡수하지 않는 곳, 즉 넓은 의미의 오아시스를 제외하면 인간은 한 곳에서 정착된 삶을 영위하기가 어렵다는 것이다. 농경은커녕 정착형의 목축도 불가능하다. 그런데도 이 광대한 대지에서 살아남는 법을 깨우친 사람들이 있다. 그들은 직관으로 물의 이동을 읽었다.

예컨대 초원 지역의 황량한 대지를 가로질러 잠시 왔다가 사라지는 자연의 움직임이 있다. 그것을 일컬어 시간의 흐름이라고 말해도 좋다. 그것은 기후를 동반시킨다. 기후란 액체와 기체와 고체로 순환되는 물의 운동과 관계되는 것이다. 이 물과 기후에게 공통된 속성이 있다면 그것은 흐른다(이동한다)는 점이다. 그리하여 자연법칙 안에서, 처음에 물과 기후의 이동이 대지 위의 생명체들을 이동시키기 시작한다. 여기서 기후 변동에 민감하여 먼저 이동을 시작하는 것은 놀랍게도 식물이다. 동물이 먹을 수 있는 여린 풀이 봄에는 남쪽에서 싹트다가 여름에는 북쪽으로 이동한다. 가을철부터 다시 낮고 따뜻한 곳에 신록이 머물다가 겨울철에는 아주 따뜻한 특수한 곳에만 존재한다. 이같은 연초록의 이동 방향을 따라 서서히 동물이 이동해 간다. 굳이 초식동물이 아니더라도 풀을 뜯는 동물이 있어야 육식동물이 살아남게 되므로 결국은 그것에 끌려 다니는 셈이다.

쉽게 말해 식물의 이동선(線)이 지상의 생명 벨트를 형성하는 것이다. 유목민은 바로 그 생명 벨트를 따라다니는 인간들이었다. 그들, 기후 뒤의 식물, 식물 뒤의 동물을 따라다니는 사람들. 자, 이제 그들을 만나러 가자.

4 _장

유목민의 뿌리를 찾아서

나쁜 피

세월은 덧없다. 우리가 처음에 유목민을 만나기 위해 몽골 고원에 갔을 때 고대 로마를 흔들었던 아틸라의 후예, 지상의 태반을 정복했던 칭기스칸의 자손들은 찾기 어렵고 형편없이 초라한 잔해만 남아 뒹굴고 있었다. 일행 중 한 사람은 그것을 '나쁜 피'가 낳은 비극이라고 했다. 그러나 그건 오해였다.

울란바타르에서 그런 일이 있었다.

목격자는 아파트에서 사는 어느 할아버지였다. 몽골의 아파트는 양털을 태운 역겨운 냄새와 함께 칠흑같이 어두운 복도가 있는 곳이다. 그날 할아버지가 깜깜한 복도를 지나가는데 끈적거리는 물기가 밟히더라고 했다. 비릿하고 역겨운 냄새가 속을 뒤집어서 무엇인가 하고 불을 켜보니 젊은 여자가 피투성이로 쓰러져 있었다. 그런데 놀랍게도 여자는 심장이 뜯겨진 채 죽어 있었다. 황급히 신고를 하고 경찰이 왔을 때, 범인은 한 층 위의 복도에서 떨고 있었다. 손에 피가 낭자한 청년은 아직도 술이 덜 깬 상태였다.

경찰 조사에 따르면, 청년의 살인은 술에 취한 상태에서 자기도 모르게 저지른 양(羊)잡기의 착각이었다고 했다. 어느 술집에서 술을 마시다가 서로 눈이 맞은 두 청춘이 그들의 안식처를 찾아 들어간 곳이 그 아파트의 복도였고, 서로 애무를 하던 중 취한 남자가 여자의 가슴에 손을 넣어 심장을 끄집어 내버린 것이다.

한 정신분열증 환자에 의한 이 엽기적인 사건은 유목민의 심성을 터무니없이 야만적인 것으로 오해하기에 충분하다. 만약 이것을 '나쁜 피'가 빚은 사건이라고 한다면 유목민의 몸에는 나쁜 피가 흐른다고 말할 수밖에 없다. 그러나 8일간의 여정을 마치고 돌아올 때 우리들의 생각은 완전히 뒤바뀌어 있었다.

사실 우리는 몽골로 출발하기 전에 유목민의 양잡는 모습에 대해 들었다. "몽골인들은 초원의 전사답게 양의 심장을 뽑아내 죽인다"는 것이었다. 가슴을 절개하고 심장을 끄집어내는 힘줄 선 팔뚝과 손을 타고 흐르는 양의 핏물이 눈에 그려져 치를 떨었는데, 직접 본 모습은 그런 것과는 전혀 다른 것이었다.

오히려 동물과 함께 살아가는 유목민들이 가질 수 있는 그들만의 고결한 삶의
방식임을 느끼게 했다.

몽골인들은 양을 잡을 때, 칼로 명치 윗 부분을 조금 자르고는 그 작은 틈으
로 손을 집어넣어 맥만 짚어서 양을 죽인다. 그리고 그것이 양을 가장 편안하
고 고통없이 죽이는 방법이라고 말한다. 실제로도 1분이 채 걸리지 않는 죽임
이었고, 양은 '매에'하는 소리 한 번 지르지 않았다. 수천 년의 역사를 동물과
함께 살아온 그들은 지금도 동물을 죽일 때에 자신이 갖출 예를 모두 보여줌으
로써 동반자임을 확인한다. 비가 오는 날에는 절대로 동물을 죽이지 않는다든
가, 날이 어두워지면 아무리 많은 돈을 준다고 해도 양을 잡아주지 않는 것은
흔히 볼 수 있다. 어떻게 이런 날씨에 내 양을 먼 길 가게 만들 수 있느냐고 물
어오는 유목민들에게 이방인이 내미는 돈 뭉치는 참으로 부끄러운 문명의 부
스러기일 뿐이다.

우리는 그 현장에서 전혀 새로운 세계관을 교양받아야 했다. 양을 죽이고 나
면 가죽을 벗겨 땅바닥에 펼쳐 놓는다. 그리고는 칼 하나 대지 않고 관절을 분

해하고 내장을 뜯어서 옮겨 담는다. 물이 부족한 사람들이 택한 현실적인 방법이기도 하겠지만, 살과 뼈와 내장과 피를 마술이나 부리듯 칼 한 번 대지 않고 처리하는 모습은 그들이 말하는 대로 '도륙할 수 없는 동반자'이기 때문에 다정히 어루만지듯 분해한다는 생각이 들게 한다. 동물이 살기 위해 이동을 하면 그들을 쫓아가는 것만으로 목숨이 유지되었던 사람들에게 동물을 대하는 것은 곧 신앙이고 존경이었던 것이다. 이 양을 잡는 이야기는 우리에게 유목의 삶이 처음 생성되어 13세기 몽골 제국을 이루기까지의 장구한 역사에 대해서 다시 생각하게 한다. 그것은 참으로 유서 깊고 눈물겨운 생존사(史)였다.

고원에 심은 뜻

유목민의 선조는 누구인가? 그들은 어디서 왔는가? 세계사의 흐름에 그토록 엄청난 파란과 돌발적인 변수를 만들어온 그들은 무(無)에서 발생했는가? 바람처럼 그 진원지를 알 수 없는 것인가?

기록된 역사에 의하면, 유목민들은 단일한 특성을 지녔던 것처럼 이야기된다. 아르카디아인이 쓴 주변 민족에 대한 기록(기원전 16세기), 헤로도토스의 스키타이인에 대한 기록(기원전 7~5세기), 흉노족에 대한 사마천의 기록(기원전 1세기), 암니아누스 마르켈리누스의 훈족에 대한 기록(4세기), 중국인이 쓴 탁발(拓跋)에 대한 기록(5세기), 몽골족에 대한 기록(11~16세기)을 서로 비교해 보면 이 기록들은 부분적으로는 그 표현까지도 똑같이 '전투적인 유목문화'의 근거가 되기도 한다.

하지만 유목민의 문화가 처음부터 통일적이었던 것은 아니다. 모든 유목민들은 저마다 역사에서 사라질 때 자신의 흔적을 남겼는데 그것들이 모여 하나의 통일적인 형태(유목문명이라 할 만한 생활 체제)를 갖추는 것은 칭기스칸이 지도하던 '예케 몽골 울루스(대 몽골 제국) 시대'에 의해서였다. 그러니까 몽골인은 선대의 여러 생활 방식을 의식적으로 계승하였던 수많은 유목민 고리의 마지막 집대성자였던 셈이다.

　그럼에도 대부분의 사람들은 칭기스칸 이전의 유목민들까지 모두를 단일한 상으로 설정해 놓고 이야기한다. 세상 모든 것을 생성, 발전, 소멸의 궤도 위에서 이해하면서도 오직 유목민만은 그런 어떤 경로가 없는 고정된 것으로 보는 것이다. 그것은 지나치게 추상적인 이해일 것이다. 그러나 추상적인 인간이 어디 있으랴.

　먼저 분명히 알아야 할 것은 유목민의 진원지로 일컬어지는 장소가 지상의 어디에 있었다는 것이다. 유라시아 대륙의 심장부, 이름하여 몽골 고원이다. 이곳은 역사 지리학적으로 오르도스 근처의 만리장성에서 바이칼호 일대까지의 남북 1천 5백 킬로미터, 흥안령에서 발하시호 일대까지의 동서 3천 킬로미터 내에 위치한 면적 3백만 평방 킬로미터의 광활한 지역을 가리킨다. 몽골 고원이란 11~12세기 수많은 유목민 중의 하나인 몽골족이 이 지역을 장악한 이후에 생긴 이름이며 그 이전에는 특정한 명칭 없이 그냥 막북(漠北)이라고만 했는데, 이곳은 자연 지리적으로 지구상에서 유사 지역을 찾아볼 수 없게 특이한 현상을 보이는 곳이었다.

　오늘날 몽골의 북쪽 국경 지대에는 영구 결빙대의 남방한계선이 존재하고 있다. 또 서남쪽의 알타이 산맥 일대에는 건조한 사막의 북쪽 경계선이 지나간다. 영구 결빙대와 사막 사이의 폭은 3백 킬로미터 이하인데, 몽골 고원에서 가장 풍요로운 초원 지대는 지역에 따라 약간의 차이는 있지만 이 폭 3백 킬로미터의 안쪽을 따라 동서로 길게 이어지고 있다. 흡사 벨트와도 같은 이 초원의 띠는 흥안령 동쪽의 만주에서 시작되어 다뉴브강 일대의 헝가리 초원에까지 이른다.

　스텝로드라고 불려지는 이 초원의 띠는 실크로드와 함께 동서 문명을 이어주는 핏줄이었다. 그러나 눈을 잠시라도 대륙의 심장부에 고정시켜 놓고 보면 이 지역이 중심이고 동쪽과 서쪽의 나라들은 가지에 불과하다는 것을 알 수 있다. 역사적으로 이 일대에서 발흥했던 흉노나 유연, 돌궐, 위구르 등 수많은 유목민족들은 모두 자기들이 세계의 중심이라고 생각했다. 그들에게 중국이나 페르시아, 유럽 등은 이동의 자유가 별로 없는 변방 지대에 불과했다.

몽골 고원의 알타이산

유목민에게 세계의 중심부였던 몽골 고원은 다양한 형태의 자연환경이 어우러진 하나의 보배였다. 바이칼호를 기점으로 북쪽 지역에는 타이가라는 원시의 삼림 지대가 무한히 펼쳐져 있다. 그리고 바이칼호 남쪽에서 고비에 이르는 지역에는 감탄사만을 연발시키는 초원 지대가 올망졸망한 산과 뒤섞여 물결치듯 동서남북으로 이어진다. 또 대초원의 중앙부에는 초원의 꽃을 연상시키는 항가이 산맥이 만년설의 봉우리를 가슴에 지닌 채 아름답게 솟아 있고, 항가이 산맥을 경계로 동쪽으로 나아가면 그야말로 초원의 진수라고 할 수 있는 어마어마한 초지인 메넨긴 초원을 만나게 되는데, 풍요의 들판이라는 뜻을 지닌 이 일망무제의 초원은 남북 1천 킬로미터가 넘는 폭으로 흥안령을 넘어 송화강까지 이어진다.

또 서쪽으로 거대한 사막과 호수들이 줄지어서 엷은 막과도 같은 느낌을 주는 곳을 지나면, 다시 만년설의 위용을 자랑하는 알타이 산맥이 북쪽에서 동남쪽을 향해 뻗어 있다. 초원의 구릉이라 할 그 알타이 산맥을 넘으면 이제 대평원이 그 끝을 모른 채 카자흐스탄과 우크라이나를 거쳐 헝가리에 닿는다. 항가이 산맥에서 남쪽으로 나아가면 그 옛날 아름다운 초지였던 고비가 흙먼지만 날리는 황량한 모습으로 죽음의 사자처럼 버티고, 그곳을 지나면 또 하나의 아름답고 거대한 초원 지대가 만리장성을 따라 동서로 길게 펼쳐진다.

과연 가보지 않고서는 상상할 수 없는 지형이요 지세이다. 몽골 고원은 눈으로 직접 확인하지 않으면 도저히 믿어지지 않는 크고 작은 천여 개의 호수를 가슴에 지니고 있다. 초원의 눈물과도 같은 이 호수들은 그 속에 노니는 물고기들을 훤히 볼 수 있을 정도로 투명함을 자랑한다. 얼음물처럼 차갑고 깨끗한 호수들은 초원을 흐르는 수많은 강의 원류이자 철새들의 낙원이다. 초원을 떠난 물들은 아름다운 강으로 변해 곳곳을 흐르다가 마지막에 바이칼호나 태평양의 품에 안긴다. 몽골 고원은 이렇듯 삼림과 초원과 호수가 어우러진 아름다운 곳이다.

그러나 이같은 경관을 시샘이나 하듯 이곳에 머무는 대륙성 기후는 극과 극을 치닫는 괴팍스러움을 보여준다. 바람은 드세며 기온의 변화는 극단적이다. 봄과 가을이 거의 생략된 채 4개월의 서늘한 여름과 8개월의 혹독한 겨울만이

반복되면서 모든 생물들을 긴장시킨다. 특히 그 긴 8개월의 겨울은 소꼬리도 자를 만한 추위가 맹위를 떨친다. 바로 이곳, 이 장엄한 고원 지대에서 고대 유목민이 생성, 발전, 소멸의 길을 걸었다.

목동이 발견한 동굴벽화

이렇게 시작하자.

원시 인류는 어떻게 하여 오늘날의 인간이 될 수 있었을까? 물론, 다양한 경로를 거쳤을 것이다. 호모 사피엔스에 대하여, 아니, 나무에서 처음 내려와 땅에 발을 내디딘 후 직립보행과 도구 사용, 언어 습득의 길고 긴 행군을 통해 지구의 중심 무대로 나섰던 네안데르탈인과 크로마뇽인의 후예들에 대하여 인류학자들은 많은 이야기를 해 왔다.

그 '동물적인 선조(先祖)들'이 곧바로 오늘날의 삶에 연결되는 것은 아니다.

소위 세상살이라는 것의 시원(始原)에 대해 우리가 가지고 있는 관념은 매우 간단하고 명료하다. 역사는 언제나 석기시대부터 논의되고, 그것은 다시 구석기시대와 신석기시대로 나뉜다. 아직 쇠붙이를 알지 못하여 돌로 연장을 대신하던 시대, 그때의 인간을 상상하는 것은 흥미있는 일이다.

구석기시대는 정처 없이 떠도는 방랑의 시대였다. 수렵과 채집이라는 생존수단이 지금부터 1만 년 전까지 계속되었다. 동물을 사냥하고 식물을 채집하는 것은 인간에게만 찾아볼 수 있는 독특하고도 체계적인 생존 전략으로 매우 성공적인 것이었다. 그때문에 인류는 남극 대륙을 제외한 지구의 거의 모든 지역에서 번성하였다.

사람들은 작은 무리를 이루어 이동하며 생활했다. 성인 남자와 여자들, 그리고 그의 자식들이 중심이 된 약 25명 규모의 무리. 이것이 인간이 이룬 최초의 공동체였다고 한다. 일종의 떠돌이 집단이라고 해야 할 그 공동체 안에서 인간들은 서로 정서적 영향을 주고받으며 관습과 언어로 묶여진 사회 · 정치적 단위를 형성했다. 이로 인해 석기시대의 인간들은 오늘날과 전혀 다른 가치관을 가지고 살았다. 대표적으로 차이를 보이는 것이 '근면성의 가치'였다. 수렵 · 채집 사회에서 부지런한 사람은 불의(不義)한 자로 취급되었다. 조물주가 내려준 생태계에는 일정한 먹이의 틀이 있어서, 이를테면 사슴이나 멧돼지의 한정된 수가 있는데 만약에 부지런한 사람이 나타나서 혼자 먹을거리를 독점하면 자원이 쉽게 고갈된다고 믿었던 것이다. 그때문에 게으른 사람이 집단에 공헌하는 사람으로 취급되었다.

바로 이같은 상황에서 농경이 발생되었다고 생각해 보자. 먹을 것을 찾아 떠돌던 사람들이 식량을 주위에 두고 그것을 관리하면서 끝없이 재생산하는 방식을 찾아낸 것은 획기적인 사건이었다. 이동하며 자연산 열매를 따먹거나 동물을 사냥하는 생활 방식은 이제 한곳에 모여 살며 씨앗을 뿌리고 가꾸어 수확하는 정착생활로 바뀌게 된다.

농사가 가져다 준 엄청난 수확량은 창고를 짓게 하는 정도의 변화에 그치지 않았다. 한 곳에 모여서 서로 부딪치며 살아가는 가운데 새로운 사회, 새로운 문화가 속속 들어서기 시작했다. 친인척이 한 단위가 되어 씨족 생활을 하던

예전의 공동체는 같은 장소에 모여사는 촌락이 생활 단위가 되는 부족 사회로
바뀌고, 혈연 중심의 인간관계는 지연 중심의 인간관계로 재편되기 시작했다.
이렇게 해서 인류에게 소위 '정착마인드'가 싹트는데, 이 방식을 맨 처음에 찾
아낸 사람들이 '비옥한 초승달 지역'의 메소포타미아인들이었다고 교과서는
가르친다. 인류를 방황에서 해방시키고 정착과 농경이라는 어마어마한 생존
혁명을 이룩해 냈다고 칭송되는 그들은 지금도 바벨탑과 피라미드의 사람들로
인류의 뇌리에 살아 숨쉬고 있다.

　바로 이 대목에서 유목민의 선사시대가 점화된다.

　그러하던 때, '원시'와 '야만'의 원형처럼 이야기되는 유목민의 땅, 저 유라
시아 대륙의 조상들은 어떤 모습으로 살고 있었을까?

　많은 사람들이 인류가 유목민에서 농경민으로 진화해 온 것처럼 알고 있지
만 사실은 정반대였다. 기원전 7000년 무렵, 유라시아 대륙의 사람들도 농사
를 지으며 살았는데, 그것을 처음 발견한 것은 아이러니컬하게도 문맹을 깨뜨
리지 못한 어느 목동이었다.

　1950년대 초 몽골 서남부의 알타이 지역에서 양을 치던 목동이 호이트 쳉헤
린(북쪽의 깨끗한 강)이란 강변의 절벽에서 우연히 한 동굴을 발견한다. 그가 동
굴에 들어가 불을 밝히는 순간 수많은 동물 그림들과 상징으로 가득 찬 부호들
이 말없이 그를 응시하고 있었다. 대륙의 심장부에 숨어 있던 역사의 진실이
긴 호흡을 내쉬는 감격적인 순간이었다. 이 동굴벽화는 지역 이름을 따서 호이
트 쳉헤린 아고이 동굴벽화라고 이름 붙여졌는데, 위치는 홉드아이막의 중심
도시인 홉드시에서 남쪽으로 90km 떨어진 만항솜의 호이트 쳉헤린 강가에 있
다. 강변의 절벽에서 60m 높이에 위치해 있는 이 동굴은 분홍색과 흰색이 섞
인 대리석 계통의 석회암 동굴이다.

　이 동굴벽화를 조사한 세계의 학자들은 유라시아의 서쪽과 동쪽에 위치한
동굴벽화들이 서로가 서로를 부르듯 공통된 주제와 상징들을 내뿜고 있다는
데 경악하지 않을 수 없었다. 저 유명한 알타미라 동굴벽화와 동시대의 산물이
었던 것이다. 그래서 이 동굴벽화는 바로 그 시대에 행해졌던 문화 교류의 흔
적을 보여주고 있다. 지금과 같은 동양과 서양의 단절이 없었던 것이다. 그들

호이트 쳉헤린 아고이(동굴)

은 약속이나 한 듯 동일한 표현 방식으로 식량 확보에 대한 간절한 바람, 자연현상에 대한 외경, 자손번영에 대한 갈구를 그려내고 있었던 것이다.

그를 두고 일부 역사학자들은 처음에 "어떤 할 일 없는 자들의 낙서, 혹은 장난, 아니면 무료한 사냥꾼이 별 생각 없이 손으로 그려놓은 그림"이라고 재단하기에 주저하지 않았다. 그러나 그것은 금방 수정되었다. 『인류의 기원』을 쓴 리처드 리키는 이렇게 주장한다.

알타미라 벽화는 극단적으로 단순하다. 말, 바이슨, 그밖의 동물에 대한 묘사는 어떤 때에는 한 마리의 개체로 보이다가 또 어떤 때에는 여러 마리의 군집으로 보이기도 한다. 그러나 사실주의적 접근을 시도한 예는 극히 드물다. 그림은 세밀하게 묘사되었지만, 전후관계가 결여되어 있다. 할버슨은 이 점이야말로 빙하시대의 미술가들이 특별한 의미 없이 주변 환경의 단편들을 그리고 조각했을 뿐, 거기에 신화적 의미는 전혀 없음을 입증하는 증거라고 주장한다.

그러나 나는 이 주장이 전혀 설득력이 없다고 생각한다. 빙하시대의 몇 가지 그림을 예로 들어도, 불완전하지만 현대적인 지성의 최초의 발현으로 보이는 무엇이 미술품 속에 들어 있음을 알 수 있다.

이같은 해석은 지금 매우 보편적인 견해로 인정되고 있다. 동굴벽화에도 현대적인 인간 정신이 작용하고 있다는 사실, 그리고 호모 사피엔스만이 할 수 있는 방식으로 상징과 추상화가 이루어졌다는 점 등은 고대인들의 생활을 여러 차원에서 다시 생각하게 만든다. 아직 우리는 현대 인류가 어떤 과정을 거쳐서 진화했는지 알지 못하지만, 분명한 것은 그 과정 어딘가에 오늘날 우리가 경험하고 있는 것과 똑같은 정신 세계의 탄생이 포함되어 있음을 부정할 수 없다는 것이다.

호이트 쳉혜린 아고이 동굴벽화는 사실 묘사 위주에서 한 단계 진전된 추상화된 표현들이 주류를 이루고 있다. 그리고 벽화의 세계관을 해부하면 뜻밖의 사실을 만난다. 유라시아의 선인들은 먼저 우주를 세 부분으로 나누었다. 사람이 사는 세계가 중심이 되고 그 위에 하늘 세계, 그 밑에 어두운 죽음의 세계를 배치했다. 그리고 그것들을 잇는 상징으로 거대한 나무를 떠올렸다. 소위 세계수(世界樹)라는 것이 그것이다. 그리고 이 도식에 따라 나무 위에는 새, 지상에는 동물들, 나무 뿌리에는 뱀과 물고기들을 그렸다.

이 동굴벽화의 주인공들이 최초로 느꼈던 숫자의 개념은 3이었다. 소위 북방 민족의 성스러운 이데올로기인 3의 숫자개념이 여기서 이미 구축되어 있었던 것이다. 이 숫자는 이후 북방에서 발원한 모든 유목부족들이 그들의 사회질서나 권력 구조에 반영해야만 하는 하늘의 명령처럼 받아들여졌다. 이것은 동굴벽화의 주인공들이 주변 환경이나 세계를 일정한 틀 속에 집어넣고 추상적인 사고를 하고 있다는 것을 뜻한다. 즉 철학이 시작되었음을 의미하는 것이다.

알타미라 동굴의 벽화

이같은 사실은 '유목민의 선사시대'를 밝히는 데 매우 중요한 실마리를 제공한다. 농경과 목축이 분화되기 전의 선사 인류는 서로 다른 두 종류가 아니라 하나였다. 알타미라 동굴은 농경시대에 위치해 있다. 결국 농경과 목축의 차이는 모두 그 이후의 역사가 만들어 냈다는 결론이 나온다. 따라서 이의없이 믿어도 되는 것은 유라시아 대륙이 처음부터 거칠고 황량한 땅은 아니었다는 점이며, 아울러 그곳이 야만인들의 땅이었다고 말할 아무 근거가 없다는 사실이다. 이같은 사실은 유라시아 대륙을 처음부터 야만인의 땅으로 규정해 왔던 정착문명의 오만을 뼈아프게 교정시킨다.

그렇다. 당시 대륙의 심장부는 건조 지대가 아니었다.

타조나 코끼리가 살 수 있을 정도로 따뜻하고 비도 많이 내렸다. 우량이 풍부하여 초목이나 동물이 번식하고 그 전역은 원시림에 뒤덮인 습윤 지대를 이루고 있었다. 그들은 이 땅에다 수수를 심었다. 그리고 청동기에 이르기까지 번영을 지속한다.

그러나 이 구원의 문화는 뜻하지 않은 불의의 일격에 좌절되지 않으면 안되었다. 빙하의 후퇴와 함께 북극 고기압이 수축해서 이 지대에 비를 몰아오던 온대성 저기압이 차츰 북방으로 이동을 개시한 것이다. 그 결과 이상 건조가 시작되었다. 그것이 바로 고비의 사막화 현상이었다. 지금도 고비 사막에는 그 건조화가 가져다 준 경악할 만한 재앙의 흔적들이 남아 있다. 운이 좋은 여행자들은 종종 모래 사막에 드러난 공룡의 뼈를 보게 된다. 화석화된 이 공룡의 뼈들은 바람이 불면 척추 부분만 드러내고 있다가 점점 모래가 쓸려감에 따라 두개골이 드러나고, 다시 바람이 불면 반대쪽에서 쓸려오는 가는(細) 모래에 덮여 다시 두개골이 감춰지고 이내 척추뼈도 묻힌다. 그래서 목격하는 시각에 따라 이 공룡들은 생존시의 모습을 그대로 하고 있는 뼈가 드러나 있기도 하고 감쪽같이 지워져 있기도 한다. 우리는 능히 상상해 볼 수가 있다. 언젠가 공룡은 산 채로 그냥 묻혀 버렸을 것이다. 그리고 오랜 역사가 진행되는 동안 이곳이 바로 인간의 발길이 닿을 수 없는 건조 지대가 되었기 때문에 훼손당하지 않은 채 몇만 년 전의 상태를 보존하게 되었다.

이같은 건조 지대는 몽골 대륙을 가르는 거대한 띠를 형성한다. 그 띠를 두른 대륙의 가슴은 대부분 풀밭으로 이루어져 있다. 초원인 것이다. 바로 유목민의 대지, 초원!

대륙의 심장부에 몰아닥친 건조화는 수많은 초원을 연속적으로 만들어냈다. 다뉴브강에서 만주의 눈강(嫩江)에 이르는 일직선의 지역이 드넓은 풀밭으로 물결쳤다. 따라서 인류는 물론 그들과 생활을 함께 하고 있던 동식물도 이 기후의 극심한 변화에 대응하기 위해서, 어떤 종은 다른 곳으로 이동하고 어떤 종은 종래의 생활을 계속하다가 사멸하고, 어떤 종은 기후의 변화에 대응하면서 원시적인 방식으로(인간 같으면 수렵·채집의 생활을 계속하여) 생존하고, 또 어떤 자는 목축과 농경의 새로운 생활로 들어간다. 그것은 사하라와 아라비아에

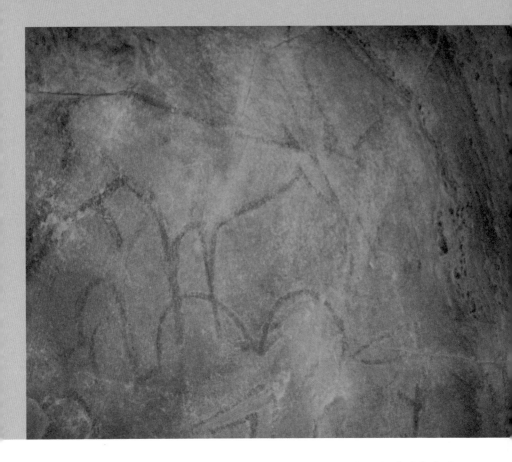

호이트 쳉헤린 동굴의 벽화

서도 동시에 진행되었다. 이 자연 파괴의 대재난이 인류의 역사에 미친 영향은 실로 크다. 습지는 초원으로 변해 갔으며 절망한 사람들은 수수덩이를 쥐고 각지로 이동해 나갔다.

하지만 그때문에 인류가 곧바로 전란에 휩싸인 것은 아니었다. 뒤이어 보다 강도 높은 시련이 밀어닥친다. 기원전 1500년 무렵 몽골 고원에서 대륙성 기후가 극단적으로 강화되기 시작하는 것이다. 이 급격한 기후의 변화는 초원의 사람들에게 참기 힘든 고통을 주었다. 재앙이었다. 이제 그들은 청동기를 움켜쥔 채 소와 양떼를 이끌고 좀더 살기 좋은 초원을 찾아 동서남북으로 이동하기 시작한다. 강인해지지 않으면 결코 살아남지 못하리라는 생태계의 심판이 내려진 것이다.

모든 존재는 자연의 사슬에 묶여 있다

자연의 대변란에 대한 이야기는 언제 들어도 슬프기만 하다. 유라시아 대륙은 인류에게 수준 높은 문명이 이룩되고, 그 문명의 힘으로 어지간한 자연재해는 극복할 수 있다고 믿었던 곳에서조차도 거대한 문명이 거의 완벽한 파괴에 이를 수 있다는 사실을 깨닫게 한다. 그래서 역사 안에는 불가사의한 영역이 존재한다. 찬란한 도시가 물에 잠기거나 땅 밑에 파묻혀 버렸던 증거를 인류학자들은 풍요롭게 발굴해놓고 있다. 바로 그같은 상황, 엄청난 재앙이 있고 나서 그 황량한 지상의 한 쪼가리에 남겨진 인간들이 새로운 시련을 겪으며 전혀 낯선 문명을 개척해 가는 모습을 상상하기란 어렵지 않다.

이제 그들의 역사에는 물고 물리는 피의 살육전이 그림자처럼 따라붙는다. 모든 것을 얻거나 모든 것을 잃는 제로섬 게임에 휘말리는 것이다. 부족이라는 혈연·지연적 냄새가 풍기는 명칭도 이때부터 그 모습을 드러낸다. 승리한 그룹들은 신이 선택한 지배 부족이 되었고, 패배한 그룹들은 신이 저버린 노예가 되었다. 이 악조건과의 싸움에서 살아남은 흔적이 오늘날까지 몽골리안들의 용모에 새겨져 있다.

그들의 작고 단단한 체격은 초원에 의해 형성된 것이었다. 고원 지대의 매서운 바람, 혹심한 추위와 타는 듯한 더위는 주름진 눈매, 높이 솟은 광대뼈, 숱이 없는 머리털로써 그들의 얼굴을 조각하였고, 힘줄이 불거진 그의 몸을 단단하게 만들었다. 이 점에 대한 고고학자들의 설명은 참으로 흥미롭다.

> 누런 살갗은 실깃으로 붉은 피가 덜 비쳐서 누런 인상을 주는 것이고, 쌍꺼풀은 눈동자를 덮는 속꺼풀이 눈 구멍뼈 위쪽에 자리하고 있어 그것이 눈의 양쪽으로 몰려서 눈이 실눈으로 보이는 것이다.

햇빛과 매서운 바람이 조각한 몽골 소녀의 얼굴. 때묻지 않은
미소가 살갑기도 하지만 숱한 악조건과의 싸움을 이겨낸
선조들의 강인함이 배어있다.

이러한 체질의 특징은 추위에 견디고 살갗이 어는 일이 없도록 적
응하게 된 것으로 풀이되고, 코가 작고 낮은 것도 이러한 까닭으로
미루고 있다. 이러한 보호 작용은 추운 데에 사는 사람들의 추위에
대한 적응으로 미루어 볼 수 있다. 코, 눈, 광대뼈 사이의 빈칸은
공기가 통하는 길이 되는데, 낮은 코는 춥고 메마른 공기 속에서
감싸주기 위한 적응으로 보인다. ……이같은 북쪽 추운 지방에 살
던 사람 중에서 몽고 인종인 황인종이 세계 인구의 많은 수효를 차
지하게 된 것은 추위 속에서 삶을 개척하고 슬기를 기르고 더 나아
가서 문화를 창조하게 하는 뛰어난 머리를 가졌기 때문이라고 할
수 있다.

― 손보기, 『진화하는 사람』

그래서 황색의 유목민들이 인종적으로 더 우월하다고 말할 수는 없는 것이
지만 그 역으로 이해되는 것도 말이 되지 않는다. 유목민이 지난 역사에서 이

루었던 위업은 찬란하다 못해 경이롭기까지 하다. 『유라시아 유목제국사』를
쓴 르네 그루쎄는 그 점을 이렇게 말한다.

> 유라시아 대륙의 중앙을 가로지르는 광대한 초원과 그 아래로 넓게
> 펼쳐진 사막과 반사막. 이미 고대 중국의 한 역사가가 말했듯이 걸
> 음마보다 말타기를 먼저 배울 수밖에 없었던 유목민들은 지난 2천
> 년 이상의 세월 동안 자신들에게 주어진 환경에 적응하고 또 인내
> 하며 역사의 부침에 동참했고 인류 문명사에 굵고 분명한 자국을
> 남겨 놓았다.
> ― 르네 그루쎄

하지만 이 정도의 평가도 미흡한 것이다. 이제까지의 관심이 모아진 군사적
업적은 유목민이 남긴 유산의 지극히 작은 부분에 지나지 않는다. 사납고 강인
했던 기질만이 곧 유목민이 가졌던 자질의 전부라고 말해서는 곤란하다. 유목
민의 본질은 전투나 약탈 그 자체가 아니라 어디까지나 '유목의 길'에 있었으
며, 그것은 농경의 길 못지 않은 역사의 드라마 속에서 극적으로 출현한 것이
었다.

동물성 사회의 출현

오늘날 많은 사람들의 머리 속에 입력된 농경정착 위주의 문명관이 오해하
는 것은 식물과 동물의 차이를 망각하는 데서부터 비롯되었다. 인간이 매달려
야 할 먹이사슬의 연쇄 고리가 식물에만 있었던 것처럼 취급하는 것은 인류가
그간에 실존해 온 방식과 명백히 모순된다. 인간은 본디 초식동물이 아니었다.
인류학에서는 초기 인류의 신체조건이 육류의 섭취에 의해 형성된 것임을 밝
힌다. 원시 인류의 체형이 육식으로 형성된 것이라는 사실은 우리가 가지고 있

는 농경 제일의 인류사 상(像)에 커다란 의문을 제기한다. 그 점은 분명히 재고될 필요가 있다.

농경이 수렵과 채취로 살아가던 원시 인류의 불안정한 삶을 극복시킨 것은 사실이다. 그러나 그 점을 이야기 할 때면 언제나 다음 두 가지 사실을 놓쳐서는 안된다. 하나는 '농경정착'이라는 것이 식물을 순화시켜서 살게 된 형태라는 점이고, 또 하나는 식물을 순화시킬 수 없는 장소에서도 인간이 살았다는 점이다. 이 두 가지 사실 속에 담겨진 의문, 즉 "인간은 동물을 순화시켜서 살 수는 없었을까?"를 놓치면 '세계사에 대한 관념'은 끝없이 모순을 일으키게 되어 있다. 인류사의 진행에서 유목민이 주도했던 시대를 왜곡시키거나 감추는 일이 불가피해지는 것이다. 이제 그 점을 살피기로 하자.

빙하기가 끝나가면서 엄청난 자연 재앙의 습격이 있었다는 점에 대해서는 앞에서 이야기했다. 아시아 내륙에 강추위와 함께 건조 세계가 물결치고 유라시아 대륙은 사막과 초원으로 바뀐다. 이때 인류는, 아니 지상에 있던 생물의 태반은 혼비백산 살 길을 찾아 떠난다. 그런데 동서남북으로 흩어지고 난 후에 남은 것이 있었다. 바로 대지에 가득 찬 풀이었고, 그 풀의 소비자들인 2차, 3차, 4차, 5차의 먹이 연쇄들이었다.

오늘날 동(東)몽골의 초원은 풀의 먹이사슬이 어떠한 것이었으며 그 생명력이 얼마나 유구한 것이었는지를 전하고 있다. 가히 몇천 년을 지속해온 초원의 먹이 연쇄는 지금도 그 빛을 잃지 않는다.

초원의 풀은 빽빽이 자라지는 않지만 생태계의 생산자로서의 지위를 참으로 의연하게 지켜왔다. 그 1차적인 소비자는 나비·나방·지렁이 따위를 포함하는 메뚜기류와, 쥐·토끼 등의 소형 초식동물, 그리고 사슴·말 등의 대형 초식동물이다. 풀뿌리와 풀포기 사이를 누비며 뛰어다니는 메뚜기류는 잠자리·여치 등의 2차 소비자에게 먹히고, 그것들은 다시 도마뱀·박쥐·두더쥐 등의 3차 소비자에게 제공되며, 3차 소비자들은 뱀·여우 등 4차 소비자들에게 상납된다. 그리고 피라미드의 맨 위에 5차 소비자인 늑대 같은 맹금(猛禽)류가 있다.

먹이 연쇄의 토대가 되는 풀에서부터 그 최종 소비자인 늑대에 이르기까지

그들의 생존과 번식은 팽팽한 긴장 관계를 유지하면서 생태계를 구성하는데, 이 지엄한 연쇄 고리에서 자신의 번성을 위해 타자를 멸망시키는 폭군은 용서되지 않는다. 초원의 식물은 태양 방사 에너지의 0.5퍼센트밖에 흡수하지 못하지만 이 적은 칼로리로 초식동물의 생명을 이어주며, 그것은 다시 육식동물의 생존 환경을 제공한다. 중국에서 흔히 볼 수 있는 메뚜기떼에 의한 풀의 파괴는 조류(鳥類) 등의 소비자가 적당히 도태시켜주기 때문에 거의 가능하지 않다. 또 메뚜기가 사라져 버리지 않는 까닭은 맹금과의 독수리가 작은 새들을 적당하게 소비해주기 때문이다. 마찬가지로 지표에 뻥뻥 구멍을 뚫어 놓는 쥐 같은 견치류도 그 무엇에겐가 다시 통제 당한다. 이러한 먹이 연쇄가 유지되기 위해서는 개체수의 밸런스가 무엇보다도 중요하다. 어느 소비자라도 없어져 버리면 중대한 영향을 초래하여 천적이 없어진 동물은 자신들의 수를 늘려 결국 초원을 파괴하기에 이르는 것이다. 그 점에 대해서『몽골의 말과 유목민』이 전해주는 초원의 생태계에 관한 관찰은 섬세하기 이를 데 없다.

태양 에너지를 흡수한 초원의 풀은 모두 동물에게 가는 것은 아니고 반 정도는 식물의 유체(遺體)로서 흙 속으로 돌아간다. 말라버린 풀이 몇 년씩 남지 않고 점점 분해되는 것은 흙 속에서 생활하는 토양 동물이나 박테리아 등의 활약에 의한 것이다. 토양 동물이란 흙 속에 있는 지렁이나 곤충류 등의 생물인데 썩은 식물이나 동물을 먹고산다. 즉 토양 동물은 유체의 분해자이며, 소위 '초원의 청소부'라 불려지는 무리이다. 토양 동물 중 대형 분해자인 곤충이나 날아다니는 벌레는 가는 곳마다 있고 날개류나 풍뎅이 종류는 분(糞) 주위에 주로 모여 살고 있다. 먹고 배설함으로써 분해하고 배설된 것은 무기화(無機化) 되기 쉬운 성질이 된다. 다시 박테리아, 곰팡이 등의 미생물에 의해 무기화 되어 토양에 환원되는 것이다. 무기화 되는 것은 식물의 비료가 되고 흡수되어 풀의 생장을 돕는다.

초원의 토대인 풀과, 그곳에 먹이사슬을 대고 있는 동물계의 어느 약한 고리를 헤집고 들어서면서, 인류는 마침내 그 폐허의 장소에서도 가능할 수 있는 삶의 형태 하나를 찾아내게 된다. 그것이 유목민의 삶이었다. 동물을 순화시켜서 먹을 것을 만들어내는 삶, 이것은 사실 자연사적 관점에서 보나 인문학적 관점에서 보나 매우 획기적인 의의를 갖는 것이었다. 지구의 광활한 영역인 대륙의 폐허에서 인간이 살 수 있게 되었다는 것 자체가 하나의 큰 사건이었던 것이다.

그리고 그로부터 지구의 역사가 새로워지기 시작한다.

5장

위대한 야만인들

이동하는 태풍의 눈

 유목민이 인류사에서 파란을 일으키는 최초의 풍경들을 우리는 기원전 1400년경이면 이미 목격하게 된다. 그때 중국 대륙에는 은나라가 건국되고, 지중해에서는 그리스 남단 필로폰네소스 반도에 금빛 찬란한 성곽들이 들어서며, 조만간 번창할 철기 문화를 준비하기에 바빴다. 지난 역사를 신문 형식으로 정리한 책 『세계사 신문』(사계절 간)은 당시 상황을 재미있게 기록한다.

> 중앙아시아 스텝 지대에서 동일 언어를 쓰던 유목민족들이 유라시아 문명 세계를 향해 해일처럼 들이닥치고 있다.
> 이들이 이집트에서 인도에 이르는 문명 세계 전역을 휩쓸며 각 지역에 전부터 살고 있던 주민을 몰아내거나 혼혈을 감행함에 따라 이 지역에서 이른바 '주류 민족의 교체'가 광범위하게 이루어지고 있다. 최근 그리스 반도를 장악한 이들 유목민족의 일파가 크레타를 제압하고 에게해 일대의 주도권을 쥔 것은 이러한 격변의 절정으로 평가된다. 아나톨리아 고원을 장악하고 함무라비아 왕조를 쓰러뜨린 히타이트, 인더스강 유역을 침범한 아리아인, 이집트를 지배한 힉소스인 등이 모두 이들 유목민족 또는 그 방계로 확인된 바 있다.
> 문명을 일으킨 4대강 유역 중, 현재까지 이들 유목민족의 발길이 닿지 않는 지역은 중국 황하 지방 뿐이며, 이동의 규모와 추세로 볼 때, 이들 유목민족은 유라시아 서반부 문명 세계에 뿌리를 내리고 중국의 한족과 함께 세계사의 중요한 축이 될 것으로 보인다.

 여기서 유목민들을 "기껏 일궈 놓은 고대 문명을 잿더미로 만드는 야만인"이라고 성토하는 것은 그다지 의미있는 발언이 되지 못한다. 유목민들의 파괴는 새로운 문명의 성립으로 대체되었다. 오랫동안 자연 경제를 영위해온 그들은

정착문명인이 잃어버린 소박하고 건강한 원시적인 삶의 장점을 그대로 간직하고 있었다. 뿐만 아니라 자긍심도 높았다. 그들 중 인도와 이란에 진출한 일파는 스스로를 가리켜 '아리아'(고귀하다는 뜻)인이라고 불렀다. 후에 종족우월주의를 내세운 히틀러가 주장한 것도 자신들이 아리안의 후예라는 점이었고, 니체의 짜라투스트라가 태어난 곳도 이곳이었다.

파리지크 분묘에서 출토된 기사도. 기마문화의 발달상을 잘 보여주고 있다. 기원전 5세기경 남부 러시아에는 스키타이 문화가 번성했고, 이들의 문화는 몽골 고원의 흉노족을 통해서 중국과 페르시아에 전파되었다.

 당시의 유목민들은 어떤 이동문명을 갖고 있었을까? 알 수는 없다. 다만 이동유목민들의 생활태가 크게 변하지 않았다는 점으로 보아 몽골의 그것과 비슷하였으리라 추측된다. 그들이 역사의 표면에 목을 내민 것은 기원전 8세기 무렵이었다. 흑해이 북동부 대초원에 말발굽 소리가 진동하고 그곳에 살고 있던 키메르인들은 도망쳐야 했다. 키메르인들의 일부는 헝가리로 피난하였다. 사람들은 그들을 '스키트'라고도 부르고, '사카'라고도 했다. 앞으로 500년간 그곳 러시아 초원의 주인공이 될 그들을 우리는 '스키타이'라고 부른다.

최초로 초원을 지배한 유목민, 스키타이

헤로도토스는 『역사』에서 스키타이를 잔인하게 그린다. 유럽의 입장에서 보면 그들은 악마였다. 어느날 갑자기 말을 몰고 활을 쏘며 나타난 그들은 흑해 북동부의 광활한 러시아 초원을 접수하였다. 드디어 정착민에 대한 유목민의 도전이 시작된 것이다. 이것은 근세까지 이어지는 2천 년 간의 길고 험난한 정착과 이동의 갈등을 알리는 신호였다. 그 개막 테이프를 스키타이인들이 끊은 것이다. 먼저 그들의 모습을 보자.

> 스키타이인들은 수염을 기르고, 귀를 덮은 뾰족한 모자를 썼다. 그 모자는 초원의 거센 바람을 막기 위한 것이다. 그리고 말을 타기 위하여 넉넉한 튜닉(군인이나 경관 등의 겉옷과 같은 웃옷)과 헐렁한 바지를 입었다. 그들이 즐겨 사용하는 무기는 활이었다. 특히 스키타이인들은 탁월한 발명품인 등자(鐙子)를 사용하였다.

스키타이, 그들은 누구일까? 이 난감한 질문에 가장 먼저 손을 들 사람은 페르시아의 대왕 다리우스(Darius)일 것이다. 페르시아 제국의 세 번째 왕인 그는 몸소 70만 대군을 이끌고 원정길에 올랐다. 그러나 그가 싸울 상대는 초원 위의 바람과 허공뿐이었다. 괴상하게 생긴 기마유목민들은 바람처럼 나타났다가 안개처럼 사라졌다. 다리우스가 가는 곳은 도시도 없었고, 건물도 없었으며, 아무런 전리품도 거둘 수 없었다. 단지 끝없이 펼쳐진 초원뿐이었다. 유령과의 싸움에서 대왕은 자신의 완벽한 패배를 인정하지 않을 수 없었다. 하지만 이로 인해 스키타이의 남하가 멈춘 것 또한 사실이다.

B.C. 4세기 무렵 상층
스키타이 귀족 사이에
서는 여자 · 노예 ·
말 등의 순장(殉葬)
을 동반한 장대한 고분이
만들어졌다. 이러한 고분들에
서는 금 · 은 · 구리로 만든 단지와
스키타이 특유의 청동솥, 손으로 빚은
납작한 바닥의 스키타이 도기, 갈아서 만든 그
리스풍의 토기, 다양한 장식 무늬가 있는 암포
라, 스키타이 및 그리스인 공장(工匠)의 손으로
만든 정교한 보석 장식품 등이 발굴되었다. 러
시아의 미술관이나 박물관들에는 중앙아시아
나 남러시아 초원에서 발견된 스키타이 문화
유물이 많이 전시되어 있다. 이 유물들은 독자
적 스키타이 미술의 틀을 나타냄과 동시에 스
키타이 사회의 여러 양상을 보여주고 있다.

B.C. 6~7세기경에 만들어진
사슴 모양 방패 장식판. 쿠반
코스트롬스카야 무덤에서 출
토되었다. 러시아 페테르부르
그 허미티지박물관소장.

B.C. 4세기경에 만들어진 황금 단지에 스키타이인
의 형상이 잘 묘사되어 있다. 러시아 페테르부르그
허미티지박물관소장.

스키타이 동방교역로(B.C.8세기~3세기)

스키타이 동방교
○ 교역로 상의 민족
① 사우로마다이
② 브테노이
③ 케로스
④ 두사케다이
⑤ 유르가이
⑥ 스키타이 분
⑦ 알케바이오
⑧ 이세트네스
스키타이의
본거지

우랄산맥

알타이산맥

흑해

카스피해

곤륜산맥

청동기로부터 철기 문화로의 변환기인 BC. 7세기에 스키타이인들의 말발굽 소리는 더욱 커져 갔다. 그들은 원래 투르키스탄과 서부 시베리아에서 흩어져 살고 있었다. 어떤 이유로, 누구에 의하여 이루어졌는지는 알 수 없으나, 스키타이인들이 볼가강을 건너기 시작하였다. 그들의 손에는 아름다운 철제검이 쥐어져 있었다. 그곳은 빈 땅이 아니었다. 이미 키메르인들(Cimmerians)이 살고 있었다. 키메르인들은 결코 말에서 내려오지 않는 무법자들에게 초원을 내어 줄 수밖에 없었다. 원래 키메르의 적은 앗시리아(Assyria)였다. 스키타이는 재빨리 앗시리아와 동맹을 맺었다. 스키타이의 왕 바르타투아는 앗시리아의 공주와 결혼하였다. BC. 674년에 스키타이와 앗시리아는 결혼으로 맺어진 동맹 국가가 되었다. 바르타투아의 아들인 마디에스는 카스피해에 있는 국가 메데의 공격을 받은 앗시리아 왕의 요청을 받고 직접 원정하였다. 그리고 이들 두 국가는 연합하여 메데를 정복하였다. 메데는 서부 아시아로 쫓겨갔다.

스키타이의 생활 풍습은 1900여 년 후에 나타날 몽골과 놀라울 정도로 비슷했다. 스키타이인들이 마차에 여인들을 태우고 다닌 것이 몽골까지 이어진다. 그들의 의상이나 무기, 식생활 등도 예외가 아니었다. 장화나 등자의 이용도 계속되었다. 특히 그들의 장화는 바지와 더불어 말을 타며 전쟁하기에 매우 편리한 것이었다.

기원전 7세기부터 3세기까지 스키타이가 점령한 지역은 매우 광범위하다. 흑해 유역의 북쪽에서부터 동으로는 돈강, 서로는 다뉴브강에 이르는 지역이다. 이는 후에 아틸라가 지배한 영토와 비슷하다. 서아시아의 패자인 페르시아에게 스키타이의 등장은 자존심이 상하는 일이었다. 이제 막 융성하는 페르시아 제국의 대왕 다리우스의 눈에 스키타이는 위험하기 짝이 없는 북방의 대적이었다.

다리우스는 마침내 출정하였다. 그의 70만 대군은 다르다넬스 해협에 부교를 놓고 톨키아로 들어갔다. 그들은 이오니아인들이 미리 가설해 놓고 기다린 다리를 통해 의기양양하게 도나우강도 건넜다. 적중으로 들어간 것이다. 다리우스는 흑해에 함대를 띄워 육군의 보급망도 확보했다.

카프카스 산맥을 넘으면 가까운 길을 흑해연안으로 우회한 이유가 무엇일까? 기마군단인 스키타이가 물에 약하다는 사실을 알았기 때문이다. 그러나 흑해 북서연안 일대는 대소 하천과 늪이 산재한 곳이다. 해안만 따라 진군하기에는 불가능했다. 불행하게도 페르시아 육군은 해안선에서 멀어지게 되었고, 급기야는 내륙의 오지로 들어가지 않을 수 없었다. 그 순간 그들은 말발굽 소리를 들어야 했다. 스키타이 기마군들이 바람처럼 나타난 것이다. 그리고 그들은 바람처럼 사라졌다.

스키타이군은 신기루였다. 손에 쥐었는가 싶으면 빈손이었다. 그리고 저 멀리서 손짓하고 있었다. 페르시아군은 조롱당하며 지쳐 갔다. 그들은 허공과 싸우고 있었다.

다리우스는 난처해졌다. 대군이 소비하는 식량은 엄청났다. 그러나 그들이 진격한 곳에는 아무것도 없었다. 지친 군인들이 느슨해져 있을 때, 괴성과 함께 초원의 사자들이 들이닥치며 비오듯 화살을 쏘아 댔다. 이제 페르시아 군인들에게 남은 것은 공포뿐이었다. 다리우스는 퇴각을 결정했다. 스키타이군은 뒤따라오면서 집요하게 괴롭혔다. 페르시아군은 8만 명의 병사를 잃고나서야 가까스로 적지로부터 탈출하는 데 성공하였다. 미증유의 대군을 파견했다가

(윗그림)말의 보폭을 짧게 만들어서
속도를 줄여놓은 몽골 소년.

(아래그림) B.C. 4세기경에 만들어진
항아리에 새겨져 있는 문양이다. 스
키타이인이 밧줄로 말의 발목을 묶고
있다.

미증유의 대참패를 맛본 페르시아는 다시는 스키타이와
대적하기를 꺼렸다.

전쟁의 결과 스키타이는 페르시아의 영향에서 벗어났
다. 그 후 3세기 동안 러시아 초원에서 그들은 평화롭게
살 수 있었다. 페르시아로서는 방어 정책을 세울 수밖에
없었다. 이는 유목민의 침입을 봉쇄시키며 서아시아를
항구적으로 지키는 출발점이 되었다. 여기서 역사적 가
정을 해보자. 다리우스의 원정이 성공하였다면 어떻게
되었을까? 인류는 천년을 앞서 동서의 지평을 열었을 것
이다. 페르시아의 아케메네스조 왕들은 동방의 내륙아
시아 지역에 '비이란의 이란화'를 이루었을 것이고, 그것
은 13세기 몽골까지 갈 필요가 없는 동서의 융합을 의미
한다.

세상의 모든 강한 집단이 그러하듯이, 스키타이도 소멸

되고 있었다. BC. 4세기부터 그랬다. 페르시아의 아케메네스조도 같은 운명의 길을 걷고 있었다. 다리우스는 알렉산더에게 패했다. 그러나 스키타이는 알렉산더의 북방 정벌군을 격퇴시켰다. 스키타이를 멸망시킨 것은 세계의 패자 알렉산더가 아니라 같은 유목민 사르마트였다. 그들은 스키타이와 같은 이란계 북방 유목민이었다. 칼 대신 창을 사용하는 기마민족인 사르마트는 기원전 3세기 후반에 볼가강을 건너왔다. 원래 그들의 고향은 아랄해 북방이었다. 스키타이는 사르마트에 쫓겨 서쪽으로 피난하지 않으면 안되었다.

헤로도토스는 스키타이인에게 강인함을 준 것은 유목 그 자체였다고 말한다. 그들은 도시나 요새가 아니라 오직 말에게 의존했다. 그럼에도 불구하고 스키타이 문화는 화려했다. 세계 문화사는 풍부한 자료를 통하여 이를 증명한다. 그들의 문화는 독특한 동물 문장의 철기 문화였다. 그들의 기마유목문화는 '스키타이 시베리아형'문화로 불리며, 중앙 유라시아 초원문화의 머릿돌이 된다. 그리고 그것은 북방 지역의 삼림 · 스텝 지역으로 확산되었다.

유라시아 세계사의 벽두에 나타났던 스키타이는 군사 집단의 모델이었다. 이동성과 집단성 그리고 전투성이 그 모델의 원형이었다.

동방 유목국가의 원형-흉노

서쪽에 스키타이가 있었다면 동쪽에는 흉노가 있었다. 흉노는 투르크-몽골계였다. 그들은 중국의 역사에서 기원전 9세기에 이미 험윤(玁狁)이라는 이름으로 나타난다. 그후 서양에서는 야만인을 뜻하는 훈(Hun, Hunni, Huna)으로 불리웠다. 기원전 4세기 이전의 흉노는 중국 변방의 약탈자에 불과했다. 중국 사람들은 그들의 침략을 막기 위하여 틈틈이 성을 쌓았다. 그것은 초보적 요새들이었다. 사마천은 흉노의 모습을 『사기』에서 이렇게 묘사했다.

신체는 작지만 땅땅한 편이고, 머리는 아주 크고 둥글며, 안면은 넓고, 광대뼈가 튀어나왔고, 콧구멍이 넓으며, 콧수염이 아주 텁수룩하고, 아울러 콧수염은 많지만 뺨에 난 뻣뻣한 털로 된 수염을 제외하고는 턱수염은 없다. 긴 귀에 구멍을 뚫어 둥근 모양의 귀고리를 달고 있다. 그들의 머리 모양은 머리카락을 자르고 겨우 정수리에 있는 머리털만 남긴다. 눈썹은 짙고 눈동자는 불타듯이 강렬하며 눈은 찢어진 모양이다. 종아리까지 내려오는 헐렁한 겉옷은 양쪽이 터져 있으며, 그것을 묶은 허리띠의 끝을 앞으로 늘어뜨린다. 추위 때문에 소매는 손목에서 단단하게 묶는다. 짧은 털로 된 망토로 어깨를 덮고 털모자로 머리를 가린다. 신은 가죽으로 만들었고 넓은 바지에 허리띠를 단단하게 묶는다. 허리띠에는 활집을 왼쪽 넓적다리 앞으로 기울여 맨다. 화살통 역시 허리띠에 매되 등뒤에 걸치고 활시위는 오른쪽을 향하도록 한다.

스키타이인이나 몽골인들의 모습과 무엇이 다른가?

기원전 3세기 말, 지금까지 시도 때도 없이 불던 돌풍 같던 흉노가 갑자기 태풍으로 변했다. 진(秦)이 중국을 통일한 때였다. 이를 막기 위하여 진시황은 장군 몽염(蒙恬)을 보내 만리장성을 완성시켰다. 흉노의 왕을 선우(單于)라고 한다. 당시의 선우인 두만(頭曼)은 서쪽의 월지를 공략하여 세력을 넓혔고, 두만의 아들 묵특선우(冒頓單于)는 동쪽의 만주에 있는 동호를 패망시켰다. 비록 아버지를 죽이고 왕위를 찬탈했지만 묵특은 걸출한 지도자였다. 진이 멸망하고 한이 세워지는 혼란을 틈타 묵특은 중원을 침략하였다.

흉노의 월지(月氏, 토하리)에 대한 공격은 그 파장이 대단했다. 아시아에서 최초로 민족 이동이 일어난 것이다. 월지는 감숙(甘肅)을 떠나 서쪽으로 향했다. 그들은 다시 이식쿨에서 오손에게 쫓겨나 또다시 서쪽으로 향했고, 파르가나의 시르다리아강 상류에 도착하였다. 그곳은 박트리아 왕국의 국경이었다. 월지는 그곳에 살고 있던 '스키타이인' 사카족을 건드렸다. 사카족은 소그디아나를 침입하고 박트리아로 들어갔다. 월지는 옥서스의 북부에 있다가 박트리아에서 사카인을 몰아낸 뒤 1세기에 쿠산 왕조를 세웠다. 이처럼 흉노의 월지에

대한 공격은 아시아의 판도를 바꾸었다. 초원의 작은 진동이 끊임없는 파장을 일으키며 인도와 서아시아까지 간 것이다.

간쑤성 둔황의 제285호 동굴벽화에서 볼 수 있는 고대 동아시아의 기마병과 보병간의 전투 장면. 기마병과 보병 그리고 전투마의 형상이 생동감 있게 그려져 있다.

유방이 항우를 물리치고 한을 세운 것은 기원전 202년이었다. 한의 고조 유방은 직접 흉노를 토벌하기 위하여 30만 대군을 지휘하였다. 그러나 고조는 백등산(白登山)에서 흉노에게 포위되는 신세가 되었다. 어렵게 도망친 고조는 흉노에게 황실의 여자와 막대한 양의 공물을 주고서 화해할 수밖에 없었다. 묵특의 아들 노상선우(老上單于)는 한의 황녀를 아내로 맞았다. 그럼에도 불구하고 흉노의 침입은 잦았으며 한의 굴욕은 무제가 등장할 때까지 계속된다.

사마천, 이 비운의 사나이는 흉노와 동시대의 삶을 산

다. 한의 무제 치세 때였다. 무제는 장건(張騫)을 보내 월지와 동맹을 맺고자 했다. 그러나 월지는 더이상 초원에 대한 미련이 없었다. 할 수 없이 무제는 단독으로 흉노를 치기로 했다. 무제의 출병은 성공보다는 실패가 더 많았다. 다행히 곽거병(霍去病)이 기원전 121년부터 흉노에 승리하기 시작했다. 위청(衛靑)도 승리의 일익을 담당하였다. 무제는 기원전 127년과 111년 사이에 감숙 지역에 둔전과 군현을 설치하여 흉노의 재침입을 막았다. 무제가 서역에 장건을 파견하여 비단길을 연 것도 이때였다.

소강 상태의 흉노가 다시 기지개를 켠 것은 무제 말기였다. 곽거병과 위청이 죽고 없자 이번에는 이광리(李廣利)를 앞세워 흉노를 치게 하였다. 이광리는 무제의 명을 받고 기원전 99년에 3만의 기병으로 흉노를 공략하였다. 이광리의 손자인 이릉(李陵)에게 보급품 수송을 맡겼으나 그는 이를 거부하며 싸움에 나가기를 원했다. 무제는 이릉에게 따로 5천의 군사를 주어 이광리를 돕게 하였다. 이릉은 몽골 초원 깊숙이 들어가 10만의 흉노군과 싸워 승리하였다. 그러나 지원군이 없어 8만의 흉노군에 포위되었다. 이 전투에서 단지 400명의 군사들만 탈출하여 돌아올 수 있었다. 사마천은 이렇게 적었다.

> 한의 군사들은 하루에 50만 발의 화살을 쏘아 버려서 남은 것이 없었다. 수레를 버린 채 걸어갔다. 병사들은 3천여 명 정도 되었다. 병사들은 전차의 기둥을 뽑아서 휘둘렀고, 장교들도 단지 길이가 한 자도 안되는 칼을 가지고 있을 뿐이었다.

밤을 이용하여 선우를 죽이려는 작전도 성공을 거두지 못했다. 이릉은 포로가 되었다. 무제는 격노했다. 당시 사마천은 기록관의 우두머리인 태사관이었다. 그는 이릉의 용감성에 감격하여 그를 변호하였다. 무제는 분을 참지 못하고 사마천에게 궁형(자손을 못 낳도록 거세하는 형벌)과 함께 삭탈관직한 후 투옥하였다. 사마천에게 가해진 고통은 『사기』를 낳았다.

흉노의 왕비를 '연지'라고 한다. 묵특의 아버지 두만선우는 젊은 연

지로부터 아들을 낳았다. 그리고 사랑하는 연지의 아들에게 태자의
자리를 주고 싶어했다. 그러자니 묵특이 걸림돌이었다. 두만은 묵
특을 인질로 삼아 월지에 보냈다. 그리고 월지를 쳐, 그들로 하여금
묵특을 죽이도록 하였다. 그러나 묵특은 월지를 탈출해서 돌아왔
다. 할 수 없이 두만은 만기의 기병군단을 묵특에게 주어 통솔하게
하였다.

물론 그것은 두만에게 불행의 씨앗이 되었다. 사마천은 은근히 두만을 무제
에 빗대고 있는 것이다.

아버지 두만을 제거하기 위하여 묵특은 기회를 만들고 있었다. 그
가 만든 것은 명적(鳴鏑, 우는 화살)이었다. 화살촉에 구멍을 뚫고 쏘
면 호루라기 같은 소리를 낸다. 묵특은 그의 기마군사들에게 틈틈
이 연습을 시켰다. 그가 명적을 쏘면 일제히 그 방향으로 화살을 쏘
는 훈련이었다. 처음에는 새나 들짐승을 향하여 명적을 쏘았다. 군
사들은 일제히 새와 들짐승을 향하여 시위를 당겼다. 다음에 묵특
은 자신의 애마를 향하여 명적을 당겼다. 몇몇 쏘지 못한 군사들은
참형을 면치 못하였다. 다음 단계로 묵특은 자신의 애첩에게 명적
을 날렸다. 이번에도 몇몇 군사들이 죽어 나갔다. 이제 그들은 명적
이 날아가는 곳이면 지체없이 화살을 퍼부을 수 있게 되었다.

물론 다음 이야기야 뻔할 것이다. 역시 사냥터가 제격일 것이고, 묵특은 명적
의 울음소리를 아버지 두만에게 보냈을 것이다. 어김없이 부하들의 화살은 두
만의 몸을 고슴도치로 만들었을 것이다. 명적의 고사는 흉노군의 체계화를 의
미하기도 한다. 기원전 210년 묵특은 선우의 자리에 올랐다. 진시황이 죽은 다
음 해이다.

묵특이 흉노의 선우에 올랐을 때, 만주에 있는 동호(東胡)가 매우 강성하였
다. 동호는 두만이 생전에 갖고 있던 천리마를 달라고 사신을 보내왔다. 오만

한 요구였다. 신하들은 모두 거절할 것을 권했다. 그러나 묵특은 기꺼이 천리마를 주었다. 동호는 의기양양했다. 묵특이 자신들을 두려워한다고 판단했다. 이번에는 묵특이 사랑하는 연지 중 한 명을 원했다. 신하들은 동호의 무도함에 격노하였다. 그러나 묵특은 이번에도 연지 한 명을 동호의 왕에게 보냈다. 동호는 흉노를 우습게 보고 침범해 왔다. 두 군대는 황무지에서 대치하였다. 동호의 왕은 그 황무지를 내놓으라고 하였다. 이번에는 신하들이 나서서 쓸모없는 땅을 주자고 했다. 그러자 묵특은 땅은 나라의 근본인데 황무지라 한들 어찌 함부로 내어줄 수 있겠는가라며 크게 화를 냈다. 묵특은 그 길로 동호를 쳤고, 무방비 상태의 동호는 삽시간에 무너졌다.

묵특은 월지를 토벌하여 서쪽으로 쫓아버렸다. 또한 남쪽의 하남 지역을 병합하였다. 이제 묵특의 영토는 하남에서 한과 대치할 만큼 넓어졌다. 그의 휘하에는 활에 능숙한 군사가 30만 명이 있을 정도로 강성해졌다. 권력을 장악하면서 묵특은 냉정성과 과단성을 갖춘 천부적인 지도자의 모습을 보여 주었다.

한의 고조 유방은 친히 군대를 이끌고 흉노를 정벌하러 나섰다. 그러나 그 겨울은 너무나 추웠다. 병졸들 중 열에 셋은 손가락에 동상이 걸렸다. 묵특은 유목민 특유의 유인 작전을 벌였다. 그는 거짓으로 패하며 적을 유인하였다. 감쪽같이 속은 유방의 군대는 신이 나서 흉노군을 추격하였다. 한의 군사는 30만의 대군이었다. 유방은 선두에 서서 평성(平城)에 도착하였으나, 그의 주력 보병 부대는 아직 도착하지 않았다.

묵특은 유방을 백등산 위로 몰아넣었다. 산상에는 테이블 모양의 백등이라는 천연의 요새가 있었다. 묵특은 7일간 유방과 그의 군대를 포위했다. 유방은 사자를 보내어 몰래 묵특의 처인 연지에게 후한 뇌물을 주었다. 묵특은 연지의 간곡한 부탁으로 포위를 풀었다. 유방은 간신히 그곳에서 빠져나올 수 있었다. 그후 유방은 흉노와 화친하였다. 그 대가로 공주를 선우에게 바치고, 막대한 양의 공물을 주어야 했다. 후대의 한나라 시인은 선우에게 보내진 공주를 가리켜 '몽골리아의 사나운 새에게 던져진 불쌍한 메추라기'라고 노래했다.

백등산 전투는 통일 유목국가와 통일 농업국가간의 싸움이었다. 또한 국가의 창시자끼리의 직접적인 충돌이라는 역사상 보기드문 전쟁이었다. 결론은

몽골리아의 사나운 새에게 던져진 불쌍한 메추라기, 왕소군의 동상과 묘. 옆은 흉노의 왕 호한야선우이며, 오늘날 내몽골의 수도인 허흐호트시 외곽에 위치해 있다.

유목국가의 승리였다. 말타기와 활쏘기에 뛰어난 기마병들 앞에 보병의 힘은 비교가 되지 않았다.

흉노는 나름대로의 국가 시스템을 갖고 있었다. 첫째, 그들은 군사나 사회 조직을 십진법에 따라 구조화하였다. 십호제 · 백호제 · 천호제가 그것이다. 둘째, 남쪽을 향하여 통치 영역을 중앙과 좌 · 우익으로 나눈다는 것이다. 셋째, 다민족의 혼성 국가를 형성한다는 점이다.

십진법에 의한 유목민사회의 조직화는 투르크−몽골 유목집단에서는 보편적인 것이다. 이것은 고대 티베트 왕국에서도 있었고, 후대의 대몽골 제국을 이루는 근간이기도 하였다. 이것과 아울러 중앙과 좌우익의 구분에 의한 통치 또한 역사상 상당히 넓게 확인된다. 특히 몽골 고원을 본거지로 하든가, 아니면 그곳을 기원으로 하는

흉노의 세력권

유목국가는 예외없이 채용한 제도이다. 이 두 가지는 흉노가 독창적으로 개발한 시스템으로 차후 2천 년 간 유목국가의 원형을 이룬다.

흉노는 400년 간 존속한다. 그들의 해체는 내부 분열 때문이었다. 또 한과의 오랜 전쟁으로 인한 국력의 손실을 회복할 수 없었다. 그러나 한은 이를 어렵지 않게 보충했다. 기원전 1세기 중반에 한은 흉노로부터 비단길의 지배권을 탈취하였다. 흉노 안에서는 선우의 자리를 놓고 호한야(呼韓邪)와 질지(郅支)가 싸웠다. 기원전 43년, 한나라 선제의 도움을 받은 호한야가 승리했다. 호한야에게 쫓겨난 질지는 새로운 땅을 찾아 서쪽으로 향했다. 중국의 입장에서 보면 흉노의 동서 분열이었다.

우리는 서쪽으로 길을 떠난 질지를 따라갈 필요가 있다. 그것은 400년 후 갑자기 나타날 훈족의 근거를 찾을 수 있을 것이라는 기대감 때문이다. 질지가 처음으로 간 곳은 지금의 투르키스탄 지역이었다. 그들은 일리 지역의 오손(烏孫), 이밀강 유역의 호게(呼偈), 아랄 초원의 견곤(堅昆)을 차례로 격파하고 동맹자로 삼으며 서진하였다. 소그디아나를 침공하여 추(Chu)강과 탈라스강 사이의 초원에 그들의 터를 마련하였다. 이것이 서구에 출현한 흉노의 기원이 되었다. 한의 서역 도독인 장군 진탕(陳湯)은 대담하게 추강까지 쳐들어가 질지의 목을 베었다(B.C. 36년). 그후 서흉노는 역사의 무대에서 갑자기 사라져 버렸다.

동흉노는 60여 년 간 조용하게 지낼 수 있었다. 그 사이에 한이 멸망하였다. 반대로 동흉노는 몸을 보양할 수 있었다. A.D. 25년에 후한이 개국하였다. 후한의 입장에서 매우 다행스러운 것은 동흉노가 A.D. 48년에 또다시 남북으로 분열되었다는 사실이다. 남흉노는 후한의 광무제에게 투항하여 번병(番兵, 황제에게 봉사하는 군대)의 역할로 전락하였다.

후한의 집중적 견제의 대상이 된 북흉노는 측면 공격에도 시달려야 했다. 공격자는 만주의 오환(烏桓)과 흥안령 부근에서 유목생활을 하는 선비(鮮卑)였다. 북흉노는 더이상 위험한 존재가 아니었다. 이제 초원의 패권은 투르크계의 흉노에서 몽골계의 선비로 넘어갈 때가 되었다. 선비의 지배자 단석괴(檀石槐)는 2세기 중반(A.D. 155년)에 흉노를 정복하고 초원의 패자가 되었다.

번병으로 존재를 이어가던 남흉노는 만리장성 안으로 들어가 그곳에 자리를 잡았다. 당시 후한은 붕괴의 위험에 처해 있었다. 남흉노의 선우 호주천(呼廚泉)은 한나라 황제의 성인 유(劉)씨를 칭하며 한의 후예임을 내세웠다. 그와 그의 아들은 대를 이어가며 중국을 유린, 황제를 포로로 잡아 연회의 술잔을 씻도록 하기도 했다. 312년에는 장안에 침입하여 인구의 절반을 살해하였다. 흉노족은 끈질기게 이어져 4세기까지 지속됐다. 남흉노가 사라지는 것은 5세기의 시작과 함께 나타난 또 다른 북방 민족 북위(北魏)와 유연(劉淵)의 출현까지 기다려야 했다.

이제 우리의 관심은 비단길을 빠르게 지나 동유럽으로 향한다. 기원전 35년경 서흉노는 갑자기 모습을 감췄다. 그리고 정확히 400년 후 서흉노의 후예 훈족이 볼가강과 돈강을 건너 오스트로고트를 침략하였다. 훈족은 알란인, 오스트로고트, 비시고트를 복속시키거나 쫓아내고 동유럽 초원의 주인이 되었다. 그후 훈족은 헝가리 초원을 점령하고 다뉴브강의 오른쪽 유역까지 세력을 넓혔다. 그러나 유럽인들에게 그것은 불행의 서막에 불과했다. 434년 아틸라가 나타날 때까지는 적어도 그랬다.

아틸라는 441년에 동로마 제국과의 전쟁을 선포하였다. 그는 다뉴브강을 건

유럽인의 눈에 비친 유목 군대의 전투
도.

너 나잇수스, 필립포폴리스, 트라키아, 아르카디오폴리
스를 점령하고 약탈하였다. 불운한 독일의 황제는 448년
아틸라와의 화의를 통해 자신의 땅을 떼어주어야 했다.
아틸라는 451년에는 갈리아 지방을 공략, 라인강을 건너
메츠를 점령해 버렸다. 그러나 로마와 비시코트의 지원
으로 오를레앙의 점령에 실패하고 돌아왔다.

　겨울을 보낸 아틸라는 452년 봄에 이탈리아를 침공하
였다. 아퀼레이아, 밀라노, 파비아를 점령하였다. 로마가
지척에 있었다. 발렌티아누스 3세는 도망갔다. 아틸라는
황제의 딸과 막대한 양의 공물을 받는 조건으로 철군하
였다. 판노니아로 돌아온 그는 이듬해인 453년에 사망하
였다. 아틸라가 죽은 후 세력이 약해진 훈족은 빠르게 붕
괴되어 러시아 초원으로 후퇴하였다. 468년, 아틸라의

아들이 다시 동로마 제국을 공격하였지만 패배하였다.

한편, 5세기에 훈 또는 후나라고 불리는 군사 집단이 인도 대륙 북서지방에 나타났다. 그곳은 간다라 등을 포함한 건조와 습윤, 목축과 농경의 접경 지대이다. 유라시아 각지에서 일어나는 흉노나 훈 또는 후나는 과연 동일한 종족일까? 충분히 그럴 수도 있다. 아니면 찬란한 흉노 제국의 이름을 도용하였는지도 모른다. 어쩌면 침략을 받은 피해자들이 무서운 흉노의 이름으로 그들을 보았을 수도 있다. 자칭, 타칭, 참칭을 막론하고 여기서는 흉노가 당시 유라시아 세계에서 태풍의 눈이었다는 사실이 중요하다.

흉노의 흥기와 해체가 유라시아의 대변동을 가져왔고, 그 와중에서 한과 로마라는 동서의 고대 대제국이 붕괴되었기 때문이다.

늑대의 후예 - 돌궐

흉노가 사라진 후 몽골 고원을 다시 통일한 것은 돌궐(突厥)이었다. 중국의 사료에는 돌궐의 시조 설화가 기록되어 있다.

> 투르크계의 일족인 돌궐은 흉노의 북방에 모여 살았다. 어느날 적이 쳐들어와 부족을 모두 죽였다. 살아남은 사람은 열살 된 소년뿐이었다. 불행하게도 소년은 발이 잘려 있었다. 그때 늑대가 나타났다. 늑대는 소년을 양육하였다. 그 늑대는 암컷이었다. 얼마후 늑대는 소년의 아이를 잉태하였다. 늑대는 적을 피해 동굴로 도망가 열명의 아들을 낳았다. 열명의 아들들은 장성하여 흩어져 결혼하였다. 그 중의 하나가 아시한(아사나)이었고 그 후손들이 세운 국가가 돌궐이다.

이는 몽골의 설화나 우리의 설화와 매우 흡사하다. 돌궐은 유연에 예속된 부

돌궐제국(6세기말~7세기초)

바이칼호

동 돌 궐 제 국

오르콘강

비잔티움 제국

카스피해

발하쉬호

아랄해

서 돌 궐 제 국

사산조페르시아제국

티 베 트

수(隋

인 도

족 중의 하나로 중국 사료에 돌궐의 이름이 보이는 것은 3세기부터다. 6세기 초 돌궐은 알타이 지역에서 대장장이 일을 하며 지냈다. 유연과 고차(高車)가 싸울 때, 돌궐의 우두머리 부민칸은 유연을 도왔다. 유연의 지배자 아나괴(阿那壞)는 부민에게 고마워했다. 부민은 유연의 공주와 결혼을 요구하였으나 거절 당하였다. 이에 앙심을 품은 부민은 탁발 계통인 서위(西魏)와 손을 잡았고, 서 위는 공주를 부민에게 주었다.

부민칸이 서위의 도움으로 유연을 공격하자 패배한 아나괴는 자살했다. 552년 유연은 무너지고 그 자리를 돌궐이 차지하였다. 부민칸은 그 해에 죽었 고 부민의 땅은 둘로 나뉘었다. 그의 아들 무한(木汗)은 몽골 초원에 칸국 동돌 궐을 세웠고 부민의 동생인 이스테미는 서쪽에 서돌궐 야브구(yabghu)국을 세웠다.

돌궐은 이때 처음으로 칸의 칭호를 사용하였다. 칸은 세습되었다. 무한이 다 스리는 땅은 오르콘강 상류 지역을 중심으로 만주의 변경 지역에서 만리장성 과 하미 오아시스에 이르렀다. 여기서 정착민의 눈으로는 이해하기 힘든 또 하나의 장면이 등장한다. 돌궐이 '이동하는 제국'의 양상을 보였다는 것이다. 그들은 여름에는 갈샤르 북방의 율두즈강 상류에 거주하였고, 겨울에는 탈라스 계곡이나 이식쿨 연안에서 지냈다.

중국, 사산조 페르시아, 비잔티움 제국은 끊임없이 돌궐에게 시달렸다. 서돌궐은 동서 교차로의 길목에 위치하고 있었다. 서돌궐의 야브구인 이스테미는 비단길의 자유로운 이용을 원했다. 사산조 페르시아는 이를 거부하였다. 이스테미는 비잔티움과 동맹을 맺고 페르시아에 선전포고를 했다. 572년 비잔티움도 페르시아에 전쟁을 선포했다. 이 전쟁은 591년까지 20년 간 지속되었다.

한 세기 이후에 만들어진 퀼테긴 비문에는 돌궐의 위대함을 서사적으로 찬양하고 있다.

> 위로 푸른 하늘이 아래로 거무스름한 땅이 창조되었을 때, 이 둘 사이에서 사람이 창조되었다. 사람들 위에는 나의 조상 부민칸, 이스테미칸이 보위에 앉았다. 보위에 앉아서 투르크 부족민들의 나라와 법을 통치하고 정비하였다. 사방은 모두 적이었다. 오만한 자들을 머리숙이게 하고, 힘있는 자들을 무릎꿇게 하였다. 동쪽으로는 흥안령 산맥까지, 서쪽으로는 트란시옥시아나까지 자리잡게 하였다. 현명한 군주들이고 용감한 군주들이었다. 지휘관들도 분명 현명하고 용감했다.

이 비문의 다른 곳에서는 돌궐 제국이 짧은 전성기를 누린 이유를 보여준다. 그것은 칸의 자리를 계승한 아들들과 동생들이 어리석고 능력이 떨어졌음을 고백하고 있다. 중원에서는 수나라가 일어났다가 망하고 당이 세워졌다. 수가 고구려를 침공하는 사이에 돌궐은 중원을 유린하였다. 그때 이세민(李世民)이 나타나 당을 세우고 태종이 되었다. 그 이세민에 의하여 돌궐은 붕괴됐다.

그러나 돌궐이 와해된 이유가 단지 외부에 의한 것이라고만 보기는 어렵다. 유목세력의 불행과 몰락은 언제나 하나의 '숙명'과 하나의 '자기 배반'에서 일어났다.

먼저 숙명. 유목세력의 내부는 하나의 틀로 된 고체형의 세계가 아니었다. 끊임없이 스며들고 이동하면서 출렁거리는 액체형의 세계였다. 그것은 이동을 본질로 하는 초원 세계의 숙명이었다. 그러한 역동성이 내부에서 증폭될 때 유목의 역사는 분열과 내분의 역사로 이어졌고, 자기 세계의 울타리를 넘어 새로운 세계를 향해 갈 때, 유목의 역사는 광활한 제국의 역사로 바뀌었다. 그것은 존재가 숙명에 지배될 때와 존재가 숙명을 창조적으로 이겨갈 때의 차이였다.

몰락의 또 다른 원인은 자기 배반이었다. 초원 유목세력의 몰락은 그들의 본질을 잊고 정착문명에 동화되는 데 있었다. 이것은 이중의 불이익을 낳는다. 유목세력은 약화되고 주변의 정착세력은 강화되는 이른바 '시소 효과'를 가져온다. 이점을 르네 그루쎄는 다음과 같이 지적하고 있다.

> 3세기에 걸친 투르크-몽골인들의 침입 기간 동안 중국인들은 승리한 유목민들을 동화시켰는데 이렇게 새로운 피를 수혈받아 강력해진 그들은 거기에다 오랜 뿌리를 지닌 문명의 엄청난 우월성까지 가미하여 이제 그들에게 힘을 불어 넣어준 초원민에게로 향한 것이다.

시인 이백(701~762)의 눈에 비친 유목집단의 병사들은 무적이었다. 그러나 그들이 문명의 달콤함에 빠졌을 때 얼마나 나약한 존재로 전락하는가. 그것은 돌궐인 스스로의 눈에도 보일 정도였다. 두 개의 글을 보자. 앞의 글은 이백이 본 유목기마군에 관한 것이고, 뒤의 것은 8세기 초에 돌궐을 다시 일으킨 카파간칸의 아들 빌게칸의 비문에 있는 내용이다.

> 변방에 사는 사람들은 그의 일생을 통틀어 책을 펼쳐본 적도 없지만 사냥을 할 줄 알고, 능숙하고 강인하며 용감하다. 가을에 말이 살찌는 것은 초원의 풀이 알맞기 때문이다. 그가 질주할 때, 그의 모습은 얼마나 훌륭하고 당당한가! 그의 채찍 소리가 눈을 가르고, 그의 빛나는 칼집에서 소리가 난다. 그는 독주로 기운을 북돋우며,

퀼테긴 비문

매를 불러 싸움터로 말을 달린다. 힘으로 당겨진 그의 활은 결코 목
표를 놓치는 법이 없다. 사람들은 그를 위해 길을 비켜준다. 왜냐하
면 그의 용맹과 호전적인 기상이 고비에서 유명하기 때문이다.

(중국 사람들은) 금·은·비단을 끊임없이 주고 있다. …달콤한 말과
부드러운 선물에 속아서, 투르크 부족민들이여, 너희는 죽었다. 투
르크 부족민들이여, 너희는 죽을 것이다. …외튀겐산에 머문다면
너희는 영원히 나라를 지킬 수 있을 것이다. 오! 투르크 부족민들이
여! …

빌게칸의 예언은 적중했다. 그가 죽자 돌궐은 내분에 휩싸이다가 역사에서
사라졌다. 문명에 중독된 유목민은 항체(抗體)가 없다. 단지 죽을 뿐이다. 돌궐

의 자리에 위구르가 들어섰다. 그러나 위구르는 당의 주위를 맴돌다가 한 세기도 채우지 못한 채 소멸됐다.

6 장

초원의 빛과 그림자

유목민이 남긴 것

　오늘날 현대인의 삶에 들어와 있는 유목민의 흔적을 가장 알기 쉽게 말할 수 있는 것은 패션에서이다. 거시적으로 보면 인류는 처음에 기저귀 같은 팬티 위에 천을 두르고 살았다. 그 상태에서 매우 일찍부터 양팔을 꿰는 옷을 입기 시작하는데, 이는 인류가 '앞발과 의미가 전혀 다른 손'의 역할에 각별한 배려를 해 왔음을 보여 준다. 하지만 발의 역할에는 그다지 관심을 가지지 않았다. 여러 민족의 고대 장군들이나 일본의 사무라이 복장 등을 보면 치마처럼 밑이 터진 옷을 입고 있다. 그로부터 점점 바지를 입는 사람이 늘어나는데 이것이 바로 유목민의 영향이었다.

　유목민의 의복 중 주변 민족의 주목을 가장 크게 끈 것은 바지였다. 바지는 달아날 데 없는 기마족의 의복으로써, 말을 달리기에 편하며 추위도 막아준다. 유목민이 입는 바지는 아주 단순하게 디자인됐으며 그 형태는 오늘날까지도 거의 변하지 않았다. 상의는 허리까지 덮거나 아니면 무릎까지 내려오는 긴 자켓이며 오른쪽으로 여민다. 아시아 오지에 거주하는 유목민에게서 흔히 보이는 이 자켓은 안에 모피를 덧대었다. 여기에 속은 펠트로 받치고, 겉은 가죽으로 댄 부드러운 장화를 신었는데, 이러한 형태의 패션은 스키타이 시대에 처음 출현해 널리 퍼진다.

　말을 탈 수 있도록 만든 유목민의 바지는 서부개척시대를 지나며 인류가 취해야 할 가장 보편적인 패션이 되었다. 후에 청바지로 집약되는 이 바지 형태는 끝내 남녀노소를 통일시키는 인류 공통의 복장이 되었다. 하지만 현대인들이 이 청바지에서 곧장 유목민의 숨결을 느끼는 것은 아니다. 그 지적 재산권은 잊혀지고 빼앗긴 지 오래된 까닭이다. 그래서 지금 거리의 사람들에게 '유목민! 하면 생각나는 것'을 묻는다면 그런 것들은 거론조차 되지 않는다. 아마도 대부분의 사람들이 유목민에 대하여 아는 것이 있다면 단 두 명의 사람 이름이 전부일 것이다. 아틸라와 칭기스칸. 그렇다면 오늘날의 인류에게 유목민의 유산은 이 리더들의 이름 말고는 정말로 아무 것도 남아 있지 않다는 말인

전통복장을 재현한 몽골 여인.
나담축제에 참가하기 위해 전통복장을 차려입은 여인. 머리에 쓴 모자는 복타, 우리의 마고자 같은 옷은 델이라 부른다.

가? 그것은 아니다. 중요한 것은 한두 명의 영웅이 아니라 '유목'이라는 방식의 삶을 강물처럼 흐르게 해 준 물방울들의 내용이다. 이제 그 이야기를 할 차례이다.

초원의 빛

　최초의 유목민이 초원의 생태계에 참여해 그 일원으로 살아가는 모습은 더 없이 평화롭고 아름다웠을 것이다. 그러나 초원이 평화의 땅이기만 했다면 그곳의 유목민들은 꼼짝없이 굶어죽고 말았을 게 틀림없다. 유목민도 초원 안에서는 단순한 먹이 연쇄의 일원에 지나지 않는다. 인간의 육체는 그 서열에서 결코 높은 자리에 오를 수 없었다. 초원이란 일정한 온도에서 토양 안의 수분이 적어 풀만 자라기 적당한 땅을 말한다. 그 곳에는 원숭이과가 살 만한 나무도 없으며 열매를 따는데 필요한 사다리 같은 도구도 쓸모가 없다. 하지만 유목민은 초원의 생태계를 하나의 거대한 환경 산업체로 삼아서 경영했다. 먼저 가축을 키우고 다음으로 젖이나 고기·털 등을 생산하는 그들의 작업 공정은 풀로부터 에너지를 전환하는 일이자, 젖·고기에서 단백질을 얻는 일이요, 털이나 가죽으로 유용한 생활용품을 만드는 일이라 할 수 있다. 유목민들은 그것을 대량 생산하기 위해 끝없이 유목의 능력을 개발시켜 아버지가 아들에게 전승해 왔다.

그 전승된 유산들을 크게 나누면 대략 세 가지쯤 될 것이다.

하나, 초원의 생태계에 대한 인식

흔히 그냥 스쳐 지나버리기 십상이지만 유목민이 생태계의 흐름에 순응했다는 사실은 매우 중요하다. 그들이 험한 기상 조건에서 초원의 먹이 연쇄와 물질 순환이라는 생태계의 질서와 환경을 파괴하지 않고 인간 사회를 건설해 온 점은 앞으로 본격적인 재평가가 이루어져야 할 덕목이다. 정착문명의 사람들이 생태계의 명령을 더이상 거역해서는 안된다는 것을 깨닫게 된 것은 20세기 후반이 되어서이고, 초원의 사람들은 사회주의 정부가 계몽 정책을 쓰기 전까지는 대부분 문맹으로 살았던 까닭에 생태계의 인식에 대한 그들의 능력은 무시되어 왔다. 그러나 그들의 생활 문화는 그 진가를 다 판독해내기 어려울 만큼 생태계에 대한 높은 수준의 인식력을 반영하고 있다.

유목민이 오랜 세월동안 쌓아 온 경험과 지혜가 집약돼 있는 것은 지금도 2천 년 전의 것과 똑같은 형태로 남아 있는 그들의 집 '겔'이다. 겔의 가장 큰 특징은 계절에 따라 이동할 수 있도록 분해 조립이 가능하다는 점이다. 창은 하늘을 향하는 천창(天窓)인데, 그곳에 들어오는 햇빛으로 시각을 안다. 그래서 아침에 침대에서 눈을 뜨면 보이는 것이라고는 하늘밖에 없지만 유목민은 나침반이나 컴퍼스를 사용하지 않고도 태양의 방향이나 식물이 자라는 쪽을 읽어 낸다.

그들의 계절 감각은 유난하다. 한국인처럼 사계절이 뚜렷한 곳에서 살아 온 사람들은 그들이 4개월짜리 여름과 8개월짜리 겨울, 이 두 계절만을 아는 것처럼 생각하기 쉬우나 9월에서 10월에 이르는 짧은 시간에 그들은 가을을 맞으며 겨울 준비를 한다. '천고마비(天高馬肥)의 계절'이라는 표현은 유목민에게서 나왔을 확률이 크다. 그들은 하늘이 높고 말이 살찌면 겨울 채비를 하기 위한 군사적 나들이(?)를 가고는 했다.

겔 안의 일상
몽골 겔의 내부는 보통 중앙에 조리겸
난방을 위한 화덕을 두고, 양 옆으로
침대를 갖추고 있다. 환풍구겸 창문
역할을 하는 천창 아래에서 가사일의
대부분이 이루어진다. 이 그림은 몽골
현대화가 바뜨럴의 작품이다.

    이렇듯 유목민에게 '계절'이라는 시간 단위는 일종의
생활 공간의 장인데, 그 계절 변화가 매우 빠르기 때문에
계절 이동에 호흡을 맞추기 위해 그들은 '한 시간이면 분
해해서 들고 다닐 수 있는 집'을 갖게 되었다. 문제는 그
계절 이동의 빠름에 있었다. 봄은 생명의 기운을 느끼게
도 하지만 거의 넘기 어려운 '보릿고개(?)의 계절'이기도
하다. 겨우내 말라버린 풀이 싹을 키우기까지의 결핍은
극심하기 짝이 없다. 전년 겨울에 폭설이라도 있었다면
눈이 늦게 녹기 때문에 모든 포유류는 위기에 처해진다.
이때쯤이면 유목민의 양식도 보존 식품이 바닥나서 하루
하루가 위태롭다. 가축의 도실은 살이 찌는 가을에 하는
것이지만 어쩔 수 없이 잡아먹어야 하는 경우도 있다. 이
불안은 새싹이 나오는 4월까지 계속된다. 이 절박한 상황
에서의 계절 변화에 그들이 어찌 둔감할 수 있겠는가? 그

들은 각기의 계절 동안에 해야 할 일을 반드시 놓치지 않고 해치워야 한다. 그들의 이동 본능은 이렇게 실전적이다.

당연히 이동에 굼뜬 생명체들은 도태될 수밖에 없다. 황급히 이동해 다니는 계절의 굴레 속에서 살아야 하는 까닭이다. 그에 따른 독특한 인생관이 없을 리 없다. 계절마다 이동하는 장소의 범위를 영지(營地: 사람이 사는 장소)라고 한다. 봄의 영지는 '하울쟈', 여름의 영지는 '즈오스랑', 가을의 영지는 '나말쟈', 겨울의 영지는 '오울죠후'라 한다. 계절이 생활 공간의 장이라는 의미도 여기서 출발한다. 아기가 태어나도 집에서 태어났다고 하지 않고 영지에서 태어났다고 말한다. 철저하게 시간을 따라다니는 삶인 것이다.

때문에 이동할 때 짐이 되는 것은 사용하지 않는다. 침대나 가재도구 따위도 목재로 된 것은 피한다. 영토나 환경에 대한 소유의 개념도 있을 턱이 없다. 몸에 지닐 수 없는 것은 탐내지 않는다는 의식이 뿌리 깊이 입력된다.

이같은 태도는 고매한 윤리의식에서 나오는 것이 아니라 생태계에 대한 인식에서 나오는 것이다. 물이 귀하기 때문에 목욕하는 습관이 없고, 세수를 할 때도 세 그릇 이상을 허비하지 않으며 연료는 가축의 분(糞)을 주워다 쓴다. 이모든 것이 초원의 규칙을 지키는 삶이다.

유목민이 대를 이어 지혜를 가꾸고 전승해 온 또 하나의 자질은 그들의 일용할 양식, 즉 가축에 관한 것이다.

둘, 가축에 관한 지식

가축의 기원은 약 5000년 전으로 거슬러 올라간다고 한다. 몽골의 동굴벽화에 그려져 있는 몇몇 가축의 원종(原種)은 지금도 남아 있다. 유목의 형태가 확립된 것은 적어도 흉노 시대, 즉 2000년 전 이상이 되지만 유목민은 혈통을 중시하여 최상의 수컷에게 교배시키기는 할지언정 종(種)을 변화시키지는 않았다. 농경정착민들이 식물의 원형을 파괴한 데 비해 유목민은 동물의 원형을 파괴하지 않았다. 수십 년 전 창경원에서 있었던, 호랑이와 사자를 교배하여 라이거를 생산하는 따위의 자연에 대한 거역을 그들로서는 상상하기 어려운 일이다.

유목민에게 있어서 가축의 건강 상태나 풀의 발육 상황은 언제나 최대의 관

심사였다. 넓은 초원에서의 목축은 사료가 없는 자연 방
목이기 때문에 정착민들은 가축의 경영과 관리라는 시각
에서 보지 않고 풀을 구하러 제멋대로 떠돌아다니는 것
으로 해석하기가 쉽다. 기껏 몇백 년에 불과한 목축사(牧
畜史)로 몇 천 년 이상의 역사를 지닌 유목사를 이해한다
는 것은 어려운 일이다. 가축의 관리라는 관점에서 보면
유목민의 사육 방법은 너무도 웅대하여 한눈에 파악되지
않는다.

　초원에서 자연 상태로 사육되는 가축은 소음 같은 물리
적인 자극도 받지 않고 밀집에 의한 생리적, 심리적 자극
따위도 없다. 하루 중의 기온 변동이나 극심한 계절 기후
의 변화는 오히려 가축에게 적절한 자극이 되어 가축의
건강 관리에 필요한 요소로 작용한다. 따라서 유목민이
특별히 할 일은 거의 없을 것 같지만 사실은 그렇지 않다.

하난하드에 있는 이 바위그림은 양떼
의 무리를 형상화하고 있다. 윗쪽에
보이는 말탄 유목민의 형상은 철기
이전의 시대에도 목축 생활이 진행되
고 있었음을 보여준다.

하늘에서 본 몽골의 대초지

성장 방해, 유량(乳量)의 감소, 수태율 저하, 유산 등의 원인이 되는 스트레스 요인들을 제거해 주어야 한다. 그래서 방목의 기술은 참으로 정교하다.

양떼를 모는 것만 해도 가장 먼저 신경을 써야 할 것은 방목의 흐름이다. 좋은 풀이 있는 장소를 찾아 나서되 그날의 날씨 변화를 섬세하게 읽고 이끌어야 된다. 양에게도 여러 성격이 있어서 혼자 선두로 나가려 하는 녀석이 있는가 하면 느긋하게 걸으며 자기 페이스를 고집하는 녀석도 있고, 틈만 나면 무리에서 빠져 나가려는 양도 있다. 그것들을 뿔뿔이 흩어지지 않도록 이동시킨다는 것은 보통 어려운 일이 아니다. 일행을 놓친 양은 저 혼자 방황하다가 늑대의 습격을 받아 잡아먹히고 만다. 느리게 걷고 같은 장소에 머물고 싶어하는 양떼들을 무리 지어 움직이기 위해 평지에서는 양 10마리에 산양 1마리, 경사진 곳에서는 양 5마리에 산양 1마리를 섞어 앞장서게 하는데 사람을 잘 따르는 산양조차 비를 맞으면 그 자리에서 움직이지 않는 습관이 있다. 또 바람이 부는 쪽에서 풀의 향기가 오기 때문에 자꾸만 그 쪽으로 머리를 돌리는 것을 막기란 여간 어려운 일이 아니다. 오죽했으면 성경이 목회자를 '주의 어린 양들을 이끄는 목자'라고 했겠는가? 바로 그 양을 통솔하기 위하여 유목민은 가축의 종에 따른 특성과 그 심리 상태에 대하여 엄청난 지식들을 터득하고 있다. 예컨대, 산양이 바위가 있는 곳을 좋아하며 발이 빨라서 가만히 있지 못하는 성격이고 체력이 약하여 사물의 움직임에 매우 민감한 반응을 보인다는 것쯤은 몽골에선 초등학생 정도면 다 아는 상식이다. 밤에 늑대가 습격할 때 가장 먼저 무서움에 떨고 짖기 시작하는 이 산양이 장난치는 것을 좋아하여 겔의 끈을 먹어 버리기도 한다는 것도 재미있는 사실이다.

유목민은 동물과 이야기하며 사는데, 그로 인해 파악이 가능해진 동물의 내면 세계는 우리를 숙연하게 만든다. 그 중에서도 가장 인상적인 것은 낙타일 것이다. 낙타는 몽골의 민족 악기 마두금(馬頭琴)의 음색을 들으면 눈물을 흘린다. 마두금을 아무렇게나 엉터리로 연주해도 마찬가지로 눈물을 흘린다. 이는 새끼 낙타의 울음 소리가 마두금의 소리와 비슷하기 때문이다. 어미 낙타는 새끼 낙타가 보이지 않으면 눈물을 흘린다. 어미 낙타는 마두금의 음역(音域)을 들으면 새끼 낙타가 찾고 있다는 생각이 드는 모양이다.

이렇게 형성된 유목민의 '가축 경영 능력'을 과소 평가한다는 것은 참으로 아둔한 일이자 만용이 아닐 수 없다. 움직이는 생명체를 다루는 수완에서 농경민은 결코 유목민을 따라가지 못한다. 오랜 생명 경영으로 터득한 '유목민이 동물에게 갖추는 예의'를 농경민이 감히 어떻게 알 수 있겠는가? 그같은 습성에 천착하여, 자크 아탈리는 『21세기 사전』에서 매우 흥미로운 관찰력을 보인다.

> 경계(警戒): 유목민에게는 특이나 중요한 정신적인 자세이자 두뇌 활동. 행위의 주체가 미처 깨닫기도 전에 그가 어떤 행동을 취할지 미리 알 수 있도록 여러 신호를 구별하고 분석하고 조합하고 비교하는 것이다.

참으로 뛰어난 통찰이 아닐 수 없다. 21세기의 인류(그는 21세기를 유목민의 시대라 규정한다. 여기서 '유목민'은 21세기의 인류라는 의미를 함축한다)가 습득하고 있는 '경계'의 습성을 유목민적인 것이라고 하는데 이는 동물에게서 배운 것이다. 예컨대, 말에게 다가갈 때는 절대 뒤쪽으로 접근하면 안된다. 실수로 뒤에서 다가가면 말이 놀라서 차 버리기 때문이다. 말에 다가갈 때는 말의 시야에 잘 들어오도록 비스듬히 옆쪽에서 다가가 안심시켜야 한다. 동물의 삶은 언제나 사방팔방에서 기습해 오는 위험과 대결하기 때문에 눈에 보이지 않는 곳에서 움직이는 것을 기겁을 하듯이 싫어한다.

이제 드디어 유목민이 획득하고 있는 세 번째 자질, 즉 말을 사귄 엄청난 사건을 이야기 할 때가 되었다.

생애를 말과 함께

기원전 1세기에 등자의 발명과 함께 인간이 말을 이용하기 시작했다고 말하는 서구 학자들의 주장과 달리 기마유목민이 출현한 것은 기원전 800년경으로

말과 유목인의 의기투합은 유라시아 대륙의 대통합을 이끌어 낸 원동력이었다. 몽골의 대표적인 화가이며 '몽골적 회화의 완성자'라 칭송받고 있는 O.Tsevegzhav의 그림이다.

추정된다.

그때로부터 지금에 이르기까지 몽골의 유목민들은 외롭고 고난에 찬 생애를 말과 함께 살아 왔다.

말이 없는 사람을 몽골에서는 상상할 수가 없다. 몽골의 인구가 200만 명일 때 말의 숫자는 220만 마리였다. 평화시나 전쟁시에 짐을 나르는 운송 수단으로, 털과 모피, 유제품을 제공하는 교역의 대상물로 말은 오늘날까지도 유목민의 가장 핵심적인 재산이 되고 있다. 몽골에서 부를 상징하는 것은 말을 사육하는 숫자로 표시된다. 유목민들은 자신의 말은 물론 근처의 말도 다 기억하고 외운다. 못 보던 말이 오거나 행방불명된 말을 찾는다거나 말 이야기를 할 때는 명칭으로 부르는 것이 확실하게 구별되며 유목민들이 공통으로 식별할 수 있다. 말과 유목민의 관계는 그만큼 사랑이 가득 찬 것이었다. 몽골의 말이 몸집은 작아도 꼬리털이 긴 이유는, 초원이라서 갈기나 꼬리털이 닳지 않는데도 원인이 있지만 꼬리털이 짧으면 등에 파리나 진딧물 같은 것을 쫓는데 불편할까봐 절대 자르지 않는 것도 이유가 된다. 그들이 말의 성격이나 혈통, 재능까지도 중시했음을 드러내는 예는 너무 많다.

몽골에서 어느 새끼 말의 움직임을 보고 그것이 20년 전에 도둑맞은 말의 새끼임을 확증하여 범인을 잡았다는 이야기도 있다.

하지만 말이 보다 중요한 기능을 하게 된 것은 경제적인 측면보다 역사적·문화적·정서적 측면에서였다. 말이 유목민에게 동물 이상의 특별한 의미가 있다는 것은 아무리 강조해도 지나치지 않을 것이다. 몽골의 책과 서사시에 가장 자주 출현하는 것도 말인데, 그것은 말이 이미 유목민사(史)의 한 주체로 참여하고 있음을 보여준다.

그는 거칠고 험한 산을 달려도
독이 든 노란색 땀도 흘리지 않게
태어났고
거친 호수에 빠져도
물결에 휩쓸리지 않게
태어났구나
햇빛과 달빛이
그의 허리를 비추고
별은
그의 장식에서 빛을 발하는구나
태생이 훌륭하여
그는 크고 강하도다
그는 때로는 일흔 한 가지의 속력을 내지만
그러나
여든 아홉 가지의 마술을 부린다
그는 단순한 준마가 아니다

말들의 질주, 나담축제

여기서 말이 부여받는 인격은 어떻게 읽어도 동지에 대한 헌사(獻辭) 이상이다. 뿐만 아니다. 몽골에 전해오는 이야기에는 항상 역사적인 영웅과 함께 말의 이름들이 명기되는데, 이는 말과 주인이 뗄 수 없는 사이라는 것을 암시해 준다. 어떤 다른 민족도 초원의 인생처럼, 많은 노동이 요구되는 삶은 없다. 그런 일상의 노동에서, 또 역사와 문화에서 말과 인간이 전혀 분리됨이 없이 직접적으로 조화되는 예는 찾기 어려울 것이다. 어떤 서사시에는 이런 대화가 나온다.

회색 말이 칸에게
당신이 용감한 사람이라고 하더라도 사려가 깊지는 못하군요.
당신은 비록 풍채가 좋기는 하지만, 경솔하군요
라고 말한다.

어찌 이것이 허구의 세계에 국한될 수 있겠는가? 말이 사람과 동등한 자격을 가진 친구이자 반려자이며 훌륭한 충언자(忠言者)이고 인간의 언어를 알아듣는 용사로 등장하는데는 그 까닭이 있다. 몽골의 유목민에게 있어서 말은 생활의 일부라기보다는 몸의 일부라고 해야 옳다. 그만큼 삶과 죽음의 불가결한 요소이다.

한 사나이에게 말이 있다면 그는 비록 중앙아시아의 높은 산악에 버려진다 해도 살아남을 기회가 있다. 말은 장소를 식별하고 위기를 감지하며 환경의 변화를 인식하여 사람에게 알린다. 하지만 여러 명의 사람들이 함께 있다 하더라도 그들에게 말이 없다면 고원에서 살아남을 수 없다. 그래서 몽골에서는 "그는 사람이 말의 뼈를 낯선 땅에 버리고 가지 않는다는 말을 들었으며, 여덟 개의 말의 뼈를 모아 묶어 어깨에 지고 가는 젊은이를 보았다" 같은 표현이 흔히 나온다. 결론적으로 그것은 인종학적으로 정의되어지는 운명 공동체가 아니라, 우정과 동반자라는 의미에서 성스러운 제 2의 자아(自我)인 것이다.

그래서 유목민의 놀라운 군사력의 원천이 말이었던 것은 당연한 결과였다. 초원 지대에서 방목하는 말은 그 수를 헤아릴 수 없어서 고갈이라는 것은 생각할 수 없었다. 몽골의 말은 몸집이 작고 지구력이 강하며 갈기가 길고 몸체의 색도 여러 가지이다. 몽골의 말은 반동이 적어서 빨리 뛰더라도 피로를 주지 않는데, 특히 오른쪽 앞 뒷다리와 왼쪽 앞 뒷다리를 번갈아 내면서 달리는 조로모리(이것이 조랑말의 어원이라고 한다)는 기마 군사들로 하여금 달리는 말에서 자유자재로 활을 쏠 수 있게 하는 최상의 말이었다. 전후 구동이 아니라 좌우 구동 방식인 셈이다. 유럽에서 마구간에 넣어 기르는 말과는 달리 조랑말은 거친 기후에서 생존할 수 있고 초원에서 혼자서도 살아 나간다. 또한 품종 개량이 되어 덩치만 커진 유럽의 말보다 야성적이며 더 잘 기어오르고, 높이 점프하며 오래 산다.

이 강한 기질의 말에게 전쟁의 능력이 갖춰져 있다고 상상해 보자. 우선 유목민의 말들은 자신들이 왜 싸워야 하는지를 알고 있었다. 그들은 전쟁터에 동원된 말이 아니라 참전한 말이었던 것이다. 말이 초원의 위기를 모른다는 가정은 성립될 수 없다. 인간의 두뇌가 뛰어나다고 해서 동물의 인지 능력을 과소평가하는 것은 인간들이 늘상 저지르는 우둔함 중의 하나이다. 자연의 위기를 먼저 읽는 것은 명백히 인간이 아니라 동물의 감각이다. 혹한을 앞두고 유목민이 게으르게 낮잠이나 자는 것을 말들은 결코 원하지 않았을 것이다. 그 점은 이렇게 추정할 수 있다. "제발 어서 등에 올라타 더 좋은 초지가 있는 곳으로 나를 데려가 다오. 인간이여!" 말과 유목민은 아마도 틀림없이 이런 전우애로 뭉쳤을 것이다.

그러나 이 모든 유산들은 칭기스칸을 통과하지 않았다면 이 책이 궁극적으로 닿고자 하는, 지금 우리에게 직접적으로 영향을 미치는 21세기적인 유산이 되지 못했을 가능성이 크다. 아쉬운 점이 있다면 칭기스칸에게는 유목민의 어두운 면들도 집대성되어 있다는 점인데, 그것은 훗날 칭기스칸의 나쁜 이미지로 굳어 버리고 말았다.

초원의 그림자

빛은 그림자를 남긴다. 한 편의 서사시처럼 눈부신 초원의 빛도 정착문명의 사람들에게는 지울 수 없는 슬픔의 그림자를 던졌다. 이제 그 이야기를 할 차례인데, 여기서 반드시 고려해야 할 것은 유목민이 초원의 생태계에서 제5차 소비자에 속하는 맹금류까지를 통제하는 최고 경영자로서의 고독과 의무이다. 두말할 필요도 없이 유목민들은 초원의 유목생활만으로는 살아갈 수 없는 어떤 불완전성을 숙명으로 지니고 있었다. 그 곤혹과 딜레마는 생각할수록 측은하기만 하다.

농경정착민의 삶에 비추어 유목민의 삶이 갖는 최대의 약점은 풍부한 잉여 생산을 낼 수 없다는 것이다. 이는 그들을 자주 위기에 빠뜨렸다. 여름에 가뭄이 들거나 들에 화재가 있어 목초지가 소멸되는 경우도 있었다. 심하게는 겨울의 한파와 눈의 피해로 집단을 통째로 소멸시키는 공포도 있었다. 주기적인 한파와 가축 전염병, 기타 자연재해는 유목경제를 따라 다니는 동반자들이기 때문에 가축의 대량 손실을 야기시키며, 따라서 무한정한 가축의 증식은 실제로 불가능하다. 여기에 생활 필수품에서부터 농업으로 얻어야 하는 곡식, 게다가 각종의 전쟁 도구까지 완전하게 자급자족하는 것조차 불가능했다. 그들만으로는 도저히 존립할 수 없는 경제 생활이었던 것이다. 몽골 속담은 그러한 사정을 잘 보여준다.

> 부자도 쪼드 한 차례면 족하고, 영웅도 화살 하나면 끝장이다.

그 딜레마를 극복하는 과정에서 유목민은, 재앙으로 인해 초원의 생태계가 파괴의 위기에 처해 있을 때 무엇인가 그것을 방어할 수 있는 기능을 해야 했다. 양을 기르고 개를 거느리며 말을 길들여 부려먹는 대신 초원 전체가 위기에 빠졌을 때 지상의 어디선가 초원의 결손을 메울 부를 구해와야 했던 것이다.

그 점은 이렇게 생각하면 좀 더 쉽게 알 수 있다.

초원에서는 가축과 인간의 생계에 필요한 모든 것을 스스로 해결해야 되는데, 그들이 생존하기 위해서 가장 신경을 쓰는 것은 방목에 필요한 초지였다. 한 마리의 말을 스텝 지대에서 1년간 정상적으로 키우기 위해서는 약 20ha의 목초지가 필요하며 한 마리의 양은 약 12~24ha의 목초지가 필요하다. 1ha가 1만m²라는 것을 감안하면 유목민이 생존을 위해 필요한 초지가 얼마나 된다는 것을 실감할 수 있을 것이다. 연평균 강우량이 140~320mm에 불과하고 가혹한 기후 조건을 지닌 몽골 고원에서 유목말고는 그 어떤 다른 유형의 경제 행위도 불가능하다. 그러나 문제는 가혹한 겨울의 시련을 이겨낼 수 있는 겨울 방목지의 확보이다. 눈이 쌓이지 않고 풀이 풍부하며 바람도 막을 수 있는 곳, 그러나 이러한 곳은 한정되어 있다. 역대 유목민족들간의 전쟁 원인을 분석해 보면 대부분 겨울 방목지의 확보 때문이라는 사실을 어렵지 않게 확인할 수 있다.

전쟁에서 승리한 부족은 15~20km만 이동해도 가축을 키울 수 있는 풍요로운 초지를 차지할 수 있다. 그러나 패배한 부족은 400km에 이르는 험난한 대장정을 벌여도 생존을 위협받는 비참한 처지에 놓인다. 유목민들에게 겨울 방

영하 40도의 설원을 달리는 몽골 소년들

목지란 생존 그 자체를 결정하는 양보할 수 없는 최후의 마지노선이었다. 또 원래 유목생활이란 계절적으로 집단에서 가족 단위로 또 가족 단위에서 집단으로 1년 주기의 이합집산을 되풀이하는 특성을 지니고 있다. 가축을 데리고 이동하는 초원의 사람들은 만약의 사태에 대비해 어느 순간에도 즉각적으로 이동할 수 있는 만반의 태세를 갖추지 않으면 안된다. 따라서 그들의 삶 속에는 농경민과는 달리 조직적이고 역동적인 냄새가 강하게 배어 있다.

엄격한 자연 조건 속에서 살아남기 위해 유목민들은 누구를 막론하고 모두 용감하고 유능해야 했다. 즉 사회 자체가 풍부한 자립심을 가져야 했던 것이다. 결국 이러한 자연 조건, 사회 분위기는 초원의 사람들에게만 찾아 볼 수 있는 독특한 인간 유형과 그들만의 독특한 가치관을 만들어냈다. 아마 역대 유목민족들의 역사가 몽골 고원의 극단적인 기후만큼이나 매우 극적인 면을 지니고 있는 이유도 그들을 둘러싼 자연 환경에서 비롯되었는지도 모른다. 몽골 고원의 역사는 자세히 들여다보면 제로섬 게임의 순환과도 같은 행로를 걷고 있다.

오늘날 몽골 고원이 흉노 고원이나 돌궐 고원이 아닌 몽골족의 고원이라는 이름으로 불려지는 것도 제로섬 게임의 결과라고 할 수 있다. 몽골족이 유목부족간 전쟁에서 이긴 것이다. 정착문명권인 중국이나 페르시아의 사람들이 북방 문화가 잔혹하고 강인한 특성을 지니고 있다고 느끼는 원인도 제로섬 게임의 성격 때문일 것이다. 제로섬 게임을 준수하는 북방 문화권에서 가장 잘 사용되는 단어가 '신바람(salkin orugulakhu)'과 '피눈물(Chisuntai nilmusun)'이다. 신바람이란 모든 자들이 신의 뜻에 감응되어 일에 몰두한다는 뜻이다. 피눈물이란 일족이 적에게 죽임을 당할 경우 남은 자들이 자신의 얼굴을 칼로 그어 피와 눈물을 동시에 흘리면서 복수를 다짐한다는 뜻이다.

이런 극단적인 단어의 존재는 그만큼 몽골 고원에서의 생활이 적자생존과 같다는 것을 말해주고 있다. 이같은 상황에서 유목민이 초원의 위기를 돌파하는 방법은 세 가지밖에 없었다. 하나는, 초원 바깥의 인간들과 공존공생의 관계를 맺어서 도움을 주고 받는 것이고, 또 하나는 서로 남는 물자를 바꾸어 쓰는 교역의 길이며, 마지막 하나는 약탈하는 것이었다. 이 중 앞의 두 가지 방법에 대해 농경정착사회의 사람들이 어떻게 생각했을 것인지를 상상하는 것은 어렵지 않다.

정착민의 눈으로 보면 초원의 민족들이 느닷없이 들이닥치는 것은 습격이 아닌 다른 무엇으로 이해될 수 없는 것이었고, 또 실제로 습격해 오는 모습은 공포 그 자체였다. 그래서 농경국가들은 매번 장성을 쌓거나 교역과 전쟁을 촉발했던 국경선을 확장함으로써 스스로를 유목민과 단절시키려 하였다. 정착민들은 좋은 일로든 나쁜 일로든 유목민과 대면하는 것 자체를 싫어했다.

그에 반해 유목민들은 자신이 감당할 수 없는 생활 물자를 '교역'이라는 평화적 형태나 '약탈'이라는 전투적인 형태 혹은 '공생'이라는 형태로 정착사회에서 얻어오지 않으면 안되었다. 정착사회들이 만들어낸 국가며 종족이며 하는 각종 배타적 칸막이들이 그들로 하여금 단순히 계절만 따라다니며 살지 못하게 한 것이다. 이 대목은 좀 더 풀어서 설명할 필요가 있다. 열악한 조건 속에서 그들은 정착사회의 숱한 칸막이들이 인류의 상생(相生)에 해롭다는 생각을 갖게 됐다. 이는 일종의 유목주의라 부를 만하다. 유목경제의 절박함이 그들의 욕망과 권력 의지가 뻗어갈 방향을 결정지었던 것이다. 유목민에게 약탈과 호전성이 있었던 가장 큰 이유는 바로 이것, 지구의 좋은 곳을 차지한 정착민들이 '평화적 교역'도 '공생'도 허용해주지 않은 데 있었을 확률이 크다.

이제 유목주의의 그 모든 것을 종합해서 하나의 문명체, 즉 유목이동문명을 출현시켰던 장본인을 만나러 가자.

7장

하늘의 별처럼 모두가 사랑했네

그들의 영웅

서울에서 울란바타르를 왕복하는 KAL기는 일기 불순으로 자주 결항된다. 과연 바람의 나라답게 그 광야에는 무서운 바람이 살고 있다. 가을 폭풍이 나뭇잎을 쓸어 가듯이 인간을 말아 올려서 허공 속으로 데려가 버리는 바람도 있다. 굳이 토네이도가 아니더라도 몽골의 바람은 수시로 이착륙하려는 비행기를 뒤흔들어 놓는다. 그래서 불가피하게 몽골의 미야트 항공을 이용하게 되는데(세상에, 이렇게 겁도 없는 비행기가 있다니!) 이때 비행기에 오르다 보면 기체에 이상한 글씨가 새겨져 있는 걸 보게 된다. KAL기에 세종대왕 같은 왕의 이름을 괜히 써 놓는다면 그것을 이상하게 생각하지 않을 사람은 없다. 그러나 몽골인들은 아무렇지도 않게 자신들의 옛왕 중 한 사람을 새겨 놓고 있다.

칭기스칸!

비행기뿐 아니다. 그들은 무엇이든 지상에서 가장 좋다고 생각되는 것에는 이 이름을 새겨 놓는다. 이해가 가는 일이다. 유목민의 역사가 남긴 최고의 유산은 칭기스칸이라는 네 글자인 것이다. 몽골인들에게 이 이름은 오늘날 미국인들이 조지 워싱턴에 대해 갖는 감정과는 비교도 안되게 극진하다. 그같은 일은 누구나 쉽게 체험할 수 있다.

몽골 여행을 하는 동안 우리 일행은 칭기스칸 호텔에서 묵으며 칭기스칸 보드카를 마시고, 그것도 모자라 식사 때마다 칭기스칸을 보았다. 식비를 계산하려고 지폐를 꺼낼 때마다 거기에 칭기스칸이 있었던 것이다.

그러나 대부분의 이방인들은 칭기스칸에 대해서 자세히 알지 못한다. 칭기스칸에 대한 논의가 정서적으로 금기시되고 있는 나라도 꽤 여러 곳이다. 우리나라도 그런 나라 중의 하나였다. 그리 오래지 않은 과거에 그런 일이 있었다. 한때 인기 있었던 조경수라는 가수가 그를 노래했다가 침략자를 미화했다고 해서 금지곡 처분을 받았다.

그 언젠가 누군가가 들려주던 이야기

나라 위해 몸을 바친 아름다운 이야기

약한 자를 도우며 사랑했네

슬픈 자는 용기를 주었다네

내 맘 속의 영웅이었네

징, 징, 징기스칸

하늘의 별처럼 모두가 사랑했네

징, 징, 징기스칸

내 작은 가슴에 용기를 심어 줬네

겁이 많던 내게 와하하하

용기를 주었네 와하하하

내 맘 속의 영웅이었네

징, 징, 징기스칸

하늘의 별처럼 모두가 사랑했네

징, 징, 징기스칸

내 작은 가슴에 용기를 심어 줬네

겁이 많던 내게 와하하하

용기를 주었네 와하하하

꿈과 용기 간직하리라

본래 이 노래는 외국곡이었다. 70년대 후반에 보니엠이 불렀던 것을 '칭기스칸'이라는 이상한 이름을 가진 독일의 보컬 그룹이 리바이벌해서 다시 히트곡이 되었다. 독일의 가수들이 칭기스칸에게 관심을 가진 이유는 분명해 보인다. 칭기스칸의 성격 중의 한 측면과 그가 남긴 정치적 유산의 한 측면을 상속받은 것이 훗날 독일과 대립중인 소련 사회주의였기 때문이다.

그늘은 이 소련 이미지를 몽골 이미지로, 또 몽골 이미지를 동양 이미지로 연결시킨다. 그래서 이 노래는 동양을 비판하는 풍자의 노래가 되는데, 그것이 하필 소련이 아프카니스탄을 침공한 그 무렵의 국제 정세와 연결되면서 톡톡히 부대 효과를 누렸다.

별이 쏟아져 내리는 몽골의 밤하늘

그룹 칭기스칸은 당시 독일에서 대중음악의 이단자들로 알려져 있었다. 유행가 가사의 변하지 않는 주제, 사랑, 노스텔지아, 행운 따위의 편협한 내용에서 벗어나 무겁고 역사적인 주제를 다루었다.

이미 1978년 프랑크 파리안의 그룹에 속하였던 보니엠이 그의 히트작 「라스푸틴」을 발표하여, 역사적인 사실을 비판적으로 다루는 곡들도 세계적인 성공을 거둘 수 있다는 것을 보여 주었다. 물론 보니엠의 성공이 이보다는 오히려 노래의 재치 있는 가사 또는 디스코풍의 박자에 있지 않는가 하는 이견도 있다.

프랑크 파리안은 그때까지 세계사의 전설적인 대제국(몽골 제국, 로마 제국)을 다루는 것이 성공의 요인이 된다고 생각한 것은 아니었다. 이러한 인식에 이르기 위해서는 시대의 징후를 인식하고 있는, 1977년 스타우프에서 개최되었던 대공연 후 관중이 추가로 요구하였던 것, 즉 역사의 거부를 관중이 바라고 있다는 것을 인지한 어떤 위대한, 통찰력이 있는 인물이 필요하였다.

그리하여 1970년 그랑프리 예선에서 독일 대중가요계의 무관의 제왕인 랄프 시겔이 이러한 역사에 대한 관심을 음악에 도입하여 이미 그전에 작곡된 「칭기스칸」을 동일한 명칭을 가진 남녀혼성 그룹이 부르게 하였다. 이 곡은 비록 결승에 진출하지는 못하였으나, 특히 시각적인 연출로 인하여 대히트를 거두었고, 그룹 칭기스칸 음악의 대표작이 되었다. 이 젊은 그룹은 확실히 음악팬의 기호에 잘 부응하여 복합적인 성격을 띠고 있는 역사적 문제들을 특이하게 다루며, 어떤 공연에서도 바꾸어 입지 않는 각 멤버의 특징을 잘 보여 주는 값비싼 의상을(관중은 이 때문에 각 멤버를 잘 알아보고 각자의 특징을 파악할 수 있다) 입고 공연하였다. 1979년의 가수 중 하나로서 이 그룹이 거둔 첫번째 대성공은 역사에 기록되었다. 오늘날의 관점에서 볼 때 노래의 가사는 어떤 예언과 같은 것이어서 놀라움을 자아낸다. 그 가사에는 동양의 침입에 대한 공포가 표현되어 있는 바, 좀 더 상세히 분석하자면 "보드카를 가지러 가자, 하-하-하-하-, 왜냐하면 우리는 몽골인이니까…"는 몽골인=동양=소련=위협이라는 등식을 깔고 있는데, 그 점이 당시에 있었던 소련군의 아프가니스탄 침공을 예언한 것이라고 평가되었다.

칭기스칸의 첫번째 LP판에는 아주 다양한 역사적 주제를 다룬 곡들이 포함되어 있으며, 그 내용 또한 다양하여 유머러스하고('칭기스칸의 흔들거리는 아들') 인류학적인('배신자') 입장에서 극동 지방의 문화('사무라이', '중국의 소년')나 지정학적인 분쟁 지역('사하라', '푸츠타')에 대한 노래를 부르고 있다. 그 내용은 아주 간단명료하다. 슈미트 수상의 집권 말기는 그 어느 시대, 그 어느 지역보다 우울하고 답답하다는 것이다! 신화로 둘러싸인 세계 제국의 흥기와 몰락, 먼 곳에 사는 여러 민족의 운명이나 전설적인 모험가가 모스크바 올림픽보다 더 흥미가 있었고 그 그룹이 입고 있는 다채로운 의상이 칼 포퍼식의 안정된 개량주의가 보여주는 연청색이나 분홍색보다 더 자극적이었다.

이들 그룹이 거둔 성공이, 본질적으로 현실을 도피하기 위하여 역사와 관련을 맺었다는 데 있었다는 것은 유감스럽게도 「로마」(1980) 이후에 발표된 후기의 작품이 모두 역사와 관련을 맺지 않고 있다는 점에서 볼 때 분명하다. 다음은 노래 칭기스칸의 가사이다.

그들은 바람과 경쟁하며 말을 달린다.
1000명의 전사, (하-후-하)
한 명이 앞장서 달리고 그 뒤를 모두가
무조건 따른다,
칭기스칸(하-후-하).
이들이 탄 말의 발굽은 모래를 박차고,
이 발굽은 모든 나라에 근심과 공포를
가져다 준다.
천둥이나 번개도 이들을 멈추게 하지
못한다.
(후렴)
칭-칭-칭기스칸, 헤이 기사여, 호 기사여,
헤이 기사여, 계속.
칭-칭-칭기스칸, 형제여, 싸워라.
형제여, 마셔라.
형제여, 계속, 보드카를 가지러 가자
(하-하-하-하),
왜냐하면 우리는 몽골인이니까,
(하-하-하-호)

악마는 이미 이전에 우리를 충분히
취하였다.
칭-칭-칭기스칸, 헤이 기사여,
호 기사여, 헤이 기사여, 계속.
칭-칭-칭기스칸, 헤이 전사여,
호 전사여, 춤을 춰라 전사여, 계속.
사람들은 그의 웃음소리를 듣는다,
(하-하-하-하)
계속 더 크게 웃는다, (하-하-하-호)
그리고 그는 단숨에 술잔을 비운다.
그는 자신의 마음에 드는 여자는
누구든 자신의 천막으로 끌어들인다.
(하-후-하)
그를 사랑하지 않는 여자는
세상에 존재하지 않는다 (하-후-하).
그는 하루 저녁에 아이를 일곱 명
낳는다.
그의 적들을 그는 조롱할 뿐이다.
아무도 그의 힘에 저항할 수 없으니까
(후렴구 되풀이)

그런 노랫말이 한국에서 어떻게 해서 성격이 백퍼센트 바뀌어서 번안되었는지 알 수 없다. 하지만 칭기스칸에 대해서 알려진 많은 것들 중 한국판 노랫말이 다루는 소재만큼 극적인 것은 없다. 전쟁광, 학살자, 독재자 이미지를 정반대로 뒤집어서 용기 없고 가난한 사람들에게(사회적 약자에게) 꿈을 주는 역사 인물로 칭송되고 있는 것이다. 이것은 역사 왜곡을 저지른 결과든 아니면 역사 왜곡을 당한 결과든 하여튼 그런 것 중의 하나가 된다.

칭기스칸의 진실은 도대체 어떤 것일까? 그러나 안개는 좀처럼 걷히지 않는다. 정작 칭기스칸에 대해서 알려고 노력하는 순간 우리는 곧장 난관에 부딪친다.

칭기스칸에게 부여된 많은 이미지들은 왜곡되거나 조작된 것들 투성이이다. 한 예를 들어보자. '칭기스칸 요리'라는 것이 있다. 이 음식을 몽골의 것이나 칭기스칸이 남긴 유산이라고 생각한다면 그것은 오해이다. 칭기스칸 요리는 소화(昭和)시대에 일본인들이 고안한 요리이다. 몽골에는 이와 비슷한 음식조차 없다. 북경에서 산양 고기로 만드는 샤브샤브 요리를 칭기스칸 요리라고도 한다. 이 산양 고기는 독특한 모양을 한 냄비를 사용하여 고기를 끓인다. 그리고 장국을 찍어 먹는데 유목민들은 양고기를 끓일 경우 장국을 찍지 않고 국물도 먹기 때문에 샤브샤브 같은 요리법은 없다. 그런데 왜 이게 칭기스칸 요리가 되었는가? 조심스럽게 내놓고 싶은 추측은 고기를 얇게 썰어서 수없이 많은 칼질을 해놓은 것이 마치 칭기스칸 같은 잔인함을 연상시켰던 탓이거나 아니면 칭기스칸이 그렇게 난도질하고 싶을 만큼 미웠던 탓일 것이다. 이 추측이 맞다면 칭기스칸 요리라는 표현은 한 인간이 걸었던 족적에 대한 증오와 복수와 핍박의 의지가 담긴 음식 명칭인 것이다.

칭기스칸에 대해 부당한 심판 의지가 발휘되었던 예는 너무 흔하다. 꽤 여러 나라의 사료들이 그의 죽음을 그렇게 기록했다. 일칸국의 정사인 라시드 웃 딘의 『집사(集史)』와 원나라의 공식 역사서인 『원사(元史)』 등은 칭기스칸을 죽음으로 이끌었던 질병에 대하여 단지 일반적으로 언급하는데 그치고 있다. 하지만 플라노 카르피니는 벼락을 맞았다고 보고했고, 마르코 폴로는 타이긴(타이롱) 성을 포위했을 때 무릎에 화살을 맞아 얻은 상처로 죽었다고 전했다. 이같은 차이는 다른 자료들에서 더욱 두드러지는데, 후일 전해지는 한 이야기는 이 유목민의 영웅을 한 아름다운 여인의 복수의 제물로 만들기까지 한다. 그 줄거리는 이렇다.

탕구트(서하) 왕의 아내인 커르벨진 고아가 미리 삽입한 도구를 이용해 성교 도중 칭기스칸에게 상처를 입혔다. 이때문에 커르벨진 고아의 남편을 처형시켰던 칭기스칸은 피를 흘렸다. 그녀는 복수를 한 뒤 황하의 물살에 몸을 던졌다.(사강 세첸 지음,『동몽골족과 그 왕족의 역사』1662년 독일어로 번역).

과연 그랬을까?

칭기스칸을 다룬 영화들

초원유목민의 고대 정착민에 대한 침략의 화신으로, 인류의 재앙 가운데 하나로 여겨져 온 인간 칭기스칸. 그에 의한 동부 이란의 파괴는 아틸라에 의한 유럽의 파괴보다 더 끔찍한 것이었다고 이야기된다. 특히 그가 행한 집단 처형은 인류가 겪은 전쟁 범죄의 대표적인 사례로 거론되기도 한다. 그것이 당시 전쟁 체계의 일부였고, 빨리 항복하지 않는 정착민들에게, 그리고 항복한 뒤에 다시 반란을 일으키는 사람들에게 가해진 유목민의 무기였다는 것은 재고의 여지없이 묵살된다. 안타까운 것은 이 뛰어난 유목민이 농경정착 경제의 본질을 전혀 이해하지 못했기 때문에 받게 되는 불명예이다. 칭기스칸은 도시와 전답을 파괴하여 초원으로 바꾸는 것을 당연하게 여겼다. 약탈이라는 유목전통도 그로서는 당연한 것이었다.

여기서 그 선악의 문제를 논하는 것은 소모적인 일이다. 나는 개인적으로 단지 그것을 역사석 사실로 놓기보다 하나의 예술 작품 같은 텍스트로 놓고 이야기하고 싶은 심정이 더 크다. 만일 이것을 소설이나 영화로 옮긴다면 어떤 부분을 강조하고 조명할 것인가? 즉 칭기스칸의 생애를 인간적으로는 어떻게 평가할 것인가? 이제 그 점을 논급해 보고자 한다.

과연, 칭기스칸은 역사의 지평에서 세상에 대한 모든 예측과 통념을 한꺼번에 뒤엎어버린 파란의 이름이었다. 그는 지난 1000년의 사람들 중 가장 설명하기 어려운, 학살자라고도 정복자라고도 메시아라고도 할 수 없는, 오직 태풍처럼 무서운 가공할 에너지 현상이었던 것이다. 그것은 우선 정복의 산술적 크기에서 그렇다.

18세기에서 19세기 사이에 나폴레옹이라는 사람이 살았다. 그는 115만 평방 킬로미터의 땅을 정복했다. 그보다 한 세기 뒤에는 히틀러라는 인간이 살았는데, 겨우 3년 만에 몰락하기는 했지만, 나폴레옹보다 두 배 가까이 넓은 무려 219만 평방 킬로미터를 지배했다. 그러나 기원전 323년에 이미 두 사람의 정복 면적을 합한 것보다 더 넓은 땅을 차지했던 사나이가 있었다. 알렉산더였다. 그들의 생애는 두고두고 후대에게 전해져 영향을 끼치고 있다. 그들의 삶이 선이었건 악이었건 뒤에 남은 인류에게 삶 자체를 불멸의 텍스트로 제공하고 간 것이다.

그러나 방금 거명한 이름들보다 양적으로나 질적으로 훨씬 더 크고 넓은 세계를 차지했던 사람이 칭기스칸이었다. 그는 정복 면적에서조차 나폴레옹과 히틀러, 그리고 알렉산더가 차지했던 땅을 모두 합한 것보다 더 넓은 777만 평방 킬로미터를 차지했다. 그의 손자 쿠빌라이가 세운 원나라까지 합치면 면적은 두 배로 늘어난다.

그 때문에 칭기스칸을 그리기 위해 만들어진 몇 편의 영화는 매우 초라하기만 하다. 칭기스칸에 대한 영화는 지금까지 다섯 편이 나와 있다. 가장 먼저는 미국의 딕 포웰 감독이 1955년에 찍은 「The conqueror」인데, 이 영화에 대해서는 존 웨인이 주연을 했다는 것 외에는 아는 것이 없다.

칭기스칸 이야기를 두 번째로 다룬 것은 놀랍게도 우리 한국이다. 1963년에 이종기 감독이 제작비 600만 원을 들여서 찍은 「광야의 왕자 대 징기스칸」은 박노식 등이 출연하여 아버지의 대를 잇는 테무진을 다룬다.

그 다음에 나온 영화가 헨리 레빈 감독의 1965년 작 「칭기스칸」이다. 오마 샤리프가 열연한 이 영화는 칭기스칸에 대한 역사적 사실을 그대로 옮겼지만, 유목민 세계를 이해하지 못한 채 서양식으로 짜 맞춘 디테일들의 조합이 얼마나

우스꽝스러운지를 적나라하게 보여준다. 막대한 물량을 동원하여, 열악한 환경의 칭기스칸이 놀라운 지략과 뛰어난 인품으로 몽골을 통일시키는 과정을 그리고 있는데 그것이 짜임새도, 스펙타클도 없이 심심한 영화가 되고만 가장 큰 이유는 아마도 칭기스칸이 자신의 생애를 왜 그토록 위험한 전쟁에 바치지 않으면 안되었는지를 설명하지 못한 데 있을 것이다.

　역시 칭기스칸을 가장 깊이 이해하고 있는 것은 그 영광과 수난을 몸으로 실감할 수밖에 없었던 몽골인들인지 모른다. 칭기스칸에 대한 네 번째 영화가 되는 벡진 바르지냥 감독, 아그바체렌긴 주연의 영화는 1993년 몽골국 건국 70주년을 기념해 만들어진 작품이다. 지금도 울란바타르 근교에 촬영장이 남아 있다. 칭기스칸이 칸의 칭호를 받은 후 7년 간의 대원정 속에서 중국에서 유럽까지

후기 페르시아 세밀화에 나타나는 칭기스칸 군대의 용맹성. 금(金)나라와 벌인 전쟁의 한 장면이다. 페르시아의 세밀화는 대개 책의 삽화로 제작되었는데 크기는 손바닥만 하지만 붓터치는 독특한 회화의 한 양식으로 일컬을 만큼 섬세하며 완성도가 높다.

영화 「칭기스칸」의 한 장면

대제국을 건설하는 과정을 그리는데, 우선 무대와 등장 인물이 유목민의 실감을 그대로 반영하고 있다는 점 외에도 칭기스칸의 내면 세계가 깊이 있게 그려져 있다는 데 묘미가 있다. 그러나 영화의 시작부터 끝까지 칭기스칸의 활동 장면이 역동적으로 펼쳐져 있지 않아서 지나치게 정적인 영화라는 느낌을 준다.

그래서 1998년 중국에서 제작한 사이푸 감독, 튜멘 주연의 「칭기스칸」이 다시 나와 최근 관객들의 관심을 끌었을 것이다. 이 영화는 아버지를 여의고 부족에게서 버려진 소년 테무진이 어머니의 보살핌 속에서 생존을 위해 투쟁하며 가족과 생명의 소중함을 깨달아 가는 것을 중심 테마로 삼고 있다. 언젠가 납치당해서 칭기스칸의 어머니가 된 여인이 다시, 납치 당했다가 적의 아이를 잉태해서 돌아오는 며느리를 아끼는 장면에서 페미니즘을 상기시키는 이 영화의 주제는 분명하다. 전쟁의 슬픔을 몸으로 겪는 어머니와 아내, 이 두 여인에게서 아들이자 남편인 테무진이 사사로운 개인적 증오의 감정을 극복하고 진정한 평화를 위해 광활한 대지를 닮은 마음을 갖게 된다는 것이다. 이 영화는 1년 간의 제작 기간과 8천여 명의 엑스트라, 만여 마리의 말을 동원하여 1998년 필라델피아 국제영화제에서 최우수 작품상을 수상하고, 1999년 상하이 국제영화제에서 여우주연상을 받았다. 그러나 칭기스칸을 어느 정도 아는 사람들이라면 다섯 번째 영화조차도 동의해주지 않는다. 나아가 다섯 편의 영화를 모두 합친다 해도 칭기스칸이 빚어내는 몇 개의 이미지 중 어느 하나도 만족시킨다고는 보기 어렵다고 생각한다. 어찌 보면 칭기스칸 이야기는 아직은 정상적인 논의를 시작조차 제대로 하지 않은 상태인지 모른다.

네 개의 이미지

이를테면 이렇게 생각해 볼 수 있다. 거시적으로 보아서 그는 네 개의 이미지를 거느리고 있고, 그 초점을 어디에 맞추느냐에 따라 전개 양상은 크게 달라진다.

첫째, 부족의 운명을 사랑하여 구원해 내는 자.

칭기스칸이 속한 보르지긴 씨족처럼 가련하고 위기에 처한 부족은 없었다. 그들은 언제라도 흔적도 없이 사라져 버릴 가혹한 환경 속에 내버려져 지도자도 없이 사분오열하고 있었다. 그 연약하고 분열된 부족에게 영구적인 평화가 와야 한다면 그것은 어떤 모습일까? 그 답이 바로 칭기스칸의 일대기였다. 칭기스칸은 시련의 악순환만을 반복하고 있을 뿐인 몽골을 통일하고 부족의 고통을 마감시켰다.

둘째, 시련을 견디고 이기는 한 사람의 인간으로서의 미덕. 그것은 테무진이라는 이름으로 설명되어야 할 것이다. 칭기스칸을 이야기할 때 간과해서는 안 되는 것 중의 하나가 나이 어린 테무진에게서 배어나는 고독의 냄새이다. 그가

칭기스칸의 고향 다달솜
역사에 의하면, 테무진(칭기스칸)은 오논강의 '델리온 볼다크'란 곳에서 출생하였는데,
현 몽골의 헨티아이막(道) 다달솜(君) 지역이다.
이곳에는 1962년 칭기스칸 탄생 800주년을 기념하는 비석을 세워 "한길 나의 몸뚱아 지칠테면 지치거라.
위대한 나의 제국아 결단코 지치지 말아라"라는 칭기스칸의 말을 새겨 넣었다.

인자한 모습의 칭기스칸

모든 악조건을 스스로의 힘으로 극복한 사람이었음을 증명할 사례는 풍부하다.

우선, 가장 주목해야 할 부분이 드넓게 트인 대지 같은 마음이다. 그의 개방적 성격과 행동은 어떤 경우엔 그를 사람이 아닌 것처럼 보이게 만들 정도다. 그것을 가장 극적으로 보여주는 예가 아내를 약탈당한 사건인데, 그때 세상은 조롱하고 자신은 힘이 없는 원통한 상황에서 신기하게도 그는 참담한 현실을 슬퍼하지 않는다. 오히려 천재일우의 기회로 활용한다. 그리고 적장의 아이를 끝까지 껴안은 대목은 그의 진면목을 보여주는 압권에 속한다. 빼앗긴 아내가 만삭의 몸으로 구출되어 적의 아이를 낳았을 때 칭기스칸은 기구한 운명을 기꺼이 수락한다. 그리고 손수 이름을 지어준다. 나그네라는 뜻의 몽골어 '조치!' 그렇다. 그는 제 아내의 몸을 빌린 적의 아이를 손님처럼 받아들였다.

이처럼 개방적인 사고는 그를 역전의 드라마를 향해 항시 열려 있게 만들었다. 고정관념에 얽매이지 않고, 시시각각으로 닥쳐오는 위기 앞에서 절망하지 않는 정신, 그것은 어린 테무진이 처한 온갖 불행을 완벽하게 뒤엎는 기능을 한다. 예컨대, 아버지는 독살당했고 어머니는 납치되어 왔다. 부모로부터 비운의 생애가 대물림되어 그 자신에게까지 이어진다. 그리하여 거친 들판에서 아무도 가족을 보호해 줄 사람이 없는 처지에 놓여 있었던 그들의 운명은 아무나 처분 가능한 것이 되었다. 어린 테무진은 자신과 어머니와 동생들의 운명을 지킬 유일한 수호자의 임무를 악조건 속에서 펼쳐간다.

그때 테무진은 좌절하고 있었을까? 아니면 분노에 시달리며 복수의 욕망에 불타오르고 있었을까? 그 어느 쪽도 아니었을 것이다. 테무진은 복수의 욕망에 시달리지도, 좌절에 빠져 넋을 놓고 있지도 않았다. 그는 용서와 화해를 위한 힘을 준비하고 있었을 것이다. 인간은 대체로 특정한 상대방에 대해 맹렬한 증오를 퍼부음으로써 자신의 괴로움을 보상받고자 하는 심리에 빠지는 경향이 있다. 그러나 진정한 영웅은 운명을 직시하고 그 운명과 싸운다. 테무진은 자신에게 주어진 가혹한 운명을 정면으로 응시하며 자신에게 무엇이 없고 무엇이 필요하며 어디를 향해 가야 하고 어떻게 그 길을 내야 하는지에 대해서 생각했다. 그리고는 인내, 포용력, 냉정함 이런 것들을 가슴에 길렀다. 그 점을 르네 그루쎄는 이렇게 쓴다.

> 유년기의 방랑, 매서운 추위와 숨막히는 더위에 대한 저항력, 비상한 참을성, 패배·후퇴·포로 상태에서 부상과 학대에 개의치 않음은 모두 칭기스칸의 놀라운 생명력을 입증한다.
> 칭기스칸의 육체는 청년기부터 더할 수 없이 한랭한 기후와 한없이 불확실한 환경에서의 단련으로 가장 가혹한 시련에도 길들여져 있었다. 테무진의 정신은 자기가 받았던 시련으로 인해 처음부터 담금질되어 있었다. 이러한 경험들은 그를 철인(鐵人), 세계를 놀라게 한 사람으로 만들게끔 되어 있었다.

셋째, 훌륭한 군인으로서의 칭기스칸. 유목민사회를 하나로 통합해 내고 정착민들의 성벽을 무너뜨린 유목민의 군사 전략가로서의 이미지가 그에게는 또 있다.

버나드 몽고메리는 『전쟁의 역사』에서 칭기스칸을 이렇게 설명한다.

지휘관의 갑옷

칭기스칸의 유목군대는 군수품과 보급품의 경량화에 힘을 쏟았다. 위의 갑옷은 안쪽에 쇠붙이를 달아 적의 화살로부터 몸을 보호하는 것인데 통철판으로 만들어진 유럽기사의 갑옷보다 현저하게 가벼운 것이었다. 또한 당시에는 천 속에 스프링을 넣어 더욱 가볍고 효과적인 갑옷을 입기도 했다. 이러한 경량화 덕택에 전쟁에서 속도를 제압할 수 있었고 승리를 가져올 수 있었다.

병사의 군화
작은 쇠판들이 가죽속에 들어 있어 발을 보호한다.

말 지뢰
전쟁 중 적군의 말 이동로에 뿌려 말에
상처를 입히는 무기이다.

철퇴
전쟁시 쓰던 것들로, 크고 둥근 것, 톱날 모양의 것 둘이
다. 손잡이 봉을 끼울 수 있는 구멍이 뚫려 있다.

화살촉
몽골에는 동물을 기절시키는 화살촉, 전쟁 중 지휘
통제를 위한 소리나는 화살촉, 그리고 살상용 화살
촉 등 여러 가지 종류의 화살촉이 있다. 이 유물은
나뭇잎 모양의 살상용 화살촉이다.

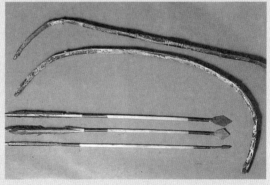

활, 화살
구조물은 전통적인 몽골의 활 재료인 나무, 뼈, 그리고 뿔로 되어 있고, 겉은 뱀 가
죽으로 덮여 있다. 접착제로 부레풀을 사용하였고, 18세기 말부터 뱀가죽을 입혀
만들었다. 꽃무늬 모양이 그려져 있으며, 나무 껍질로 속이 채워져 있다. 활시위
는 대략 107~ 115cm이다.

역사를 통틀어 인류가 줄곧 전쟁을 해왔음에도 불구하고, 과거의 모든 지휘관들 가운데 진정 '위대한 장군'은 왜 그렇게 적었는지를 돌이켜 생각해보면 매우 흥미롭다. 현명한 리더십의 결여로 중세 유럽은 갑옷에 의지해 전투했고, 기동성이 떨어졌고, 화력에는 소홀했으며, 실질적으로 기습 공격은 불가능했다. 그러나 바로 그러한 시대에 아시아에서는 칭기스칸이라는 뛰어난 군사 천재가 출현했다. 대장군이라 할 만한 그의 작전은 이 모든 측면에서 전쟁 기술의 귀감을 보였다.

전쟁은 인간들이 모여 하는 것이다. 모여 있는 인간들의 능력을 최대로 활용하는 것이 결국 승리와 패배의 관건이다. 집단 에너지의 수리적(數理的) 표출인 것이다. 칭기스칸은 공동체의 활력을 극대화할 수 있는 제도를 창안했다. 개인 약탈의 금지가 대표적인 예였다. 약탈은 당시의 유목민들로서는 생산 활동이었으므로, 개인적인 약탈은 개인 생산이었다. 그러니까 개인적 약탈을 금지시킨 것은 개인 생산을 공동 생산으로 바꾼 셈이다. 칭기스칸은 또 유목군대가 갖는 전술적 장점들, 즉 속도 경쟁, 장비의 경량화, 매복과 기습 작전 등등을 구사했다. 군대와 전쟁의 역사는 칭기스칸이 출현한 후에 혁명적으로 바뀐다.

넷째, 몽골 제국을 건설한 위대한 정치인으로서의 칭기스칸. 칭기스칸이 만들어낸 세계 체제에는 칭기스칸 일가 3대가 이루었던 세계 정치사적 변동이 숨어 있다.

한 사람의 지도자로서 칭기스칸은 유목민의 틀 안에서 사려 깊은 심성과 건전한 상식을 가진 균형 잡힌 사람이자 남의 말을 곧잘 경청하는 사람이었던 것 같다. 그에게는 행정가로서의 자질도 있었으니 그 자질이 대법령을 선포해 법의 통치를 이끌어내고 유목사회의 구조를 개혁한다. 『몽골비사』와 라시드 웃딘의 『집사』가 그의 특성으로 공통되게 드는 것은 불행한 자의 용기에 대한 존경과, 그의 통치가 건전한 도덕에 기반한 것이라는 점이다. 그것을 버나드 몽고메리는 이렇게 설명한다.

과거 한 부족이 다른 부족에게 승리한다는 것은 보통 파괴와 학살을 의미했다. 그러나 칭기스칸은 승리를 건설적으로 이용함으로써 처음부터 탁월한 사고력을 보여주었다. 즉 그는 파괴나 학살이 아닌 민족 통일을 이룩했던 것이다. 그는 정복민들을 자신의 백성으로 삼았고, 그러한 리더십 때문에 정복민들은 새로운 신분을 자랑스러워했다. 그는 의지력과 가공할 세력으로 유목민들을 통일했지만, 한편

칭기스칸이 수행원들에게 둘러싸여 처소에 앉아 있다. 물론 그의 처소는 칸의 술데(깃대)가 휘날리는 야외 겔이 대부분이었다. 군사들은 칸의 겔을 오르도라 부르는데 한시도 경계를 늦추지 않았다

으로는 보다 나은 생활이 뒤따를 것이라는 희망을 정복민들에게 심
어 주었다.

과거 전쟁에서 격파된 적들인 위구르와 거란도 그가 가장 믿을 만한 보호자
라는 것을 알게 되었다. 훗날 그의 손자들도 시리아 기독교도들과 아르메니아
인들을 확실하게 보호해 주었다. 그는 또 많은 조언자들을 거느리고 있었는데
타타통아 같은 위구르인, 마흐무드 얄라바치 같은 무슬림, 야율초재 같은 거란
인들이 그들이었다. 칭기스칸은 그 중에서도 특히 유목민세계에서 가장 개화
된 거란과 위구르인들에 끌렸던 것 같다. 거란인들은 칭기스칸 일족의 제국에
몽골인들의 민족성을 박탈하지 않고 중국 문화를 전수했다. 또 칭기스칸과 그
의 계승자들이 그들의 관방 사무어와 문자는 물론 민간 행정을 이끌어낸 것은
위구르어로부터였다. 훗날 위구르어는 약간의 수정을 거쳐 몽골인들의 민족
문자가 되었다.

이런 과정을 거쳐 학살은 잊혀졌고 대신 칭기스칸 국가의 규율과 위구르식
관제(官制)의 혼합물인 행정 시스템이 탄생했다.

칭기스칸이 동시대 사람들로부터 받았던 이같은 평가는 언뜻 보기에는 매우
역설적으로 느껴진다. 모든 투르크-몽골 민족을 하나의 제국으로 통일하고 중
국에서 카스피해에 이르기까지 철의 규율을 강요함으로써 칭기스칸은 끝없는
부족 전쟁을 억누르고 대상들에게 그들이 일찍이 알지 못했던 안전을 제공했
다. 그는 전 몽골과 투르키스탄에 '팍스 칭기스카나'를 확립했다. 이것이 그의
시대에는 분명히 무서운 것이었으나 그의 후계자들의 시대에는 부드러워졌
고, 14세기에 이르러서는 위대한 여행가들의 대륙 여행도 가능하게 된 것이다.
이 점에서 칭기스칸은 일종의 '위대한 야만인'으로서 유목이동문명에 이르는
새 길을 연 개척자였다.

그리고 샤머니즘

여기에 또 하나의 이미지를 추가한다면 그것은 '샤머니스트로서의 칭기스칸'일 것이다. 칭기스칸은 한 사람의 샤머니스트로서 철저하게 그 정신과 본질을 따르고 실천했다.

지금도 몽골에 가면 그 샤머니즘의 영향을 풍부하게 볼 수 있다. 몽골에서의 샤머니즘은 하늘, 산, 물, 불, 땅, 길 등을 신앙하며 그 대표적인 것이 '텡그리'(하늘)이다. 유목민은 초원에서나 겔 안에서나 술을 마시기 전에 오른손 약지(藥指)소량의 술을 찍어 위를 향해 튀긴다. 마치 한국인들의 '고수레'를 연상시키는 이 행위는 '먼저 텡그리에게'라는 의미의 행위이며, "잘 먹겠습니다"라고 말하는 것처럼 당연시되는 습관이다.

산에 대한 신앙은 산을 향해 물을 떠서 숭배하고(여행자가 안내원에게 산 이름을 물어도 잘 가르쳐주지 않으려 한다. 산 이름을 함부로 부르는 것이 불경하다고 보는 까닭이다), 불에 대해서는 난로에 먼지가 들어가지 않도록 세심히 배려한다. 길에 대해서는 '오보'라고 불리는 돌무덤을 쌓아 놓고 경배한다. 오보는 사람이 생활하는 곳 가까이에 있으며 옛날부터 무덤으로 정해진 장소에 있다. 초원의 모든 나그네는 오보를 만나면 돌을 하나씩 쌓아 올려 무사하기를 기원한다. 옛날에는 씨름, 활쏘기, 말타기로 구성된 나담 축제를 반드시 이 오보 주변에서 열어 길의 신에게 봉납(奉納)했다고 한다.

유일신을 신봉하는 사람들은 흔히 몽골인들의 이같은 태도를 미신으로 취급한다. 그러나 샤머니즘의 폐단처럼 일컬어지는, 세계에 대해 비과학적이고 현실에 대해 비이성적인 태도는 사실 모든 종교에 다 있는 것이다. 종교적 인식의 특성은 운명을 이해하려는 태도에서 나오는 것이지 선함과 악함, 또는 아름다움과 추함을 구별하려는 데서 나오는 것이 아닌 까닭이다.

그런 의미에서 칭기스칸이 숭상한 샤머니즘의 정신은 인류사에 한 차례 꽃을 피우고 갔다. 그가 로마의 교황이 보낸 사람에게 "그대에게 그대의 신을 믿을 자유를 주겠다"고 말한 점이나 이슬람 침공시 이슬람 교도들이 처해 있던

몽골의 하늘과 구름

칸과 제국의 길흉을 점쳤던 샤먼의 모습. 칭기스칸의 핵심 참모인 모칼리나 텝 텡그리, 멍리크는 샤먼 출신이었다.

종교적 탄압을 풀어주기 위해서 군사력을 지원했던 경우 등등에서 보여지는 숱한 관용의 일화들은 기분 내키는 대로 움직인 결과가 아니다. 질서정연한 샤머니즘 정신의 표현이었다.

> 해가 뜨는 곳에서 해가 지는 곳까지 칸의 땅이라고 푸른 하늘이 명했다.

이 황당무계한 주장을 유목민들이 믿는 것도 기독교도가 '모세의 기적'을 믿는 것과 별반 다를 바가 없었다.

샤머니즘의 세계에서 그러한 예들은 많다. 타타르족은 하늘을 텐트로 비유하고 별들을 빛이 통과하는 구멍으로 보는 반면 야쿠트족은 별을 '세상의 창문'으로 묘사한다. 종종 우주의 중심으로 여겨지는 북극성을 사모이드족은 '하

(왼쪽부터)**움스굴**
동경 등이 달린 샤먼 의례복 중 하
나이다. 강원대학교박물관소장.
뵈깅 옹공
영혼을 부를 때 큰 북과 함께 손
에 쥐는 도구이다. 몽골바양울기
박물관소장.

늘의 못'으로, 몽골인과 브리야트족은 '황금 기둥'으로, 키르기스인들은 '강철
기둥'으로 부른다. 하늘에 도달하는 기둥이나 축이 없는 사회에서는 산이나 신
전, 사원, 궁전, 다리, 계단, 사다리, 무지개 등이 그것을 대신한다. 그리고 예
벤키족은 3개의 세계를 어마어마한 강이 연결해 준다고 믿었다. 뿐만 아니라
투르크족은 보름달이 떴을 때 행동개시를 하는 반면, 위구르족은 어떤 별이 빛
날 때는 군사행동을 자제했다. 칭기스칸은 모든 행동을 개시하기 전에 언제나
텝 텡그리, 푸른 하늘에게 물었다. 그만큼 칭기스칸은 늘 샤먼을 존중했고, 샤
먼을 곁에 두고 살았으며, 샤먼의 말을 경청했다. ─샤먼은 여러 단계와 형태
를 갖고 있는 존재들을 매개하는 역할을 한다. 영혼과 정신 그리고 신의 세계
를 감지할 수 있고 무아지경 상태에서 그들 사이를 여행하여 초자연적인 곳에
서 특별한 메시지를 가져올 수 있는 능력을 가진 사람을 샤먼이라 한다. 샤먼
은 인간이 숙명적으로 소멸될 존재임을 알고 있으며 부주의, 질병, 기근, 불행
등에 빠지게 하는 신비한 힘에 대하여 예의주시하고 있다.─그래서 그가 '쫓기
는 아이'였던 시절에 숨어 지낸 호수는 이름이 '푸른 호수'였고, 그의 군대는
'푸른 군대'였다. 그것들은 모두 '푸른 하늘'의 뜻이 머무는 장소였다.

그리고 그 '푸른 하늘'의 뜻으로부터 그의 성품과 기질이 나온다. 칭기스칸
의 성품을 대표하는 것 중의 하나가 이질적인 것들에 대한 관용이다. 샤머니즘
은 지구상에서 운명이 서로 얽혀 있으며 의존하고 있음을 상기시켜 준다. 모든

눈부신 설원을 무대로 하얀 달빛과
흰 늑대가 신비로운 분위기를 자아
내고 있다. 전통적으로 흰색을 신성
시했던 몽골인들이 동경하는 이상
적인 풍경을 화폭에 담은 화가는 몽
골의 대표적 구상계열의 화가 M.
Tsembeldorz이다.

형태의 샤머니즘은 자연과 우주에 대한 환영적인 접근이
요 이 세상은 신과 정신이 함께 살아 있다는 신념을 기초
로 한다. 신은 정신과 함께 숨쉬고 있고 우주 삼라만상은
상호 연관돼 있으며, 우주는 에너지, 형상, 진동 등의 연
결망으로 얽혀있다. 어쩌면 그런 종교적 인식에 영향을
받고 있었기 때문인지도 모른다. 칭기스칸은 세상 사람
누구나가 각자의 신을 알아서 믿을 수 있도록 종교의 자
유를 보장해 주었다. 정복자 시절의 칭기스칸은 불교, 유
교, 이슬람교, 기독교 사회와 한번 이상씩 조우했다. 그
리고 그것을 붕괴시켰다. 그러나 그가 붕괴시킨 것은 종
교가 아니라 대륙의 횡단을 방해했던 세속 국가였다. 그
는 교류를 방해하는 모든 장애물을 제거했다. 하지만 그
의 통치 아래서 모든 종교는 고스란히 살아 있었다.

그리고 한 사람의 샤머니스트로서의 칭기스칸을 이야
기할 때 무엇보다도 중요한 것은 그의 기질이었다. 샤머
니즘의 질서 안에서 칭기스칸은 '잿빛 푸른 늑대'였다.

그는 어린 시절에 아버지를 잃고 늑대처럼 고독하게 살았고, 정복자 시절에 적을 공격할 때도 늑대처럼 계절을 선택했다. 전략과 전술도 늑대처럼 타이밍을 중시하는 기습 공격을 선호했으며, 또한 늑대처럼 그 공격의 효과를 시각적으로 최대화시켰다.

8 장

초원의 별

운명의 서곡

12세기 초. 유라시아 유목민들은 혹독한 환경에 처해 있었다. 그 점을 르네 그루쎄는 이렇게 설명한다.

> 아시아의 다른 지역이 발달된 농경 단계에 도달한 시기까지 이 목축민들이 잔존하였다는 사실은 역사의 드라마에 매우 중요한 변수가 되었다. 그것은 이웃하는 민족들간에 일종의 시차와 같은 현상을 낳았다. 기원전 2천년대의 사람들이 기원후 12세기의 사람들과 공존하였다.
>
> — 『유라시아 유목제국사』

기원전 2천년대의 생활 수준밖에는 안되는 극빈자들이 기원후 12세기의 사람들과 같은 대지에서 살았다는 비유는 고상한 수사적 표현으로 들린다. 그러나 현실은 끔찍했을 것이다.

당시 초원은 언제나 흉흉한 긴장의 바람 속에 놓여 있었다. 정착문명의 풍요가 중세의 황금빛 강물 위를 유유히 흘러가던 12세기 초까지도 유목민들의 땅 유라시아 대륙 내부는 살아남기 위한 투쟁의 검은 바람 속에 명멸을 거듭하고 있었던 것이다. 숱한 부족들이 벌이는 피비린내 나는 각축 속에서 얼마나 많은 부족들이 혜성처럼 등장했다가 하루아침에 흔적도 없이 사라졌는지 역사는 정확하게 기억하지 못한다. 다만 칭기스칸이 태어날 무렵 몽골 고원에서 펼쳐진 내부의 싸움은 그전에 유목민 사이에서 통상 일어났던 것보다 훨씬 더 치열했다고 전해진다.

당시 고원은 서른 개 정도의 유목부족으로 구성되어 있었고, 총 인구는 150만에서 300만 사이였다고 한다. 그 중 절반은 몽골족보다 더 오래 전부터 그 땅에서 살아오던 이들로 투르크 계통의 언어를 사용하고 있었다. 그들 대부분은 흉노의 땅에서 사나운 기질을 물려받은 전투적 유목민의 후예들이었다.

칭기스칸 출현 직전의 형세도

킵차크
메르키트 몽골
케레이트
나이만
타타르
고려
금
콰레즘
카라키타이
서하
남송

　초원의 기약없는 싸움은 다섯 개의 주요 세력권으로 나뉘어져 진행되고 있었다. 대륙을 남쪽에서 바라볼 때 가장 서쪽에는, 오늘날 중앙아시아 한가운데에서 북방으로 이르티쉬강에 이르는 지역에 나이만이 있었다. 거기서 오른쪽에 자리잡은 예니세이강 상류 지역 그러니까 나이만의 동북방에서 카라코롬에 걸쳐 케레이트가 자리잡았고, 다시 북쪽으로 메르키트. 그 동쪽에는 케룰렌강이 있는데 거기서부터 멀리 흥안령 산맥에 이르는 지역에 타타르가 있었다. 이 타타르가 가장 강력하고 사나워서 주변 부족들의 원한을 사고 있었다. 그들의 기세는 곧바로 중원의 평화에도 영향을 미쳐 그 아래 쪽에 있던 금나라는 그들의 위협에서 잠시도 벗어날 수 없었다. 바로 그 위, 그러니까 케룰렌강과 오논강 사이에서 계절 이동을 하며 유목생활을 하던 초라한 세력이 있었는데, 그들이 몽골족이었다.

이 다섯 세력이 차지하고 있던 전체 면적은 넓은 땅이 아니었다. 정착 농경민들이 아닌 유목민으로서는 방목조차도 안정적으로 펼치기 곤란한 척박한 땅이었다. 과거 흉노 제국에 비하면 그 3분의 1, 돌궐 제국과 견주면 그 절반 정도나 되었을까? 그 안에서 다시 사분오열해 있는 민족들, 또 그 안에서 다시 여러 개의 작은 부족별로 나뉜 채 전개되는 무서운 대립 갈등……. 몽골 세력은 그 수난의 한복판에 자리해 있었다.

이런 경우의 유목민을 우리는 능히 상상할 수가 있다. 언제나 그렇듯이 투쟁은 목지·가축·약탈물 그리고 다른 유목집단의 복속을 둘러싸고 일어났다. 그것은 목지의 생산력과 가축의 숫자, 그리고 인구 규모 사이의 균형이 깨졌기 때문이기도 하지만, 더 중요하게는 유목세력 내부는 분열돼 있는 반면 그를 둘러싼 주변의 정착문명 세계는 이들의 분열을 조장, 획책함으로써 경제적 부를 독점하는 동시에 군사적 우위를 점하고 있었던 탓이었다. 특히 남쪽의 비옥한 땅을 차지하고 있던 당시의 중국 왕조 금나라는 이들을 북방으로 몰아넣고 분열시켜 교류함으로써 유목세력의 이동성을 그들 내부로 한정시키는 억제 전략에 성공하고 있었다.

희망은 어디에 있었을까? 서로 다른 부족들간에는 물론이고 자기들 내부에서조차도 끊임없이 투쟁하며 살아가는 이들에게 누가 평화를 가져다 줄 것이며 동족상잔을 그치게 할 것인가? 『몽골비사』는 당시의 사정을 이렇게 설명한다.

> 수많은 별을 가진 하늘도 돌고 있었다. 모든 나라는 우리를 배반하였다. 편안히 침대 위로 들어가 자지도 못하고 서로 노략질했다. 푸른 풀로 덮인 대지도 구르고 있었다. 온 나라가 서로 다투고 있었다. 편안히 이불 속에 들어가 눕지도 못하고 서로 공격했다.

이같은 상황에서 내부의 갈등을 마감할 날을 꿈꾸는 사나이가 있었다. 예수게이 바아토르라는, 쇠락한 몽골 부족의 리더였다. 피와 울음이 대륙의 스산한 바람을 하염없이 물들이는 분열의 시대를 끝내고 초원을 통일하고자 꿈꾸었던

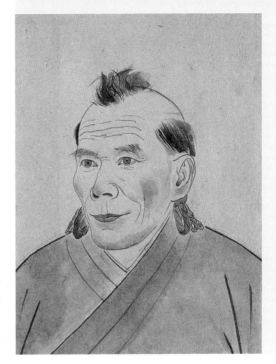

예수게이 바아토르(추정도)
팍스 몽골리카(Pax Mongolica)라는 거대한 통합 시스템이 가동되기 위해서는 누군가 설비를 해야 했다. 만약이라는 가정을 몽골 역사에 붙일 때, 그가 독살당하지 않았다면, 예수게이는 아들 칭기스칸보다 먼저 몽골 초원을 통일했을 것이다. 다행인 것은 그의 야망과 리더쉽이 고스란히 아들에게 물려졌다는 것이다.

그는, 한때 몽골의 지도자였고 짧은 동안이나마 몽골 전체를 다스린 적이 있었던 카불칸의 손자였다.

예수게이의 할아버지 카불칸은 탁월한 지도자였다. 그는 당시 유목세력에 대한 통제권을 가진 금나라의 권위를 대담하게 부정했다. 그로 인해 결국 금나라와 싸웠고, 승리했으며, 그 대가로 상당수의 소와 양, 그리고 곡식을 제공받았다. 그러나 카불칸의 통일 세상은 오래 가지 못했다. 그 아쉬운 과거사를 몽골인들은 두고두고 추억했다. 그의 후손들은 이것을 선대로부터 물려받은 유업으로 삼았다.

그 유업을 자신의 정치적 과제로 내세웠던 사나이, 예수게이는 평생 야심을 품고 다섯 세력 가운데 가장 강력한 힘을 지닌 타타르와 맞서 싸웠으며, 제법 교활한 행동으로 다른 부족들과의 관계에서 세력균형을 꾀했다. 그 과정에서 덕을 쌓은 일도 있었지만 대개는 원한을 사고 있었다. 덕을 쌓은 일은 케레이트의 칸위 후보자 토오릴과 동맹을 맺고, 그 토오릴이 칸위 쟁취 싸움에서 승리하도록 도왔다는 점이었다. 예수게이가 그 아들에게 물려준 것이라곤 극단적인 불행과 시련뿐이었는데, 그 와중에서도 유일하게 유익한 상속 재산이 된 것은

신랑집으로 향하는 신부의 행렬을 그
린 몽골 민화. 남자에게 안겨 빨간 천
으로 덮혀 있는 사람이 신부이다. 몽
골에서는 이런 혼례 풍습과 함께 칭
기스칸의 부모인 예수게이와 허엘룬
의 경우처럼 약탈혼도 성행하였다.

이 토오릴로부터 무엇인가 받을 것을 남긴 것이었다.

예수게이는 또 메르키트의 젊은 지도자 칠레두와 결혼
을 하러 가는 허엘룬을 납치해 결혼하였다. 그것은 실로
우연한 조우에서 비롯된, 칭기스칸이 져야 할 고단한 운
명의 서곡이 되었다. 전말은 이러했다.

예수게이는 오논 강가에서 매 사냥을 하던 중 우연히
메르키트족의 칠레두를 만났다. 칠레두는 허엘룬이라는
이름의 처녀를 아내로 삼아(몽골족은 철저하게 다른 부족과
결혼하는 풍습을 지켰다) 자기 집으로 데리고 가는 중이었
다. 예수게이는 그 광경을 보다가 신부가 유달리 아름다
운 여자임을 알고 납치하기로 결심했다.

예수게이는 자신의 천막으로 돌아가 두 형제들을 데리
고 와서 위협을 가했다. 칠레두는 공포를 느껴 달아났다

214

가 이내 되돌아왔다. 그러나 절름발이인 칠레두는 상대가 되지 못했다. 어쩔 수 없이 허엘룬의 속옷만을 받아든 채 오논강을 거슬러 다시 도망칠 수밖에 없었다. 당시 허엘룬이 겪었던 이 비련은 『몽골비사』에 매우 처절하고도 구슬프게 묘사되어 있다.

사랑하는 님에게 나의 속옷을 바칩니다.
당신은 다시 사랑하는 여인을 만나
내 속옷의 향기처럼
그 여인을 대하소서.
그리고 영원토록 그대를 사모할 내 사랑의 향기도 잊지 마소서.

당신은 비바람 휘몰아치는 광야에서 나를 그리며 울고 있지는 않
나요
배고픔에 싸인 채 흐르는 눈물을 두 손으로 닦고 있지는 않나요
당신은 그 고운 머리털을 휘날리며 지금 어디쯤 가고 있나요.
아! 나의 사랑! 칠레두 ……

여인은 오논강에 물결이 일어나고
숲이 흔들릴 정도로 큰 소리로 울었다.

이 아름다운 마음씨를 가진 비련의 주인공은 꼼짝없이 예수게이의 아내가 되어야 했다.

여인이여! 슬퍼하는 여인이여!
그대가 그토록 포옹하고 싶은 사람은 이미 수많은 고개를 넘어
갔다.
지금 그대가 울어주는 그 님은 이미 수많은 강을 건너갔다.
모든 것은 흘러 원점으로 돌아가듯

허엘룬(추정도)

올코노오트 씨족 족장의 딸인 허엘룬은 아름다운 여인이었다. 몽골인들에게 그녀는 예수의 어머니 마리아와도 같다. 허엘룬은 온갖 시련 속에서 칭기스칸을 대지처럼 드넓은 가슴을 가진 칸으로 키워내는데, 몽골인들은 그녀를 어느 뛰어난 개인의 어머니가 아니라 자기 민족의 어머니로 칭송하기를 주저하지 않는다.

아무리 애달픈 사연도 세월의 바다에 파묻혀 사라지리니
울음을 멈추고 용사의 뒤를 따르라.

예수게이는 이렇게 해서 허엘룬과 결혼했다. 세월이 조금 흐르고 나서 예수게이가 타타르와 싸울 때 허엘룬은 첫 아이를 잉태했다. 그리고 하필 적장 테무진 우게를 포로로 잡던 날 그 아이를 낳았다. 1162년, 사내아이는 주먹을 꽉 쥔 채 태어났는데, 주먹 안에는 복사뼈만한 핏덩이가 쥐어 있었다. 그것은 사람들에게 용기, 전투, 그리고 승리의 표시로 해석되었다. 예수게이가 자신이 생포한 적장에게서 '테무진'이라는 이름을 빼앗아 제 자식에게 준 까닭도 거기에 있었다. 그리고 테무진이 아홉 살이 되었을 때 옹기라트의 지도자 데이 세첸의 딸과 약혼을 시켰다. 자신의 세력을 키우는데 활용하기 위한 정략적인 약혼이었다.

이러한 예수게이의 행동을 이해하는 데에는 유목이동적 삶의 특성을 고려할 필요가 있다. 당시 초원의 유목세력 내부에서는 서로간의 쉼없는 동맹과 대립이 하나의 생존 방식으로 존재했었다. 말 그대로 이합집산(離合集散)이었다. 이합집산을 유목이동문명의 개념으로 표현하자면 '계절적 협정'이라고 말할 수 있을 것이다.

계절적 협정이란 인간이 '자연과 더불어 이동'하면서 살아가야 하는 데에서 발생한다. 겨울이면 조금이라도 따뜻한 지역으로 가야 목초지를 발견할 수 있기 때문에 그들은 계절에 따라 이동한다. 그런데 어떤 유목집단이 찾아간 지역에 이미 다른 집단이 와서 차지하고 있거나 그 주변에 다른 목초지가 없을 경우 문제가 발생할 수 있다. 따라서 이들은 사전에 각 세력의 동향과 그 세력 판도에 대단히 민감할 수밖에 없고 정보의 파악이 생존과 직결된다. 이 점은 정보화시대의 오늘날에 우리가 절실히 경험하고 있는 일이기도 하다.

어쨌든, 예수게이는 다섯 유목세력의 통일을 위한 노력을 펼치지만 꿈을 성공시키지 못하였다. 뿐만 아니라 그는 비운의 죽음으로 삶을 마감하고 만다. 그를 견제하려는 세력들에게 피살당한 것이다. 칭기스칸의 고난과 역경은 여기서부터 시작된다.

눈에 불이 있고 뺨에 빛이 있는 아이

예수게이의 갑작스런 죽음은 가족들에게 엄청난 충격이었다. 예전의 적대관계들이 곳곳에서 불거지고, 예수게이의 공동체는 순식간에 분열되었다. 예수게이를 중심으로 단결했던 사람들이 어린 테무진의 명령을 들을 턱이 없었다. 테무진은 곧바로 상상도 못할 분노와 좌절감에 부딪쳤다. 당분간 몽골을 통일할 킨은 없었다. 이는 사람들을 매우 불안하게 만들어 각각의 종족은 강력한 군주의 보호 아래 정착하려고 시도했다. 우정과 오래된 충성에 반하는 행동임을 알면서도 대부분의 몽골족은 타이치오트 부족의 족장 타르코타이의 마차를 따랐다. 예수게이의 가까운 혈족들조차 떠났다. 허엘룬은 그들을 멈추게 하려 했지만 역부족이었다. 그녀의 편에 섰던 한 늙은 전사가 갈 길을 막았다는 이유로 무참히 창에 찔렸다. 여기서 테무진은 우는 것조차 사치임을 깨달아야 했다. 우선은 가난과 위험으로부터 벗어나는 것이 급선무였다. 『몽골비사』는 그 상황을 이렇게 설명한다.

> 어린 테무진은 울고 있었다. 타르코타이 키릴토크가 모든 것을 빼앗았다. 동맹자들은 냉혹하게 예수게이의 아들들을 저버렸다. 이 비극의 순간에 어머니 허엘룬은 키야트 보르지긴 씨족을 상징하는 그 빛나는 깃발을 움켜잡았다. 그리고 절규하듯 이들의 앞길을 막았다. 그러나 모든 백성들은 동맹자의 뒤를 따라 떠나갔다.

테무진은 사람들이 자신과 어머니를 버린 이유를 얼마든지 이해할 수 있었다. 그가 그들의 입장이었더라도 그렇게 할 수밖에 없었을 것이다. 그러나 그것을 이해한다고 해서 슬픔이 덜어지는 것은 아니었다. 그런 상황은 칭기스칸으로 하여금 살아남기 위해서는 강한 자는 친구로 만들고 적대 세력은 동조, 중립 또는 항복하게 만들어야 한다는 사실을 절감하게 만들었다.

이제 어머니 허엘룬이 남아 있는 사람들의 지도자였다. 남은 사람은 테무진과 남동생인 카사르, 카치운, 테무게, 여동생 테물룬, 그리고 테무진의 이복형제 벡테르와 벨구테이, 갓난아이를 품에 안은 소수의 과부와 할머니, 그리고 손으로 꼽을 수 있는 극소수의 가신(家臣)들이 전부였다. 그들은 예수게이가 죽을 당시 소유하고 있던 작은 무리의 양과 염소를 가졌지만 그 수는 아주 적었다. 예수게이가 족장이었던 까닭에 자신이 손수 유목을 하기보다는 그를 따르는 사람들에 의존해서 살아온 탓이었다. 그들은 이제 산과 숲과 바람이 휘몰아치는 황량한 초원에서 자연의 무관심과 싸워야 하는, 친구들로부터 버림받은 가난한 소수 집단에 불과했다.

그렇지만 어머니는 용기를 잃지 않았다. 허엘룬이 지휘하는 여자들은 수렵채집 생활에 총력을 기울였다. 『몽골비사』에는 누구의 도움도 없이 풀뿌리를 캐가며 배고파 울부짖는 어린 것들을 먹여 살린 강철같은 이 여인을 다음과 같이 찬미하고 있다.

> 여장부로 태어난 어머니 허엘룬!
> 복타 모자를 단단히 매고 허리띠로 델(한국의 두루마기와 같은 옷)을
> 치켜올리며 아이들을 키웠던 어머니 허엘룬!
> 밤낮으로 오논 강변을 오르내리며 얼리르순(야생 과일의 일종)과 모
> 일손(야생 과일의 일종)을 주워 배고픈 아이들을 먹였다.
> 위엄과 행복을 가지고 태어난 어머니 허엘룬!
> 삼나무 막대기로 수둔(식용 식물의 일종)이나 치치기나(식용 식물의 일
> 종)를 파서 축복받은 아이들을 먹였다.
> 어머니 허엘룬이 칼리야르손(야생 파의 일종)이나 망기르손(야생 마늘
> 의 일종)으로 키운 아이들은 이윽고 칸들로 될 만큼 크게 자라났다.
> 엄격한 어머니 허엘룬!
> 그녀가 자오가소(야생 과일의 일종)로 키운 아이들은 법도 있고 현명
> 하게 자라났다.
> 아름다운 어머니 허엘룬!
> 그녀가 캐온 고고손(야생 파의 일종)과 망기르손을 먹고 자란 철부지
> 아이들은 두려움을 모르는 훌륭한 용사들로 되었다.

가족들은 때때로 밭쥐를 사냥하거나 오논강에서 낚시를 했다. 겨울이면 그
들은 가축 몇 마리를 잡았으나 식량은 늘 부족했다. 여기서 칭기스칸의 최초의
정치적 행동이 연출된다. 테무진의 이복형제 벡테르는 자주 사냥한 물고기와
동물들을 가로채는 이기심을 드러냈다. 온 가족의 단결이 절실한 상황에서 그
런 행동은 치명적인 불신을 초래하는 배신 행위였다.『몽골비사』에 나오는 형
제 살인의 원인은 여기에 있었다. 어린 나이에 테무진은 대(大)를 위해서 소(小)
를 도려내야 한다고 생각했다.

테무진과 카사르는 작은 언덕에서 벡테르를 발견하고는 양쪽 방향에서 다가
갔다. 손에는 활이 들려 있었다. 그들의 결심을 알아차린 벡테르는 평소의 오

오논강

몽골 고원 북동부를 흐르는 전체 길이 1,032km의 강. 몽골의 헨티 산맥 북쪽 기슭에서 발원하여 북동쪽으로 흘러
러시아 연방 영역으로 들어간 뒤 실카강으로 흘러 들어간다. 오논강 일대는 삼림과 초원이 섞여 있는 아름다운 곳이다.
칭기스칸의 출생과 즉위의 땅은 모두 이 강 유역이다.

만함을 버리고 체념했다. 벡테르는 자신의 남동생을 죽이지 말라고 간청한 뒤 팔짱을 꼈다. 화살 퉁기는 소리가 들렸다. 벡테르는 앞으로 쓰러져 고개를 숙인 채 죽었다.

그러나 문제를 이렇게 푸는 데 대한 어머니의 생각은 달랐다. 허엘룬은 분노했다. 수습할 수 없는 가족간의 분란이 일어날까 노심초사해 온 그녀는 이복형을 죽인 두 아들에게 미친 듯이 욕을 퍼부었다. 그 피맺힌 절규!『몽골비사』에는 아들에 대한 절망과 자기의 운명에 대한 탄식을 담고 있는 슬픈 어머니의 비가(悲歌)가 이렇게 소개된다.

구제불능의 망종(亡種)들!
너는 나의 음부에서 기세 좋게 나올 때 손에 검은 핏덩이를 움켜쥐고 태어났다.
너희들은
자기의 태반을 물어뜯는 맹견처럼
바위에 돌진하는 산고양이처럼
스스로 분노를 억누르지 못하는 사자처럼
살아 있는 것을 통째로 삼키는 이무기처럼
자신의 그림자를 보고 달려드는 송골매처럼
소리 없이 집어삼키는 식인어(食人魚)처럼
어린 새끼의 뒷다리를 물어뜯는 수낙타처럼
눈보라 속에서 먹이를 찾아 헤매는 늑대처럼
날지 못하는 어린 새끼들을 잡아먹는 오리처럼
보금자리를 건드리면 무리 지어 덤비는 승냥이처럼
순식간에 덮치는 호랑이처럼
미친 듯이 날뛰며 공격하는 개처럼
그렇게 벡테르를 죽였다.
그림자밖에는 친구가 없고 꼬리밖에는 채찍이 없는 이 때에
타이치오트 씨족의 형제들이 준 고통이 끝나지도 않은 이 때에

복수를 누가 할 것인가 라고 말하고 있는 이 때에
너희들은 어떻게 이런 일을 저질렀단 말인가
아! 하늘이여! 도대체 내가 어떻게 살아야 한다는 말인가!

이 형제 살해 사건은 칭기스칸이 역사에 등장하는 신호가 된다. 테무진은 어렸지만 한 가족을 이끌어야 할 장자로서 초원의 법칙대로 행했고, 동생들은 그것을 따랐다. 벡테르가 마지막 순간에 죽음을 자연스럽게 받아들였듯 또 다른 이복형제 벨구테이 역시 형의 죽음을 당연한 것으로 받아들였다.

바로 이같은 테무진의 기질을 사람들은 알고 있었다. 그래서 몽골족을 차지한 타르코타이는 황야에 남겨진 테무진이 죽기를 바랐다. 만일 테무진이 따를 가치가 있는 인물이라는 사실을 스스로 증명하기만 한다면 언제라도 많은 사람들이 다시 그를 따르리라는 것을 타르코타이는 잘 알고 있었다. 그러나 어린 소년을 자신이 직접 죽일 수는 없었다. 그를 죽인다면 타이치오트 부족은 친척들의 복수를 받아야 할 것이지만 그를 굶어죽게 하거나 숲과 초원의 위험 속에 놓아둔다면 그것은 비난을 받지 않을 것이었다. 모든 유목민은 결국은 그런 어려움에 맞서야만 하는 법이기 때문이었다. 어느해 여름, 테무진의 야영지를 습격한 행동은 아마도 이런 논리에 기초했을 것이다.

누군가가 경고를 해주었기 때문에 테무진은 다행히 도망칠 수 있었다. 하지만 얼마 못 가 궁지에 몰리게 되었다. 그날 밤 테무진은 조심스럽게 적들이 만들어 놓은 목책을 통과하고 그를 쫓는 고함 소리를 뒤로 한 채 어둠 속을 달렸다. 잡목림의 울퉁불퉁한 그림자가 그를 위해 열렸고, 도망지를 제공하고는 그 뒤에서 달렸다. 말을 세운 타이치오트족은 그가 나타나기를 기다렸다. 테무진은 이내 체력이 소진되었고, 다리의 힘이 풀렸으며, 정신과 육체 모두가 말을 듣지 않았다. 그렇게 9일이 지나자 그는 더 이상을 견뎌낼 수 없었다.

왜 내가 이름도 없이 죽어야 하는가? 나는 나가야만 한다!

그는 숲을 떠나서 타이치오트의 포로가 되었다.

타이치오트족은 그를 죄수로 삼았다. 그리고 나서 테무진의 어머니와 다른 사람들을 풀어 주었다. 테무진의 체포로 풀려난 무리는 오논강의 상류가 굽이치고 노래하는 산맥의 등성이와 골짜기가 있는 계곡으로 떠났다. 떠나는 어머니의 가슴은 그야말로 슬픔의 바다였다.

나의 아들, 테무진아! 너의 아버지 예수게이 곁으로 가거라!
그리고 이 고난에 찬 이승을 잊으라!
너를 구하지 못하는 이 한 많은 어머니를 용서해다오!

테무진은 죄수의 목에 채우는 칼을 받았다. 그리고 날개가 부러진 새처럼 묶여 한 곳에 오래 머물지 못하도록 이리저리 옮겨졌다. 그의 신분, 그리고 남을 설득하는 능력이 누군가로 하여금 돕도록 만드는 것을 차단하기 위해서였다. 그럼에도 불구하고 전에 예수게이를 따랐던 소르칸 시라의 겔에서 테무진은 도와줄 사람을 만났다. 소르칸 시라의 두 아들 침바이와 칠라운이었다. 그들은 테무진에게 매우 우호적이어서 겔 안에 있을 때 목에 찬 칼을 풀어서 편히 쉬고 잠을 잘 수 있도록 해 주기도 했다. 그러다가 어느 축제일에 테무진은 마침내 탈출의 기회를 잡았다. 상황은 이러했다.

그는 밧줄에 묶여 있었는데, 어느 야영지에서 한 젊은 사내가 밧줄 끝을 잡고 있었다. 테무진은 몸을 당겨 사내의 손에 들린 밧줄을 홱 잡아챘다. 그리고는 사내가 밧줄을 잡으려고 몸을 구부렸을 때 자신의 몸을 양옆으로 돌렸다. 그의 목에 씌워진 도구는 몽둥이 역할을 했다. 사내는 쓰러졌고, 어두운 밤은 그 사태를 숨겨 주었다. 테무진은 달렸다. 강둑이 안내자 역할을 했다. 그가 도망쳤다는 사실이 야영지에 알려지기 전에 그는 어둡고 달빛이 비치는 물 속으로 몸을 숨길 수 있었다.

테무진의 행운은 여기서 그치지 않았다. 그가 있는 곳에 추격대가 도착했을 때, 하필 소르칸 시라가 강둑을 수색하고 있었다. 그는 강둑 아래에서 테무진을 발견하자 잔뜩 몸을 구부려 낮은 목소리로 아무 말도 하지 않겠다고 약속했다. 수색대는 강둑을 지나쳐 갔고, 테무진을 찾기 위해 혈안이 된 사람들의 말

소리도 발소리도 점점 멀어졌다.

마침내 주위가 조용해졌을 때, 테무진은 그의 목에 칼이 채워져 있으며, 무기가 없고, 말도 없다는 사실을 깨달았다. 그는 어머니를 만날 엄두를 낼 수 없었다. 그는 물에서 나와 야영지로 다시 기어갔다. 초원에는 그를 찾는 말 탄 사람들이 지키고 있었다. 테무진은 다시 소르칸 시라의 아들들의 도움을 받았다. 『몽골비사』에는 테무진이 탈출에 성공하여 어머니를 찾아가는 과정이 슬프고도 담담하게 묘사되어 있다.

> 소르칸 시라는 어린 테무진에게 활 하나와 화살 두 개만을 주었다. 테무진은 소르칸 시라의 겔을 나와 오논강을 따라 내려갔다. 그 가엾은 소년은 그렇게 내려가다 자기가 잡혀갔던 곳에 이르렀다. 그리고 풀이 밟힌 흔적을 따라 오논강을 거슬러 올라가다 서쪽에서 흘러 내려오는 키모르카 냇물로 들어섰다. 그 작은 냇물을 거슬러 그리운 어머니의 흔적을 찾아 계속 올라갔다. 그리하여 어머니가 키모르카 냇가의 베데르산 산마루에 위치한 코르초코이 언덕에 있을 때 눈물로 상봉했다.

그는 기적적으로 타르코타이의 손아귀를 벗어났다. 그리고 부족들의 입을 통해 멀리멀리 퍼져서 자신도 모르는 사이에 전설이 되어가고 있었다.

아마도 칭기스칸의 인생에서 풍기는 매력이 이런 데 있을 것이다. 그는 문맹이었지만, 그리고 그를 둘러싼 환경이 최악의 상황일 때 자신을 낳은 보르지긴 씨족의 멍에를 뒤집어쓰지만, 그는 운명을 비껴가려 하지 않는다. 자신에게 닥쳐오는 부족의 불행을 정면으로 받아들이면서 최악을 최선으로 전환시키기 위해 노력하는 것이다.

보르칸산이 보이는 푸른 호수 곁에서 테무진은 어엿한 청년으로 성장해 가고 있었다. 그러던 어느날 뜻하지 않은 일이 발생했다. 말 도둑들이 야영지에 남아있던 여덟 마리의 거세마를 몰고 도망친 것이다. 말 도둑들은 그 야영지가 가난하고 망보는 사람이 거의 없어 잡히지 않을 것이라고 생각한 것이다.

보오르초와 함께 말도둑을 잡은 테무진.
몽골 역사서의 삽화

테무진은 도둑들을 쫓기 위해 출발했다. 그는 이제 겸손을 버리고 전투적인 자세를 취해야 할 때가 왔음을 알았다. 비록 혼자였지만 온갖 용기와 지략을 짜 모았다.

도둑을 뒤쫓기 시작한 지 4일이 지난 날, 테무진은 젊은 사내를 만나 도둑들에 대한 정보를 물었다. 그 사내는 마침 도둑들이 지나가는 것을 기억하고 있었다. 뿐만 아니라 테무진이 탈 말도 주었다. 그리고 어느 누구에게 작별 인사를 할 것도 없이 그 자리에서 말에 올라 테무진과 함께 달렸다. 사내의 이름은 보오르초. 『몽골비사』는 이때 보오르초가 한 말을 다음과 같이 전하고 있다.

> 벗이여! 홀로이 고생하고 있구나.
> 무릇 대장부란 고통을 함께 나누는 법, 너의 동지가 되어 주겠다.
> 나의 이름은 보오르초, 나코 바얀의 외아들이다.

사흘이 지난 후, 두 사람은 마침내 말 도둑을 찾았다. 도둑들의 야영지에 잠입하여 도난당한 말들을 데리고 나와 재빨리 테무진의 캠프가 있는 쪽으로 달렸다. 말 도둑들이 대초원을 가로질러 온갖 욕설을 퍼부으며 쫓아왔다. 그들 중 맨 앞의 남자가 올가미를 들고 점점 가까워지고 있을 때 갑자기 말발굽이 들어올려지며 테무진의 말이 뒤로 돌았고, 화살이 어스름한 빛을 가로지르며 소리를 냈다. 단 일격이었지만 상황은 그것으로 종료됐다.

테무진은 보오르초에게 은혜를 입은 대가로 말을 나눠 주겠다고 말했다. 보오르초는 정중히 거절했다.

> 벗의 고통을 함께 나누는 것이 벗의 의무이다.
> 도움의 대가로 말을 받는다면 그가 무슨 벗이겠는가.

이 감동적인 만남은 훗날 칭기스칸을 돕는 4맹견(네 마리의 충성스런 개)과 4준마(네 마리의 빼어난 말)가 맺는 인간관계를 단적으로 상징한다. 물질의 만남이 아니라 마음의 만남이며, 거짓과 배반이 춤추는 땅에서 전술적 제휴가 아니라

칭기스칸 최초의 동지, 보오르초

믿음과 의리로 맺어지는, 그야말로 운명을 중시하는 인적 결합을 만든 첫 걸음
이었던 것이다.

　도난당한 말을 되찾은 테무진은 9살 때 약혼한 버르테를 찾아갔다. 여러 해
동안 못 본 신부를 찾기 위해 동생 벨구테이를 데리고 옹기라트족의 캠프로 갔
을 때, 그는 분명 자신감에 차 있었을 것이다. 수차례 대단한 용기를 증명했으
며 적의 손아귀에서 빠져 나올 수 있었던 이 젊은 사나이 테무진을 보고서 장인
은 대단히 기뻐했다. 그는 테무진을 사위로 받아들이며 그 동안 도와주지 못했
던 자신의 심정을 다음과 같이 말했다.

　　너의 타이치오트 씨족의 형제들이 너를 제거하려 한다는 것을 알고
　　나는 아주 걱정했고 또 절망했었다. 그러나 너는 모든 것을 아주 잘
　　극복해 왔다. 내가 지금에야 너를 만나다니!

짧은 결혼식이 끝나고 테무진은 서둘러 자신의 야영지로 돌아갈 채비를 했다. 버르테의 어머니가 딸에게 혼수로 준, 검은 담비 외투는 테무진의 영지에 있는 재산 전부보다 더 값나가는 물건이었다.

테무진은 이제 신부와 가족을 가졌고, 작은 말떼도 소유하고 있었다. 그것을 밑천으로 그가 꿈꾸던 세상을 건설하려면 지혜와 용기로 추종자들을 끌어당기는 힘을 만들어야 했다. 그는 보오르초에게 '안다'(의형제)가 되어 달라는 전갈을 보냈다. 보오르초는 곧장 말을 타고 달려왔다. 산구르 강둑에 위치한 테무진의 야영지에서 그들은 의형제가 될 것을 맹세했다. 『몽골비사』는 이렇게 전한다.

> 보오르초는 테무진의 전갈을 받자 아버지에게 말하지도 않고 담황색 말을 탔다. 두 사람이 벗으로 또 동지로 결맹했던 사연이 이같은 것이다. 이제 카사르, 벨구테이, 보오르초와 테무진. 이 네 사람이 야영지의 전투력이 되었다.

테무진은 야영지를 더 깊은 장소로 옮겼다. 그리고 보오르초에게 통솔의 책임을 맡기고 형제들과 함께 케레이트족이 살고 있는 곳을 향해 남서쪽으로 나아갔다. 그곳의 지도자 토오릴을 만나기 위해서였다. 토오릴은 언젠가 야심에 찬 삼촌들에게 위협을 당하는 절망적인 상황에서 테무진의 아버지 예수게이에게 도움을 청한 적이 있었다. 예수게이는 그것이 우호적인 이웃을 가질 수 있는 기회라고 믿고 토오릴의 의형제가 되어 토오릴을 권좌에 앉혔다. 테무진은 토오릴을 방문하여 아버지를 상기시켰다.

토오릴은 오래된 의형제의 아들을 기쁘게 맞아들였다. 더구나 테무진이 그를 '아버지'라고 부르며 버르테가 혼수품으로 가져온 담비 외투를 주자 더욱 좋아했다. 토오릴은 비싼 선물을 서슴없이 바치는 것에 놀랐다. 그리고 테무진이 소문보다 더 강한 지도력을 가졌다고 믿게 됐다. 그래서 기꺼이 돕겠노라고 약속했다.

> 검은 수달피 외투의 보답으로 흩어진 너의 백성들을 모아 주겠다.

수달피 외투의 답례로 사방으로 흩어진 너의 백성들을 모두 모아
주겠다.

토오릴의 약속은 테무진이 거둔 최초의 외교적 승리였다. 그는 더욱 자신감
있게 진영을 꾸렸다. 그 무렵 또 한 사람의 친구가 찾아와 충성을 맹세했다. 젤
메였다.

젤메는 테무진의 아버지를 오랫동안 알고 있던 어느 대장장이의 아들이었
다. 테무진 가족의 투쟁을 초기부터 함께 하게 되는 오른팔 젤메. 그와의 만남
을『몽골비사』는 이미 예비된 것이라고 찬미하고 있다.

오리양카이 씨족 출신의 대 샤먼인 자르치오다이 노인이 등에 풀무
를 맨 채 한 청년을 데리고 테무진을 찾아왔다. 그리고 말하기를,
"오논강의 델리온 볼다크에서 테무진이 태어났을 때 나는 담비털
포대기를 예물로 주었다. 그리고 나의 아들인 젤메도 주었다. 당시
젤메가 너무 어리다고 해서 지금 다시 데리고 왔다. 이 아이에게 말
안장을 얹거나 문을 여닫는 일을 시켜라"
고 했다.

맨손으로 얻은 삼자동맹

테무진의 대오는 착착 갖춰졌다. 그러나 그가 맞서야 할 무거운 운명은 새로
운 시련을 대기해 놓고 기다리고 있었다.

테무진의 아버지가 허엘룬과 결혼할 때, 칠레두로부터 어머니를 빼앗은 것
은 법과 관습에 위반되는 행동이었다. 칠레두는 토크토아의 형이었고, 토크토
아는 강력한 메르키트의 족장이었다. 그들이 이 치욕적인 과거를 잊고 있을 리
없었다. 토크토아는 테무진의 세력이 약해진 상태에서 보르칸 칼돈 산자락에

숨어 살고 있음을 알게 됐다. 토크토아는 20년 동안 간직해 온 수치를 일거에 털어 버릴 기회가 왔다고 판단했다.

여기서 지적하지만 테무진에게 탁월한 재능이 있다면 그것은 정보 관리 능력이었다. 그는 정보를 중시했으며, 이 정보를 옮겨 내는, 대개는 위험에 노출된 하층민들이기 십상인 보따리 장수나 무당들을 소중히 접대하고 아꼈다. 메르키트의 급습도 그는 반발짝 앞서서 알았다.

테무진은 쫓기는 신세가 됐다. 언덕, 협곡, 바위 부스러기, 관목지로 된 보르칸 칼돈산은 도망자에게 유리했지만 그것은 어디까지나 남자들에게나 해당되는 것이었다. 안전한 곳을 찾아서 산을 기어오를 때 아녀자들은 공격을 피할 길이 없었다. 결국 테무진은 아녀자들을 놔둔 채 도망갔다.

테무진이 야영지로 돌아왔을 때 겔들은 텅 비어 있었다. 가족은 붙잡혔고, 텐트는 불태워졌으며, 얼마 되지 않는 식량과 재산들은 약탈당하거나 흩어졌다. 메르키트는 예수게이가 허엘룬을 약탈한 보복으로 정확히 테무진의 아내를 약탈해 간 것이다.

> 일찍이 예수게이 바아토르가 허엘룬을 예케 칠레두에게서 약탈했다. 우리는 오늘 그들의 여인들을 잡았다. 우리는 원수를 갚았다.

그러나 그것은 테무진이 치밀하게 계산한 결과인지 모른다. 만약 모두가 토크토아에게 잡힌다면 어머니와 테무진은 죽음에 처할 수밖에 없지만 그의 아내는 그렇지 않았다. 반면 적들은 아내 버르테를 발견하면 추격을 멈추게 되어 있었다. 그렇다면 가족을 놔두고 혼자 달아나는 것은 치사하지만 철저하게 현실적인 선택일 수 있었다. 그는 아내를 빼앗긴 슬픔보다 오히려 은신처를 제공해 준 보르칸 칼돈산에게 경의를 표하고 사태 수습에 들어갔다.

테무진은 푸른 하늘을 바라보며 허리띠를 목에 감고 손으로 가슴을 쳤다. 그리고 아홉 번 머리를 조아림으로써 하늘에게 자신을 제물로 바치노라고 기도했다. 몽골의 족장이자 사제로서 조상들의 발원에 대한 전설을 안고 있는 성스러운 산, 보르칸 칼돈에 감사를 올리고, 테무진은 다시 한번 토오릴에게로 갔다.

보르칸산은 몽골의 성지이다. 전설에 의하면, 보르칸산은 몽골 보르지긴 씨족의 창시자인 보돈차르(Bodonchar)를 낳은 몽골의 어머니 알랑 고아의 아버지가 세력을 펼쳤던 산이다.

> 어느날
> 퉁겔리크강을 따라
> 한 무리의 사람들이 이동해 왔다.
> 그 사람들 가운데 수레에 앉아 있는
> 한 여인이 있었다.
> 곱고 아름다움으로 이름 높은
> 우리 몽골족의 어머니
> 알랑 고아였다.
> 아름다운 우리들의 어머니
> 알랑 고아의 내력은 이렇게 전한다.
> ……
> 알랑 고아는 코리 부족의 땅인
> 성스러운 강 아리크 오손에서 태어났다.
> 아버지는 코리 부족의 귀족들과 사이가 나빠져 결별했다.
> 고향을 떠난 아버지는 코리라 불리는 또 하나의 부족을 만들어
> 성스러운 보르칸산으로 향했다.
>
> 『몽골비사』

중요한 것은, 몽골 전설의 핵심에 등장하는 이 보르칸산이라는 존재다. 왜 그들은 그토록 보르칸산을 그리워했던 것일까?
보르칸이란 말은 밝음을 뜻하는 것으로 보르칸산은 하늘의 빛 즉, 하늘의 뜻이 지상에 임하는 산이라는 의미를 지닌 몽골 부족의 민족 성지이다. 그런데 놀라운 것은 보르칸산이 이동하는 성지였다는 사실이다. 다시 말해서, 보르칸산은 고정된 산이 아니라 사람들의 마음 속에 살아 있는 믿음의 산이었다는 뜻이다. 그것은 하늘의 빛이 내려 비치는 곳을 따라 이동하는 민족의 산이었다.

몽골인들이 이동하면 그 산도 이동한다. 보르칸산은 이동을 숙명으로 삼는 유목민들의 운명처럼 떠돌이 성지였다. 따라서 부족마다 민족마다 그 산의 위치가 달랐고, 나중에 몽골이 유라시아 대륙에 대제국을 건설했을 때 각 칸국들은 저마다 특정한 산을 보르칸산으로 정하고 하늘에 제사를 올리곤 했다. 또 전체 부족 회의로써 유럽 정벌이나 금나라 정벌 등 부족의 운명과 관련한 중요한 일을 결정하는 코릴타(Khurilta)는 보르칸산에 올리는 제천의식의 한 요소였다.

M. Tsembeldorz 作.

자모카(추정도)

칭기스칸이 몽골 고원을 제패하기까지 최대의 라이벌은 자모카였다. 지략을 겸비한 그는 이미 출발선상에서 테무진보다 저만큼 앞서 가 있었다. 고원의 맹주 자리는 테무진에게보다 자모카에게 훨씬 근접해 있었다. 같은 몽골족에서 두 명의 영웅이 말머리를 함께 하고 있었으나 역사는 자모카에게 조역의 자리밖에 주지 않았다.

역사는 테무진을 도왔다. 토오릴은 테무진의 요청에 흔쾌히 응했다. 토오릴에게도 메르키트는 제거해야 할 불씨였다. 그로서는 동맹군을 만들어 테무진의 아내를 찾아주는 것쯤은 어려운 일이 아니었다. 그래서 동맹자로서 자모카를 데려와야 한다는 테무진의 제안도 기꺼이 받아들였다. 자모카는 테무진과 같은 또래였지만 자다란 씨족의 지도자였다. 그는 테무진의 먼 사촌이기도 했다. 어린 시절 테무진과 자모카는 매우 친했으며, 피를 나눈 형제의 의식을 치루기도 했다. 그들은 강이 얼었을 때 빙판 위에서 주사위 놀이를 하면서 의형제를 맺고, 어른들처럼 선물을 교환한 적도 있었다. 자모카는 테무진에게 노루뼈로 만든 주사위를 주고, 동을 부어 만든 주사위를 받았다. 하지만 자모카는 이미 강력한 캠프의 리더이자, 케레이트족의 토오릴, 타이치오트족의 타르코타이 등과 동맹 관계를 유지할 만큼 성장해 있었다. 자모카는 자신에 비해 너무 초라한 처지에 놓인 의형제 테무진의 간청을 듣자 즉시 도와주기로 했다.

토오릴은 2개 부대를 동원했고, 자모카는 더 많은 병력을 인솔했다. 테무진은 겨우 몇 명의 너커르(동지)들만 데리고 참전했다. 그러나 모두가 테무진이

234

아내를 찾기 위해 소집한 군대였다. 복수심에 불타는 테무진의 명성은 이제 한 없이 유리하게 작용했다. 강력한 부족과 동맹을 맺고 있는 그의 지위는 군사들이 따르기에 매력적이었다. 사내들은 모험과 약탈물과 가축과 여자를 얻기 위해 테무진에게로 모였다.

테무진의 연합 세력이 메르키트의 야영지를 공격했을 때, 펠트 천막 아래는 오직 여인들과 어린아이들만이 남아 있었다. 그날 밤, 저돌적이고 살인적인 추격전이 벌어졌다. 메르키트 군대는 도주하고 지붕이 있는 마차가 압수되었다. 그곳을 향해 테무진이 아내의 이름을 부르자 그 안에서 버르테가 뛰쳐나와 품에 안겼다. 『몽골비사』는 이 상봉 장면을 극적으로 묘사하고 있다.

> 테무진은 사방으로 흩어져 도주하는 사람들 사이를 누비며 "버르테! 버르테!"를 절규하며 외쳐댔다. 그리운 아내의 모습을 애타게 찾았다. 적의 백성들은 곳곳에서 칼에 맞아 쓰러졌다. 그들은 살육의 광풍에 울부짖으면서 필사적으로 도주했다. 테무진은 말을 이리저리 몰면서 계속 버르테를 불러댔다. 바로 그때 도망치는 한 무리의 백성들 가운데 이 소리를 듣고 소달구지에서 뛰어 내리는 여인이 있었다. 그 여인은 자기를 부르는 곳으로 미친 듯이 달려갔다. 그리고 번쩍번쩍 빛나는 테무진의 말고삐를 움켜잡았다. 밤하늘에는 둥근 달이 휘황하게 빛나고 있었다. "아! 나의 버르테!" 말없이 흐르는 격정의 눈물 속에 테무진과 버르테는 서로를 맹렬히 끌어안았다.

승리자들은 메르키트족의 여자와 가축을 공평하게 나눠 가졌다. 테무진을 따랐던 자들은 처음 출발할 때보다 부자가 되어, 그리고 테무진의 부하가 되어 집으로 돌아왔다. 그들은 테무진의 덕을 톡톡히 보았기 때문에 한없이 감사하면서 충성을 맹세했다. 테무진이 계속 세력을 가지고 있는 한 그들은 당연히 그를 따를 것이었다.

집에 온 지 얼마 지나지 않아 버르테는 사내아이를 낳았다. 그 아이를 테무진은 몽골족에게 손님처럼 찾아온 아이라 하여 조치(나그네)라는 이름을 붙여 주었다.

하지만 이 전투가 테무진에게 준 진짜 선물은 따로 있었다. 어린 시절 친구 자모카와의 우정을 되살린 것이었다. 자모카는 슬픔에 싸인 의형제를 위로했고, 테무진은 그 보답으로 공동 유목을 제의했다. 토오릴은 이들의 아름다운 우정을 기리며 자모카가 테무진의 제의를 받아들였다고, 군사들 앞에서 선언했다. 이것은 자모카에게는 악몽의 시작이었다.

두 사람은 자모카의 유목지이자 샤먼의 성소(聖所)인 코르코나크 조보르에서 공동 유목을 시작했다. 자모카의 진영에 진입하는데 성공한 테무진은 그곳에서 힘을 길렀다. 그리고 공동 유목 생활이 일년 반 정도 계속되었을 때 야망을 드러내기 시작했다. 고원의 유목민들을 통일하고 안정된 국가를 이끄는 것, 이는 테무진을 사로잡았던 선대의 유업이자 시대적 요구였다. 이제 부서져 버린 나라를 다시 일으킬 때가 되지 않았는가? 그런데 문제는 그들 내부에 강하고 유능한 젊은 지도자가 두 명이라는 것이었다. 둘 다 지략이 뛰어나고 용맹했다. 한 명(자모카)은 더 많은 추종자를 가지고 있었지만, 다른 한 명은 왕족의 혈통이었다. 테무진은 마침내 결별을 준비했다.

테무진의 비밀 지령에 따라 보오르초와 젤메가 친위 군단을 구축하기 시작했다. 자모카의 세력권에서 진행된 테무진의 포섭 활동은 주로 소외되고 가난한 자들에게 집중되었다. 포섭된 인물들은 테무진이 아니면 도저히 갈 데가 없고, 출세를 꿈꿀 수도 없는 그런 자들이 주류였다. 그 사이 테무진 자신은 자모카 세력의 한 축을 이루고 있었던 키야트 씨족의 귀족들을 집중 공략했다. 분위기가 점점 무르익어 키야트족의 야심에 찬 귀족들이 호응했고, 연합 정권 탄생이라는 대세로 번져나갔다. 테무진은 자모카 계열의 씨족장이나 귀족들에게도 접근했다. 결별의 순간을 앞두고 행해진 테무진의 포섭 활동은 형과 동생이 갈라선다는 느낌이 들 정도로 냉철하게 진행되었다.

오논강의 상류에 자리잡은 공동 유목지는 하늘의 신탁이 내려온다는 성스러운 곳이다. 백성들의 마음을 휘어잡는 데에는 샤먼과 같은 예언자적 능력이 필요했다. 테무진은 샤먼 집단을 장악했고, 그의 샤먼들은 테무진을 하늘이 보낸 지도자라고 선전하기 시작했다.

하늘은 테무진에게 이 대지를 통치케 할 것이다.

고원에 엄청난 파문이 일기 시작했다. 모든 백성들은 놀라움과 두려움에 술렁거렸다. 자모카는 분노로 불타올랐다.

"안다여! 나의 배반자여!"

자모카는 테무진을 지지하는 신탁(神託)들이 더이상 퍼지기 전에 무슨 조치를 취하지 않으면 안되었다. 이 두 사람의 결별은 움직일 수 없는 현실이 되어 흉흉한 소문들이 꼬리를 물고 이어졌다.

자모카는 연합의 파기를 결정했다. 자모카의 통첩이 전해지자 테무진은 곧장 결별하자는 사인을 보냈다. 대낮에 엄청난 무리의 사람들이 각기 자기가 지지하는 지도자를 따라 발길을 달리했다. 거대한 분열이었다.

테무진의 주위로 몰려든 사람들은 더욱 자유롭고, 더 나은 삶을 가져다 줄 수 있는 지도자 밑에서 일하기를 원했다. 그들 중에는 노예들도 있었다. 이 숨막히는 순간에 샤먼 집단의 대부이자 바아린 씨족의 족장인 코르치의 예언은 테무진을 감격시켰다. 그는 직설적으로 물었다.

"테무진, 당신이 나라의 주인이 된다면 나의 예언에 대해 어떠한 보답을 하시겠소?"

대답은 간단했다.

"만일 하늘이 정말로 고원의 통치권을 내게 선사한다면, 당신을 1만 명의 영주로 봉하겠소이다."

코르치는 그것으로 만족하지 못했다.

"나를 1만 명의 영주로 봉하시거든, 고원에서 가장 아름답고 훌륭한 여인들 중 서른 명을 선택하여 아내로 삼을 수 있는 권리를 허락하시오."

후일 테무진은 그 요청을 들어 주었다.

푸른 호수

칭기칸이 '쫓기는 아이'였던 시절 숨어 지낸 곳이다. 보르칸산이 보이는 이 호수 곁에서 테무진은 온갖 역경을
딛고 어엿한 청년으로 성장하였다. 푸른 호수는 키야트족의 연합 정권을 탄생시킨 역사의 무대가 된다.

칸이라 부르자

자모카와 결별한 테무진 집단은 테무진이 고난의 시절을 보낸 푸른 호수로 모였다. 그리고 예정된 수순에 따라 키야트 씨족의 연합 정권을 탄생시켰다. 테무진을 칸으로 봉하는 역사적인 자리에는 유력한 족장도 세 명이나 참여했다. 그들은 전투에 나가 선두에 서서 말을 달리고, 모든 약탈물의 처리를 칸의 뜻에 맡기겠다는 것을 서약하며 공손히 몸을 굽혔다. 그리고 다음과 같은 말을 덧붙였다.

> 전쟁할 때 우리들이 당신의 명령을 듣지 않는다면 우리들의 검은 머리를 땅에 내던져라! 평화로울 때 우리들이 당신의 평화를 깨뜨린다면 우리들을 죽음의 들판으로 내버려라!

이로써 테무진을 지도자로 옹립하는 절차는 끝났다. 그때까지 테무진과 동급의 위치에 있었던 사람들, 혹은 종족의 계보상 테무진보다 더 높은 위치에 있었던 사람들이 이제 스스로를 '검은 머리'라 칭했다. '검은 머리'는 예속된 낮은 부족을 일컫는 말이었다.

그때가 1189년. 테무진의 추종자들은 테무진의 새로운 지위를 보여주는 칭호를 놓고 고심했다. 테무진이 그들 몽골 전체를 통치하는 것은 아니기 때문에 몽골 제국의 칸으로 불릴 수는 없었다. 그래서 생겨난 이름이 칭기스칸이었다.

칭기스칸은 모든 것이 만족스러웠다. 케레이트의 지도자 토오릴은 자기가 칭기스칸의 대부이며 그에게 도전하는 자들은 죽음만이 있을 뿐이라는 메시지를 보냈다.

> 나의 아들인 테무진을 칸으로 뽑았다는 것은 아주 옳다. 너희들은 이 협의를 절대로 와해시키지 말라. 그리고 옷의 깃을 절대로 찢지 말라.

옹칸(추정도)

테무진이 칭기스칸으로 되기까지 옹칸의 존재는
필수적이었다. 그의 이름을 지우고서는 단 몇 줄
도, 칭기스칸 이전의 테무진에 관하여 쓸 수 없다.
몽골 고원 최고의 실력자 옹칸, 그와 테무진의 관
계는 동맹과 동지, 반목과 질시의 혼합체였다. 그
의 본명은 토오릴이며 기독교인으로 다윗(David)
이라는 세례명을 갖고 있다. 서방의 기독교계에
Prest John으로 널리 알려졌던 인물이다.

그러나 자모카는 큰 불만이었다. 그는 테무진에게 전향한 옛 추종자들에게
따지듯 물었다.

> 너희들은 테무진 안다와 내가 분리하지 않고 한 곳에 같이 있었을
> 때 왜 테무진 안다를 칸으로 뽑지 않았는가? 너희들은 지금 어떠한
> 생각을 품고 그를 칸으로 뽑았는가?

칭기스칸은 자모카의 자존심을 세워주면서 이미 짜여진 판세를 자모카가 인
정하도록 교묘한 수순을 밟아 갔다. 덫에 걸린 자모카는 전쟁을 일으켰다. 그
는 군대를 총동원해 칭기스칸을 습격했다. 칭기스칸은 똑같은 병력으로 대적
하면서도 의도적으로 패했다. 자모카는 칭기스칸의 의도를 뻔히 알기 때문에
전쟁의 의미와 한계를 축소할 수밖에 없었다. 그는 추격을 멈춘 채 상징적인
승리 선언으로 화를 풀었다. 정작 무서운 함정은 거기에 있었다.

칭기스칸은 후퇴하면서 자모카가 세력 확장을 위해 확보해 두었던 치노스족을

희생물로 남겨 놓았다. 자모카는 사로잡은 치노스족을 무자비하게 살해했다.

> 자모카는 회군할 때 사로잡았던 치노스족의 족장 및 귀족 자제들을
> 70개의 가마솥에 집어넣어 끓여 죽였다. 그리고 이 씨족의 족장인
> 네우데이 차카안 고아의 머리를 잘라 말꼬리에 매달고 갔다.

자모카의 광기를 목격한 씨족 중 두 부족이 떨어져 나와 칭기스칸에게 투항했다. 그것으로 전쟁은 끝났다.

칭기스칸과 추종자들은 평화롭게 몇 년을 보냈다. 『몽골비사』가 침묵하는 칭기스칸의 인생 중 한 시기가 이때였다. 『몽골비사』는 정치적, 군사적 상황이 칭기스칸에게 결정적으로 유리하게 변화된 시기, 즉 금의 타타르 정벌부터 다시 시작된다.

1196년, 금나라 황제는 타타르족의 추장 메구진을 응징하기 위한 동맹군을 필요로 했다. 중국 북쪽의 지배자로 등장한 지 채 백년이 되지 않은 금나라는 초원의 동맹자들과 좋은 관계에 있지 않았다. 그런 중에 금의 편에 서서 출정을 계획했던 타타르가 약탈물의 분배를 놓고 반발하는 사태가 발생했다.

칭기스칸은 금나라의 군대가 올자하 계곡으로 출발했다는 급보를 입수했다. 드디어 아버지를 죽인 세력을 벌할 수 있는 기회를 포착한 것이다. 그는 이 기회를 이용해 토오릴에게 충성을 보이는 한편 주르킨족을 삼키기로 결정했다. 칭기스칸은 재빨리 토오릴에게 통고했다. 참가하면 힘 안 들고 타타르족의 재물도 획득할 수 있는 어부지리의 전투라는 점을 강조했다. 칭기스칸은 이전의 서약에 따라 주르킨족의 세체 베키에게도 통고했다. 그러나 그에게는 참전의 의미에 대해 아무런 설명도 하지 않았다.

칭기스칸의 소식을 전해들은 토오릴은 3일만에 군대를 이끌고 약속 장소에 도착했다. 그러나 칭기스칸은 움직일 생각을 하지 않았다. 대신 푸른 호수에서 맺은 서약을 거론하며 세체 베키의 군대가 올 때까지 기다려야 한다고 주장했다. 속셈을 모르는 세체 베키가 군대를 끌고 올 리 만무했다. 칭기스칸은 6일 동안 토오릴을 잡아 두었다. 전후사정을 모르는 토오릴은 주르킨족이 오지 않

는 데 격노했다. 칭기스칸은 서약을 위반한 세체 베키를 만인 앞에서 비난한 뒤 올자하로 향했다. 그는 토오릴과 키야트족의 귀족들 앞에서 세체 베키를 칠 수 있는 명분을 쌓는 데 성공한 것이다.

토오릴의 군대와 함께 칭기스칸은 올자하 계곡으로 말을 달렸다. 강둑에는 메구진이 이끄는 타타르 군대가 참호를 파고 몸을 숨기고 있었다. 계곡이 넓어지는 곳에는 금나라의 사령관(옹긴칭상)이 부대를 배치해 놓았다. 칭기스칸이 예상한 대로 메구진은 갇히게 되었다. 패배한 군사들은 강가로 후퇴했고, 메구진은 죽었다.

타타르와의 전쟁은 토오릴에게 많은 재물을 안겨 주었다. 금나라로부터 '왕'이라는 호칭도 받았다. 그때부터 토오릴은 왕의 칸, 즉 몽골 말로 '옹칸'이라고 불리게 되었다. 칭기스칸은 '자오트 코리', 즉 '국경 지역의 반란을 진압하는 위임권자'라는 칭호를 받았다. 옹칸의 가신들이 받는 등급과 같았다. 칭기스칸은 이때 자오트 코리라는 칭호로 금나라의 연감에 등장한다.

그러나 기뻐할 사람은 옹칸이 아니라 칭기스칸이었다. 반대로 옹칸은 난처한 일을 겪어야 했다.

옹칸이 타타르 정벌을 위해 동부 고원으로 나간 사이, 천적인 나이만이 침공했다. 예수게이가 토오릴을 권좌에 복귀시키기 전부터 욕심이 있었던 토오릴의 형제 중 한 명이 기습 공격을 한 것이다. 옹칸에게 추방당한 후 나이만 군대의 우두머리가 된 이난차 빌게는 스스로를 케레이트의 칸이라고 선언했다. 옹칸은 급히 군대를 몰고 돌아갔지만 격파당했다. 다급해진 옹칸은 칭기스칸에게 구원을 요청했다. 그러나 칭기스칸은 회답하지 않았다.

옹칸이 정신을 못 차리는 틈을 타 칭기스칸은 주르킨 씨족을 급습했다. 주르킨족을 이끌던 세체 베키와 타이초는 생포돼 칭기스칸을 선출할 당시 그들이 맹세한 약속에 대답하도록 만들어졌다.

전쟁할 때 우리들이 당신의 명령을 듣지 않는다면 우리들의 검은머리를 땅에 내던져라! 평화로울 때 우리들이 당신의 평화를 깨뜨린다면 우리들을 죽음의 들판으로 내버려라!

동물과 생활하는 타타르족.
유럽인들의 상상화인데 말과 혼연일
체가 된 유목민의 모습을 그린 것이
다. 당시 유럽에서는 모든 유목민을
타타르라 불렀다.

그들의 머리는 잘려져서 대초원에 던져졌다.

한편, 위기에 몰린 옹칸은 나이만족의 천적인 서요(카라
키타이)로 달려가 구원을 요청했다. 그러나 싸늘하게 거절
당했다. 옹칸이 돌아오자 칭기스칸은 군대를 파견해 그를
맞았다. 케레이트족의 군대들은 칭기스칸을 찬양했다.

이제 칭기스칸은 자신의 계획을 진행시켰다. 그는 옹칸
에게 유산을 상속받을 수 있는 정식 아들로 인정해 달라
고 요구했다. 힘이 빠진 옹칸은 승낙할 수밖에 없었다. 두
사람은 예수게이와 옹칸이 안다를 맺은 카라툰에서 아들
과 아버지의 맹약을 맺었다. 그리고 다음과 같은 서약을
했다.

수많은 적을 공격할 때에는 같이 공격하며
놀라 잘 도망치는 짐승을 사냥할 때에도 서로
함께 사냥한다.

244

1196년 가을, 옹칸은 이 맹약에 의거해 칭기스칸의 지원을 받아 메르키트족 공격에 나섰다.

그래서 칭기스칸도 옹칸의 군대를 빌려 자모카를 비롯한 적대 세력을 공격할 수 있다고 생각했다. 그러나 옹칸은 노회한 인물이었다. 카라툰 맹약의 어디에도 칭기스칸이 원하는 적을 공동으로 공격한다는 구절이 없었다. 옹칸의 공격 대상에만 적용되는 군사 동맹이었다. 또 옹칸이 요구할 때에만 군대를 파견할 수 있는 불평등 조약이었다. 『몽골비사』에는 당시 칭기스칸이 느꼈던 배신감과 당혹감을 직설적으로 표현하고 있다.

옹칸은 칭기스칸에게 그 무엇 하나 주지 않았다.

칭기스칸은 옹칸을 결정적으로 옭아맬 맹약이 필요했다. 그는 기다릴 수밖에 없었다. 인내의 끝은 의외로 빨리 왔다.

1199년, 나이만족의 내분이 일어났다. 족장이 죽은 후, 형제간에 권력 투쟁이 일어나 나라가 동서로 갈라지는 대분열이 일어난 것이다. 복수의 때가 왔다고 판단한 옹칸은 칭기스칸과 자모카를 위시한, 자신이 동원할 수 있는 모든 세력을 총동원했다. 나이만 침공은 옹칸의 연합군에게 유리한 상황에서 감행되었다. 문제는 회군 과정에서 발생했다.

나이만족의 실질적인 후계자인 동부 나이만은 이들의 회군을 저지하고 나섰다. 한밤에 나이만족의 대군을 맞이한 옹칸의 연합군은 각기 포진해 있을 수밖에 없었다. 다음 날 아침이면 전투가 재개될 예정이었다. 그때 자모카는 신경이 극도로 예민해진 옹칸에게 오랫동안 준비해 둔 카드를 던졌다.

테무진은 이전부터 나이만족에 사신을 파견해 놓았다.
보라, 지금 그는 오지 않았다.
칸! 칸이여! 나는 항상 한 곳에만 머무르는 카이로가나(새 이름)다.
테무진은 한 곳에 머물지 못하고 늘 이곳 저곳으로 날아다니는 빌두우르(새 이름)다.

아마 지금 그는 나이만족의 대군과 함께 있을 것이다.

그는 나이만족에 항복했을 것이다.

자모카는 미소지었다.

테무진, 너는 제거당한다. 너 혼자 나이만족의 대군을 맞게 된다.

청천벽력 같은 자모카의 말은 옹칸의 마음을 흔들기에 충분했다. 옹칸과 자모카의 군대는 밤사이에 이동했다. 새벽이 오자 칭기스칸은 자신이 사지에 빠졌다는 것을 알고 경악했다. 『몽골비사』는 당시 칭기스칸이 한 말을 기록하고 있다.

이들은 우리들을 제삿밥으로 만들려 한다.

칭기스칸의 군대는 행로를 바꿔 누구도 예상치 못한 북쪽으로 달아났다. 나이만족은 이들을 추격하지 않았다. 잘 훈련된 몽골인과는 전투를 하지 않기로 결정했던 것이다. 그들이 노리는 것은 멀리서 자신들을 지켜보고 있는 옹칸의 군대였다. 옹칸과 자모카는 당황하지 않을 수 없었다. 나이만족의 힘을 빌려 칭기스칸을 제거하려던 자모카의 꿈은 보기 좋게 깨졌다. 옹칸의 연합군은 제각기 도주했다. 나이만은 끈질기게 옹칸을 추격했다.

옹칸의 군대는 곳곳에서 나이만족에게 패했다. 옹칸은 최악의 상황이 되자 칭기스칸에게 구원을 요청했다. 칭기스칸은 옹칸이 자모카와 연합하는 동안에는 절대로 도와줄 수 없다는 강경 자세를 취했다. 다급한 옹칸은 그가 원하는 모든 것을 들어줄 수밖에 없었다. 칭기스칸은 옹칸을 구해준 뒤 약속에 따라 새로운 군사 동맹을 강요했다.

칭기스칸과 옹칸은 콜라안 코트에서 자모카를 위시한 모든 칭기스칸의 적들을 공동으로 공격한다는 맹약을 맺었다. 『몽골비사』에는 다음과 같이 실려 있다.

칭기스칸과 옹칸 두 사람이 서로 말하기를,

"우리들은 질투가 심하고 사나운 이빨을 가진 독사의 꼬드김을 받더라도 그 꼬드김에 넘어가지 않는다. 우리들은 반드시 서로 만나 이빨과 입으로 서로 대증(對證)한 다음에만 믿는다. 큰 이빨을 가진 독사에 중상을 받더라도 그 중상을 받아들이지 않는다. 우리들은 반드시 서로 만나 입과 혀로 맞추어 본 다음에만 믿는다."

라고 했다.

칭기스칸의 요구는 여기에서 끝나지 않았다. 그는 자신을 옹칸의 아들인 셍쿰의 법적인 형으로 인정해 줄 것을 요구했다. 케레이트족의 칸위 계승권을 노린 것이다. 자카 감보를 비롯한 케레이트족의 장군들도 칭기스칸의 말에 맞장구를 쳤다. 옹칸은 체념하고 서약서에 사인했다. 당시 옹칸의 씁쓸한 마음을 『몽골비사』에 다음과 같이 전하고 있다.

내가 이 세상을 떠나 높은 산에 올라가면 나의 백성들을 누가 다스릴 것인가. 나의 아우들은 덕이 없다. 나의 유일한 아들은 셍쿰 하나 뿐이다. 그러나 아들이 하나라는 것은 아들이 없다는 것이나 마찬가지다. 칭기스칸을 셍쿰의 형으로 하면 두 명의 아들이 있는 것이니 나는 안심이 된다.

새로운 군사 동맹의 체결 소식은 순식간에 고원에 퍼져나갔다. 메르키트족의 토크토아 베키는 절망했다. 아마도 첫 희생물이 될 가능성이 크다고 판단한 것이다. 그는 필사적으로 동맹자를 구했다. 그는 칭기스칸 내부의 적인 타이치오트 씨족 귀족들에게 접근해 칭기스칸의 공격에 두려움을 느끼고 있었던 그들의 동의를 받아내는 데 성공했다.

1200년 봄, 타이치오트 씨족의 귀족들은 군대를 이끌고 오논강에 모였다. 그리고 하늘의 가호를 바라는 맹세를 하면서 메르키트족의 군대를 기다렸다. 그러나 이들에게 다가온 것은 옹칸과 칭기스칸의 연합군이었다. 타이치오트 씨족은 전멸당했다.

이 전투는 칭기스칸도 목에 심한 상처를 입을 정도로 치열했다. 전투가 끝났을 때 소르칸 시라와 그의 아들들이 칭기스칸 앞에 끌려왔다. 그들은 어쩔 수 없이 타르코타이에게 충성한 점을 용서해 달라고 빌었다. 칭기스칸은 기꺼이 받아들였다. 그리하여 마침내 칭기스칸이 자랑하는 '네 명의 준마'가 만들어졌다. 그들은 아주 오래전 테무진이 죄수였을 당시 그를 도왔던 소르칸 시라의 아들 칠라운, 의형제 보오르초, 잘라이르족의 모칼리와 주르킨 출신의 보로콜이었다. 네 명의 용맹하고 충성스런 사령관들은 칭기스칸의 힘을 더욱 강화시켰다.

4준마가 갖춰진 후 칭기스칸은 타타르에 대한 공격을 구상하기 시작했다. 초원의 무서운 사냥개였던 타타르는 급속도로 단결하고 있었다. 칭기스칸은 이 사냥개들이 케룰렌 호수 일대의 배신한 몽골 씨족들과 결합하는 것을 목격했다. 그들은 급해지면 자모카와 결합할 가능성이 컸다.

영하의 찬바람이 몰아치는 1200년 겨울의 어느 날, 칭기스칸은 옹칸 몰래 급속히 남쪽으로 이동했다. 그리고 타타르의 4개 씨족을 무차별 공격했다. 차디찬 겨울비가 주룩주룩 내리는 가운데 진행된 이 전투는 매우 치열했다. 주력군이 섬멸당한 타타르의 백성들은 공포에 싸여 무릎을 꿇고 투항했다. 그리고 이루 헤아릴 수 없는 말떼들이 칭기스칸 측으로 넘겨졌다. 하지만 병사들은 노획물을 예전처럼 개인적으로 취하지 못했다.

결정적인 전투에서 칭기스칸은 약탈을 위해 전쟁을 한다는 유목민의 관습을 깼다. 이제까지 각 족장들은 자신들이 포획한 전리품을 마음대로 처리할 수 있었고, 그 일부만을 칸에게 상납했다. 그런데 칭기스칸은 개별적 약탈을 금지했을 뿐 아니라, 전체 전리품에 대한 실제적 권한을 가지고 있어 그것을 자기 뜻대로 배분할 수 있었다.

> 적을 물리쳤을 때 전리품 근처에 서 있는 것을 금지한다. 적을 완전
> 히 제압한다면 결국 그 전리품은 우리들의 것이다. 우리들은 그것
> 을 공평히 분배해야만 한다. 적에게 패배당했을 때에는 자기가 처

음 돌격한 지점으로 반드시 돌아가라. 자기가 처음에 돌격했던 지점으로 돌아가지 않는 자들은 참수한다.

이 중요한 명령은 후일 칭기스칸의 대법령, 자사크에 수록되었다. 칭기스칸의 이러한 명령에도 불구하고 세 장수들이 그것을 어기고 전리품 곁에 멈추어 섰다. 화가 난 칭기스칸은 그들이 모아들인 양과 염소떼들을 모두 압수해 버렸다.

가축의 양도가 끝나자 타타르의 멸족이 시작되었다. 『몽골비사』는 타타르인들이 겪었던 종말을 다음과 같이 전해 주고 있다.

옛날부터 타타르족은 우리의 선조들과 부친들을 살해해 왔다. 지금 그 원수를 갚겠다. 모든 타타르의 살아있는 남자들을 마차 바퀴 앞에 세워라. 바퀴보다 큰 자들은 모두 죽인다. 전멸시킨다. 어린이와 여자들은 모두 노예로 삼는다.

마차 바퀴보다 큰 사람은 목을 베고, 그보다 작은 사람들은 노예로 분배되었다. 초원의 판도는 칭기스칸과 옹칸과 자모카의 3자 구도로 명백해졌다. 그러나 옹칸은 약화되었다. 따라서 칭기스칸이 당면한 위협은 자모카였다. 1201년 여름, 자모카는 에르군네(케룰렌강의 하류) 강둑에서 열린 대표자들의 모임에서 칸으로 선출되었다. 그에게는 구르칸(유일한 지도자)이란 칭호가 주어지고 부족 대표들이 서약했다.

우리의 서약을 누설하는 자는 폭풍에 강둑이 무너지듯이 저주를 받으리라!
우리의 동맹을 깨뜨리는 자는 번개에 나무 가지가 잘려나가듯 죽음을 당하리라!

그러나 칭기스칸은 테니 코르칸에서 자모카의 군대를 격파했다. 자모카는 이제 자력으로는 칭기스칸의 군대를 당해낼 수 없었다.

자모카 세력의 붕괴와 타타르의 멸망은 메르키트의 토크토아에게는 악몽이었다. 그는 동맹자들을 구하기에 여념이 없었다. 나이만, 메르키트, 오이라트, 그리고 몽골의 패잔 씨족들로 이루어진 연합 군단이 창설됐다. 1202년 겨울, 이들은 케룰렌강의 북쪽 쿠이텐이라는 곳에서 옹칸과 칭기스칸의 연합군을 만났다. 처음으로 고원의 전 부족들이 동시에 참가한 쿠이텐의 전투는 옹칸, 칭기스칸의 일방적인 승리로 끝났다.

단독 지배를 위한 투쟁

칭기스칸은 마지막 박차를 가했다. 칭기스칸은 장남 조치와 옹칸의 딸 중 한 명과 약혼하도록 요구했다.

요구는 간단히 거부됐고 그 동맹은 깨어졌다.

이를 놓칠세라 자모카는 칭기스칸에 대한 불만 세력들을 모았다. 모임의 가장 중요한 인물은 셍쿰이었다. 『몽골비사』는 당시 이들의 움직임을 다음과 같은 자모카의 말로 전해주고 있다.

셍쿰이여! 키야트 씨족의 귀족들이여!
나 자모카는 나무의 끝단까지 깊은 물의 바닥까지 그대들과 같이 갈 것이다.

자모카와 셍쿰은 옹칸에게 칭기스칸을 내쫓으라고 몰아붙였다.

만약에 대칸께서 우유나 물조차 먹을 수 없는 때가 온다면 케레이트의 백성을 나에게 통치하게 할 것인가, 아니면 칭기스칸에게 통치하게 할 것인가?

몽골제국 성립기념비
1206년 몽골제국 성립을 기념하는 조형물. 헨티아이막 빈데르 솜에 있는 오논 차강 노르(오논강의 하얀 호수) 옆에 세워져 있다.

셍쿰은 택일을 강요한 끝에 아버지 옹칸을 새 연합 세력에 끌어들이는 데 성공했다. 전쟁의 낭비학보다 배신의 경제학을 먼저 익힌 셍쿰은 칭기스칸의 결혼 제의에 동의하는 척하면서 은밀히 그가 함정에 빠지도록 만들었다.

칭기스칸은 기쁜 마음으로 케레이트와의 약혼식을 향해 출발했다. 도중에 그는 사촌의 겔에 잠시 들렀다. 그 사촌은 여러해 전 아버지의 임종에 어린 테무진을 데려다 준 인물이었다. 수십 차례의 전쟁과 음모에서 살아난 사촌은 약혼식 얘기를 듣고 뭔가 수상쩍다고 여겼다. 결국 사촌의 만류로 칭기스칸은 집으로 돌아가 버렸다. 암살 계획이 수포로 돌아가자, 음모를 꾸민 세력은 다음날 새벽부터 추격하기로 했다. 칭기스칸이 집에 닿기 전에 해치우기 위해서였다. 이 계획을 알게 된 두 명의 양치기가 칭기스칸에게 그 사실을 알리기 위해 정신없이 말을 달렸다. 두 사람은 후에 칭기스칸 군대의 한 부대를 지휘하게 된다.

도망친 칭기스칸은 보르칸 칼돈에서 세력을 규합한 뒤 '검은 숲(카라 칼지트)'에 모여 셍쿰과 자모카의 군대를 기다렸다. 때는 1203년 봄이었다.

적들은 주르킨족을 선두로 하여 산맥을 가로질러 등성이를 내려왔다. 멀리서 화살이 쏟아지고 투창이 날아들었다. 칼과 도끼가 빛을 발하고 춤을 췄다.

칭기스칸 군대의 망쿠트족 추장이 부상당한 채 말에서 떨어졌다. 이 혼전 속에서 셍쿰이 볼에 화살을 맞고 쓰러졌다. 셍쿰의 부상으로 케레이트 군대가 머뭇거리자 칭기스칸의 군대는 재빨리 그곳을 벗어나 필사적으로 도주했다. 적의 추격권에서 벗어날 때까지 밤낮없이 달린 칭기스칸은 폭우와 번개가 휩쓰는 날 자그마한 호수에 도착했다. 그곳에서 칭기스칸은 한없이 슬퍼했다. 카라 칼지트 전투에서 수많은 용사들이 새로운 시대를 열기 위하여 칼과 창에 찔려 죽어갔다. 그리고 자신을 따라 수많은 고통을 감내해 온 배고픈 동지들에게 감격했다. 그는 두 손을 모아 하늘을 향하면서 부르짖었다.

> 내가 이 모든 고난을 극복하고 대업을 이룰 수 있게 도와주소서!
> 나와 함께 고난의 대업에 참가한 모든 병사들을 기억하소서!
> 내가 이후 나의 맹세를 저버린다면 이 흙탕물처럼 나를 죽이소서!

아들이 다쳐 싸움에 흥미를 잃은 옹칸은 추격해 오질 않지만 칭기스칸은 여전히 불안했다. 자모카와 옹칸이 한편이 되어 칭기스칸과 대결해 있는 상황에서 초원의 사람들은 전통적으로, 그리고 필요에 의해서 대군의 편에 가담했다. 칭기스칸의 야영지에는 3천 명도 되지 않는 숫자만이 남았다.

작은 호수 둔덕에서 칭기스칸은 기회를 찾기 위해 골몰했다. 마침내 기회가 왔다. 어느 날, 동생 카사르가 돌아왔다. 그는 카라 칼지트 전투에서 옹칸의 공격을 간신히 피해 여기저기로 헤매다가 우연히 형이 있는 곳을 알게 된 것이었다. 여기서 칭기스칸은 가능성을 발견했다.

그는 옹칸에게 카사르의 병사 두 명을 보냈다. 더이상 형을 찾을 수 없게 된 카사르가 옹칸에게 합류하길 원한다는 메시지를 전하기 위해서였다. 옹칸은 카사르가 만날 곳으로 제안한 케룰렌강의 한 장소에 그를 환영하고 안전을 보장한다는 표시로 자신이 총애하는 이투르겐을 보냈다. 이투르겐에게 이 일은 사형 선고였다. 카사르가 그의 머리를 베어 버린 것이다. 칭기스칸은 이제 옹칸이 어디에 있는지 알게 됐다. 칭기스칸의 군대는 이를 악물고 돌격했다.

1203년 가을, 케룰렌강 상류에 위치한 제르 캅찰에서 벌어진 전투는 사흘 낮

사흘 밤 동안 계속된 끝에 칭기스칸의 승리로 끝났다. 『몽골비사』는 이 감격을 다음과 같이 묘사한다.

유목 궁수들은 전속력으로 달리는 말 등에서도 이와 같은 자세를 유지하였고 정확하게 활을 쏠 수 있었다. 중앙 아시아 승마 명수들의 탁월한 기술은 켄타우르스(반인반마半人半馬) 전설의 기원이라고 말해지고 있다.

나 칭기스칸은 영원한 하늘의 가호로 케레이트를 정복하고 높은 자리에 올랐다.

옹칸과 그의 아들은 도망쳤다. 칭기스칸은 그들의 재산을 빼앗고 수족들을 노예로 삼았다. 도망친 옹칸은 나이

술데. 정신 고양의 기
(왼쪽) 흰색 기는 국가의 모든 명절과 축제 때 쓰인다. 몽골인들은 흰색을 신성시하는 데 흰색 기는 반드시 백마의 머리와 꼬리 부분의 털로 만들며, 하나는 크게 만들고 그 주위를 작은 기 8개가 에워싼다. 깃발의 꼭대기 부분은 뿔꽃 모양의 강철로 된 3개의 깃봉이 있다. 이는 평화와 안녕을 상징한다. / (오른쪽) 흑마의 갈기로 만든다. 검은 군기는 적군을 겁주기 위한 상징이다. 꼭대기 부분에는 강철로 만든 두 날을 가진 창 모양의 4개의 깃봉이 있으며, 전쟁에서의 승리를 상징한다. 이러한 검은 깃발은 칭기스칸 시대부터 사용되었다.

만족의 영토 근처에서 살해당했다. 남아 있던 추종자들에게 배신당한 셍쿰은 강도가 되어 노략질을 하다가 죽었다.

이제 역사의 발걸음은 빨라졌다. 역사의 바람을 분명하게 목격한 몽골의 모든 씨족과 부족들은 차례로 칭기스칸에게 복종했다. 칭기스칸은 고원의 동쪽을 지배하게 되었다. 그러나 알타이 너머 서쪽은 나이만이 지배하고 있었다. 나이만의 추장은 타양칸이었다. 그의 진영에서는 칭기스칸의 적대자들이 몽골에 대한 공격을 강력하게 주장하고 있었다. 그 중에는 자모카도 끼어 있었다. 타양칸은 칭기스칸 정도야 가벼운 놀이 상대에 불과하다고 생각했다.

하늘에는 두 개의 밝은 빛이 있을 수 있다. 해와 달이 있으니. 그러나 지상에 어찌 두 왕이 있을 수 있겠는가? 자, 우리 그리로 가서 얼마 안되는 몽골족을 끌고 오자.

칭기스칸은 고원의 패자를 겨루는 마지막 전투에 대비해 가공할 군대를 창립했다. 저승사자 군단이라는 친위대였다. 친위대는 그를 형제처럼 가깝고 벽처럼 안전하게 만들었다. 낮에는 70명, 밤에는 80명이 보초를 섰다. 그리고 점점 수를 늘려 천 단위가 되었다. 이 부대를 지휘한 자가 제베였다. 그는 본부의 안위를 위해서 족장들의 아들 1,000명으로 부대를 구성했다.

반면 타양칸은 우물쭈물하다가 병사들의 사기가 한없이 떨어진 후에야 타미르강을 따라서 오르콘족과 만나기로 한 장소로 갔다. 타양칸이 도착한다는 정보를 접한 칭기스칸은 전투 준비를 하고 지휘자들을 불러 모았다. 그리고는 자신이 완성한 암호 체계를 사용하여 명령을 내렸다. 진군 명령은 '무성한 풀밭', 전투 명령은 '호수', 전투 방법은 '나사송곳'이었다.

타양칸은 군사를 산기슭 경사면에 배치시켰다. 몽골군들은 그 아래 있었다. 만일 타양칸이 먼저 공격했다면 유리했을 것이다. 또 참호를 팠다면 그는 얼마든지 방어할 수 있었을지 모른다. 그들이 훨씬 대군이었기 때문이었다. 그러나 그는 끝까지 우유부단한 태도로 군대가 밀리도록 내버려 두었다. 타양칸은 산꼭대기까지 밀린 후에야 싸우기 시작했다. 그러나 이미 늦었다. 그 마지막 전투를 『몽골비사』는 사실적으로 묘사하고 있다.

> 그날 밤 나이만은 군대를 일으켜 포위망을 뚫으려 시도했다. 그들은
> 절벽에서 떨어졌다. 한 사람 뒤로 또 한 사람이 계속 밀려들어서는
> 한꺼번에 떨어졌다. 처참하게 으깨진 시체들이 쌓였다. 그들은 마치
> 넘어진 나무들이 널브러져 있는 것처럼 차곡차곡 쌓여 죽었다.

1204년 여름, 타양칸은 포로가 되어 죽었다. 그의 아들 쿠출루크와 자모카는 도망쳤다.

이제 초원에는 메르키드만 남았다. 칭기스칸은 사아리 초원에서 그들을 무찔렀다. 메르키트의 추장 토크토아는 아들들과 함께 도망쳤다. 칭기스칸은 알타이 산맥 기슭까지 그들을 추적했다. 1205년, 칭기스칸은 그들을 따라 잡았다. 토크토아는 전사했고, 그의 아들들은 아버지의 머리를 들고 도망쳤다.

이제 마지막 경쟁자만 남았다. 자모카였다. 칭기스칸은 황야와 빈곤을 딛고 최고의 권력을 잡았다. 하지만 자모카의 추종자들은 테무진의 추종자들처럼 충성스럽지 못했고 자모카도 충성심을 불러일으킬 만한 행동을 보여주지 못했다. 남아 있던 마지막 다섯 명의 추종자들이 어느날 저녁 그를 잡아 칭기스칸에게 넘겼다. 자모카는 쓰라린 마음으로 한탄했고 칭기스칸은 동감했다.

"자신의 정당한 군주에게 손을 댄 자가 어찌 살아 남을 수 있겠는가?"

칭기스칸은 자모카의 눈앞에서 그를 배신한 자들의 목을 치게 했다. 그리고 나서 칭기스칸은 자모카에게 오랜 우정을 되살리자고 제안했다. 자모카는 거절했다.

"전 세계가 그대에게 시중드는데 내가 그대에게 무슨 이익이 되겠는가?"

자모카는 두 가지를 부탁했다. 하나는 그가 죽음을 당할 때 피를 쏟지 않게 해달라는 것이었다. 이것은 은총을 의미했다. 샤머니즘에 의하면 인간의 영혼이 피 속에 있기 때문이었다. 두 번째 부탁은 야수와 새의 먹이가 되지 않도록, 자신의 시체를 초원에 버리지 말고 '높은 곳에 안장해 달라'는 것이었다. 칭기스칸은 받아들였다. 자모카는 큰 카페트에 돌돌 말려 죽었고, 장례식은 성대하게 치러졌다. 이로써 칭기스칸의 모든 장애물은 제거되었다.

1206년 봄, 성스러운 오논강의 발원지에서 코릴타가 소집되었다. 각 족장들, 장로들, 전사들이 아홉 개의 꼬리를 가진 하얀 깃발들을 세워 올렸다. 칭기스칸의 개인적인 수호신을 상징하는 깃발이었다(아홉은 마법의 숫자였다). 그리고 몽골과 모든 종속된 부족들, 씨족들이 모인 코릴타(제국 의회)는 칭기스칸을 칸으로 선출했다. '가죽 천막을 사용하는 모든 종족', 즉 겔에서 사는 초원의 모든 유목민을 통치하는 가장 높은 칸이 되었음을 의미하는 것이었다.

전례 없는 단결과 하나의 목초지를 기반으로 하는 매우 실용적이고 지적인 세력이 일어난 것이다. 그것은 전세계를 놀라게 할 사건이었다. 멀리 금나라 궁전에서 매년 만들어지는 보고서에는 초원이 잠들지 않았음을 보여주는 한두 줄의 글귀가 적혀 있었다. 하지만 대부분의 정착문명의 사람들은 관심을 두지 않았다.

9 장

칭기스칸

서하 공격이라는 훈련

칭기스칸의 대몽골 제국은 날로 번창했다. 인구가 약 200만 명에 달했던 제국은 시베리아의 타이가 지역에서 고비 알타이 지역까지, 투르키스탄의 문턱에서부터 동쪽 만주벌판까지, 남에서 북으로 1500킬로미터, 서에서 동으로 3000킬로미터에 이르는 대제국으로 발전했다.

당시 연대기들 속에는 지금은 역사의 어둠 속에 사라져 버린 이름들, 나라와 민족, 도시들이 등장한다. 그 무렵의 국제 관계는 다음과 같았다.

서쪽에는 아무다리야강과 아랄해까지 영토를 확장했던 카라 키타이 왕조(서요)가 있었다. 이 국가의 지배 계층은 요 제국을 세워 중국 북쪽을 지배하다 여진(금 왕조)에게 제압되었거나 그 지역에서 추방당한 거란족이었다. 거란족 일부는 서쪽으로 달아나 위구르를 지배하고 투르키스탄의 반쯤을 점령했다. 그들의 지도자는 스스로를 투르크의 칭호인 구르칸(유일한 지배자)이라고 불렀다. 그러나 카라 키타이 제국은 칭기스칸이 떠오르는 동안 점차 약화되고 있었다. 한편 콰레즘은 고대에 옥서스로 불렸던 아무다리야강 하류에서 고대 국가의 형태를 갖추고 있었다. 아케메네스 왕조(고대 페르시아 왕조의 시조인 아케메네스라는 이름에서 유래)의 일부로서 이미 콰레즘은 독립적인 지위를 확보하고 있었고, 712년 이 지역을 정복했던 아라비아인들도 이 토착 왕조의 권한을 존중했다.

북쪽의 이웃들은 동·서·남방의 국가들에 비해서 국제 관계가 덜 복잡했다. 시베리아의 광활한 공간 속에서 빈번하게 정착민들과 유목부족의 통합이 생겨나기는 했지만, 대개는 금방 깨어지곤 했다. 예니세이강 상류와 알타이 산맥에 자리잡은 투르크계 키르기스족은 이 지역의 가장 강력한 부족 연맹이었다.

남쪽과 동쪽에는 '중화'라고 하는 정착문명 최대의 보루가 있었다. 고대 문명의 발상지이기도 한 중화 문명권은 칭기스칸의 시대에 세 개의 커다란 독립국가로 나누어져 있었다. 먼저 탕구트인의 나라 서하는 고비 사막 남쪽으로 황하가 긴 곡선을 긋는 지역, 이른바 오르도스 지역과 오늘날의 중국 행정 구역

상 칸주(란조우가 중심 도시인 중국 북서 지역)에 해당하는 곳이다. 옛 티베트에 뿌리를 둔 탕구트인들의 종교는 불교였다. 생업은 농업, 목축, 상업(비단길을 이용하는)으로 비록 칭기스칸의 시대에는 허약해져 있었지만 11세기에는 강력한 군사력을 가지고 있었다. 탕구트인들은 성에서 산다 하여 스스로를 도시 민족이라고 불렀다.

또 하나는 송 왕조. 송나라는 960년에 중원을 통일했지만 북방에서 금나라를 건설한 여진족의 침략을 받자 황족의 일원이 도피하여 양쯔강을 보호 장벽으로 삼아 남송 왕조의 황제로 등극했다.

세 번째 국가인 금나라는 문명화되지 않은 이민족들이 칭기스칸의 공격 이전에 북방으로부터 밀고 내려와 중원을 점령하고 건설한 나라이다. 그러나 이내 그곳 문화에 적응해 중원을 호령하고 있었다.

이런 국제 정세 속에서 칭기스칸은 천하를 꿈꾸고 있었다. 나이만에 대한 빛나는 승리(1204)와 1206년의 대몽골 제국의 성립 후 두 갈래로 군사 작전을 펼쳤다. 북방 삼림 부족 평정과 서하 공격이었다.

1207년, 북방의 삼림 부족인 오이라트와 키르기스를 정벌하는 임무를 맡은 장남 조치는 수베에테이, 제베 장군과 함께 임무를 완수해냈다. 아버지 앞에 선 조치에게 칭기스칸은 이렇게 말했다.

> 나의 장남이여, 네가 처음으로 집을 떠나 훌륭한 일을 해냈구나. 너는 '운이 좋았던' 삼림 부족을 굴복시키고 돌아왔다. 군인과 말을 다치게 하지도 않았고, 힘들게 하지도 않았다. 나는 네게 이 부족(키르기스 혹은 오이라트)을 선사하겠다.

칭기스칸은 조치에게 삼림 부족을 통치하도록 명령했다. 이렇게 하여 킵차크칸국의 모태가 만들어졌다. 이후 킵차크칸국은 아랄해 북쪽에 위치해 있으면서 유럽의 역사에 결정적 영향을 미치게 된다.

삼림 부족의 정벌과 달리 서하 공격은 금나라와의 결전을 위한 예비 훈련의 일환으로 시작됐다.

칭기스칸은 멀리 만리장성 너머에서 감시하고 있는 그 거대하고, 복잡하고, 유서 깊고, 엄청난 힘을 가진 금나라가 조만간 그들을 정벌하러 올 것이란 사실을 알고 있었다. 그는 어려서부터 몽골 사람들은 마치 모래알처럼 흩어져 단합하지 못하기 때문에 금나라를 당하지 못한다는 말을 귀가 아프도록 들어왔다. 당연히 그들을 쳐야 하지만 그는 아직은 역부족이라고 판단했다. 유목 군대는 훈련되어 있지만 경험과 자신감, 그리고 성곽을 공격하는 기술이 부족했다. 이런 것들을 어디서 배울 수 있을까? 그 때에 그의 머리에 떠오른 것이 서하였다.

서하의 탕구트인들은 중화 문명의 영향을 많이 받은 민족이었다. 중국 문자에서 파생된 문자를 발전시켰고, 불교, 도교, 유교 서적들을 그들의 언어로 번역했다. 그들은 학문, 시장이 설치된 도시, 군사 요새, 관료제를 완성시켰다. 그래서 서하는 그의 군대가 금나라와 힘으로 대적하는 것을 배우기 위한 훈련지가 되어야 했다.

1207년, 칭기스칸은 고비 사막을 가로질러 서하 국경에 도착했다. 그리고 많은 마을을 점령했다. 이제 성벽을 넘을 차례였다. 몽골군이 처음으로 성벽과

몽골제국 최고의 야전사령관, 수베에테이
칭기스칸의 4맹견 중 한사람이었으며 칸의 아들과 손자 때까지
사령관을 지냈다. 특히 유럽정벌에서 큰 공을 세웠다. 기록에는 그
가 뚱뚱한 장수였다고 전한다. 이 그림은 몽골군사박물관이 있는
것이다.

싸우는 문제에 직면한 것이다. 성벽은 무적이었다. 빠른 속도의 기마전에 익숙
한 몽골군이지만 성벽 공격은 전사자만 늘릴 뿐이다.

　여기서 칭기스칸은 기발한(?) 아이디어를 생각해 낸다. 그는 천 마리의 고양
이와 천 마리의 제비를 조공으로 바친다면 철군하겠다고 통고했다. 탕구트인
들은 성 안의 고양이와 제비를 잡아 몽골군에게 넘겨주었다. 그러자 칭기스칸
은 고양이와 제비들의 꼬리에 솜뭉치를 묶고 불을 붙인 뒤 풀어 주었다. 강풍
에 날리는 불꽃처럼 제비들은 성 안의 둥지를 찾았고 고양이들은 서식지를 찾
아갔다. 성벽 너머로 연기가 피어 올랐다. 처음에는 여기, 다음에는 저기, 그리
고 곧 수십 곳, 수백 곳에서 연기가 피어올랐다. 결국 성 전체가 불에 타버렸다.
서하군이 불과 싸우고 있는 동안, 몽골군들은 성채를 점령했다. 성 안에 들어
선 병사들은 기뻐 날뛰었지만 칭기스칸은 이런 전술로는 안된다는 것을 뼈저
리게 느꼈다. 결론은 공성(攻城) 무기와 공성 기술을 습득하는 것 뿐이었다.

　초원의 기마병들은 이제 성을 공격하는 포위 공격 전술을 익히느라 여념이
없었다. 모래 주머니, 거대한 고리, 버들 방패, 사닥다리, 충차(衝車) 등의 사용
법을 배우고 또 배웠다. 전쟁과 훈련이 따로 없이 전투 기술을 발전시키고 훈

몽골 군영도
몽골군사박물관 소장.

려시키는 전문적 군대(전투 전문 집단)가 출현한 것이다. 칭기스칸은 그들을 양성하기 위해 케식텐이라는 군사 학교, 지금의 우리로 보면 육군사관학교쯤에 해당하는 전례 없는 군사 학교를 세웠다.

사정을 알 리 없는 서하는 2년 간 당초 약속했던 조공을 보내다가 3년째에 중단했다. 칭기스칸은 군대를 이끌고 1209년 봄, 고비 사막을 건넜다. 그리고 5월에 알라샨 지역의 도시, 볼로하이를 점령했다.

칭기스칸은 유목민의 전술을 사용했다. 알라샨 지역으로 넘어가는 길목을 지키고 있는 튼튼한 성곽으로부터 적들을 유인해내기 위해 칭기스칸은 들판에 소수의 감시병들과 함께 식량차를 세워 놓도록 했다. 서하군들이 진영에서 나와 마차를 공격했다. 순간 매복 중이던 기마병들이 적을 죽이고 성을 공격했다. 수도인 닝샤로 가는 길이 활짝 열렸다.

그러나 몽골족은 한번도 경험하지 못했던 상황에 직면했다. 현대적인 방어 시설이었다. 서하의 수도 닝샤는 제방과 성곽을 통해서, 그리고 황하 상류에 접하고 있는 도시의 위치를 통해서 두 겹으로 보호되어 있었다. 몽골군은 몇주 일 간 성 앞에 머물렀다. 성곽을 무너뜨리는 것이 불가능하자 그들은 묘책을 떠올렸다. 성곽 쪽으로 수로를 판다는 것이었다. 황하의 물길을 바꾸어 성곽을 수장시키려는 것이었다. 칭기스칸은 수로를 파고 댐을 세우라고 명령했다.

그래도 문제가 있었다. 유목민 군대에 공병(工兵)이 없었다. 서툰 공법으로 간신히 막은 댐이 터지자 물은 포위하고 있던 몽골군 야영지까지 덮쳤다. 서하 의 왕은 성에 갇혀 있지만 칭기스칸은 그들을 무찌를 수가 없었다. 그 결과 평화 협정이 맺어졌다. 서하의 왕은 공물을 바칠 의무를 받아들였다. 돌볼 사람 이 딸린 낙타가 주요 공물이었다. 이 낙타들은 이후의 원정에 있어서 보급품 운송에 중요한 역할을 했다. 그러나 서하의 왕은 금나라를 공격할 때 보조 군대로 나서라는 요구에는 완강하게 버텼다. 서하의 군사들은 빠르게 말을 타고 달리는 몽골군과 함께 다니며 싸울 수는 없다고 이유를 들었다. 대신 항복의 징표로 칭기스칸에게 자신의 딸 한 명을 주었다. 서하가 맺은 평화 조약은 단지 표면적인 것이었다. 후일 유리한 기회가 왔을 때 그들은 반격을 가할 생각 이었다.

이런 과정을 겪으며 서하에 대한 공략은 2차, 3차 반복되었지만 칭기스칸은 크게 개의치 않았다. 그의 주된 관심은 금나라를 치는 데 있었고, 그러자면 군 사력이 더 강해질 필요가 있었다. 같은 해에 서하의 굴복보다도 더 칭기스칸 을 기쁘게 만든 일이 있었다. 이슬람의 위구르인들, 카라 키타이(서요) 제국의 신하들이 구르칸에 반란을 일으켜, 칭기스칸의 편에 서기를 자청해 온 것이었 다. 서요의 통치를 받던 위구르 왕국은 서하의 군대가 초반부터 밀리자 미련 없이 몽골에 투항했다. 몽골 세력권 외부의 민족이 스스로 굴복한 첫번째 케 이스였다.

주업이 상업으로 초원의 유목국가와 오아시스 사회의 사정에 정통했던 위구르족이 투항하면서 칭기스칸의 막사는 대상(隊商)들의 집결지가 되었다. 뿐만 아니라 위구르족은 몽골 통치의 교사라고 일컬어질 정도로 몽골의 정치, 행정, 재무, 군사 등 다방면에서 활약했으며 칭기스칸은 그들이 개발해 온 고도의 정치 기술, 경제 능력, 언어 문화를 그대로 흡수해 대제국의 토대를 마련했다.

금나라와의 전쟁(1211년~1214년)

칭기스칸이 서하와 전투를 끝냈을 때 금나라의 사절단이 찾아 왔다. 그리고 칭기스칸에게 금나라에 새로운 황제가 들어섰다는 소식을 전했다. 금나라의 보호를 받는 만리장성 밖의 모든 왕들은 황제의 이름에 순종한다는 의미로 머리를 조아려 경의를 표하는 것이 관례였다. 하지만 칭기스칸은 침을 뱉었다. 사절단은 그대로 황제에게 보고했다.

1211년 3월, 케룰렌 강가에서 코릴타(제국 의회)가 긴급 소집되었다. 그는 금나라 원정을 해야 하는 이유를 설명했다. 맨 먼저 언급된 것이 풍부한 전리품이었다. 최선의 공격이 최선의 방어라는 점도 거론했다. 설령 황제에 대한 칭기스칸의 모욕이 없었더라도, 이제는 위협적일 수밖에 없는 몽골을 금나라가 그냥 넘길 리 없으리라는 것은 분명했다. 더 중요한 것은 그들과의 전쟁이 통일된 몽골 부족들에게 일체감을 강화시켜 주리라는 점이었다. 칭기스칸은 과거에 금나라로부터 유목민들이 당했던 치욕들도 상기시켰다.

코릴타가 끝나자마자 칭기스칸군은 남쪽으로 진군했다. 1211년 6월, 철천지 원수이자 두려움의 대상이던 금나라와 전쟁이 시작되려는 순간이었다. 첫 출발은 매우 순조로웠다. 금나라로 가는 길목에 있는 엉구트는 전혀 저항하지 않았다. 엉구트는 제베의 저승사자 군단에게 멸망한 뒤였다. 그러나 새로 권좌에 오른 금의 황제는 이 소식을 전혀 들으려 하지 않았다. 만리장성의 책임자가 몽골군의 동향을 보고하자 황제는 그를 감옥에 처넣어 버렸다. 이미 몽골군 토벌을 결심한 황제에게 그런 것은 문제가 되지 않았던 것이다. 그러나 정작 맞

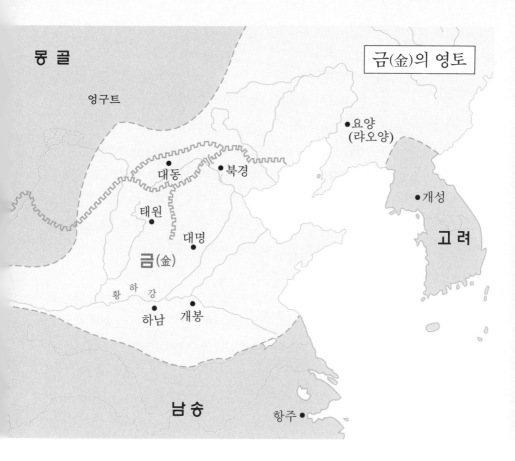

닥뜨린 현실은 금나라의 예상대로 돌아가지 않았고, 그들은 엄청난 충격을 받았다.

칭기스칸의 20만 군대가 북경 근처에 도착하자 금나라측은 깜짝 놀랐다. 칭기스칸은 치밀하게 준비되어 있었다. 그는 자신의 영토 내에 위치한 모든 병사들을 소집했고, 모든 동맹군을 동원했으며, 사용 가능한 모든 말과 마차를 가동시켰다. 그리고 20개의 연대를 세 개로 나누어 모칼리, 수베에테이, 제베 장군에게 지휘를 맡겼다. 이 세 집단은 좌우익과 주력 부대를 이루었는데, 이들 앞에 초승달 편대의 정찰병이 위치하여, 모든 것을 관찰하고, 각각에게 맞는 야영 장소를 물색하는가 하면 스파이 활동을 할 가능성이 있는 자들을 감시했다. 이 거대한 군대는 고비 사막을 건너 금나라에 닿기까지 한 명의 사상자도 내지 않았다.

금나라의 굼뜬 군대들은 그제서야 수도를 방어하기 위해 움직이기 시작했다. 몽골군의 첨병을 맡은 저승사자 군단은 수도까지 곧장 진격했다가 갑자기 사라졌다. 그리고는 여러 날이 지나도록 소식이 없었다. 그러다가 엉뚱한 곳에서 소식이 왔다. 몽골 군대가 금나라의 여러 도시와 농작물을 무자비하게 약탈하고 있다는 것이었다. 그러는 동안 제베는 북경을 방어하는 군대를 공격했다. 견디지 못한 금나라 군대는 요새화된 방어선을 버리고 서쪽, 비옥한 땅을 보호하는 성루를 에워싼 급경사면으로 행진했다. 군대가 길 밖으로 나오면 칭기스칸 군사들은 공격했다. 화살처럼 날쌘 제베의 군사들이 동시에 후방을 쳤다. 금나라는 속수무책으로 저항 한번 해보지 못하고 대부분의 영토를 몽골군의 수중에 내놓고 말았다.

이제 칭기스칸은 자신의 군대를 나눌 수 있었다. 막내아들 톨로이는 타퉁푸를 포위했다. 다른 세 아들, 조치, 차가타이, 어거데이는 각기 군대를 이끌고 다른 성을 공격, 약탈했다. 제베는 북경으로 가는 대로를 정찰하기 위해서 온 금나라를 누비고 다녔다. 그러나 칭기스칸은 내심 고민하지 않을 수 없었다. 어떤 요새든 금나라는 강력한 성벽을 가지고 있었기 때문이다. 칭기스칸은 앞에 놓인 성벽의 규모에 놀라면서 앞뒤로 말을 달렸다. 총 길이 18마일, 흙벽에는 뾰족한 못들이 설치되어 있었다. 성벽 앞에는 세 개의 깊은 해자(垓字)가 있었고, 100개의 탑이 그들을 내려다보고 있었다. 네 개의 주요한 도시로 이어지는 접근 통로들은 잘 갖추어진 요새에 의해 지켜지고 있었다. 그는 이런 규모의 성이 있으리라고는 상상해 본 적이 없었다. 숱한 훈련과 준비를 했지만 몽골군은 여전히 초원의 군대였다. 제베가 북경으로 곧장 난 지름길을 점령하자, 칭기스칸은 다른 성을 공격중이던 아들들에게 제베와 합류하도록 명령했다. 그리고 포로와 연합 군대를 이끌고 금나라의 수도를 향해 나아갔다.

한달 후, 백만 마리의 말들을 먹이기가 어려워지자 그는 전리품을 겨울 캠프로 가져가기로 결심했다. 겨울 캠프를 정하지 못했지만, 칭기스칸의 군대는 움직이기 시작했다. 그때 웨이 샤오 장군이 사절단을 이끌고 도착했다. 칭기스칸의 극진한 환대를 받은 장군은 한가지 제안을 내놓았다.

정통 중국 왕조인 송은 여진족의 나라 금을 증오했고 그들을 공격할 기회를

중국 침입은 칭기스칸의 치밀하고도 계획적인 군사 행동이었다.
산이 아닌 평지에서 싸운 결과 몽골은 중국 군대를 대파한다.

عة منتصف ذى الحجة سنه ثلث وتسعين وثلثمائة وبعد ساعة من المحاربة
خلف جدار القلعة فلما احتجب سلطان النهار في ظلمات

14세기초에 그려진 페르시아 세밀화. 칭기스칸 군대가 중국의 성을 포위 공격하고 있다.
당시의 전투에서 도시의 장악은 승리의 관건이었다. 공성법에 약한 칭기스칸은 투석기를 이용해 성곽을 공격했다.
힘센 투석기에 비해 진흙으로 만들어진 요새가 불안해 보인다.

기다려 왔다. 또한 북동쪽에는 거란의 마지막 왕조가 요를 부활시킬 기회를 엿보고 있다. 서요는 포위되어 있다. 장군 자신도 요 왕조의 후손이므로 거란족을 통치할 수만 있다면 몽골군을 도울 준비가 되어 있다는 것이었다.

칭기스칸은 북서쪽으로 전진해서 금나라와 서요 사이에 야영지를 마련했다. 그곳은 금나라 기마병을 위한 말을 공급하던 곳으로 이제부터는 몽골군의 말을 공급하게 됐다. 몽골군은 그곳에서 기력을 회복했다. 1211~1212년 사이 겨울 내내, 칭기스칸은 계획을 세우고, 사절단을 보내고 보고서를 검토하는 등, 그가 창과 활만큼이나 능란하게 다룰 수 있는 외교 무기를 동원했다.

봄이 되자 웨이 샤오가 반란을 일으켰다. 칭기스칸은 다시 샹리 지방을 가로질러 행군했다. 그는 타퉁푸를 포위 공격했다. 그 사이 제베는 군사를 이끌고 북쪽의 거란족 반란군을 돕기 위해 갔다. 하지만 샹리에서 몽골 군사들은 금나라 군사들의 완강한 저항에 부딪쳤다. 그들이 연습했던 초보적인 공성 기술은 여러 겹의 성벽과 높은 탑, 수준 높은 무기를 당할 수 없었다. 칭기스칸은 필사적으로 공격을 이끌었지만 화살을 맞고 부상을 입은 채 북쪽으로 돌아와야만 했다. 만리장성 너머에서, 몽골군은 다시 전열을 가다듬고, 포로들로부터 공성 기술을 습득했다.

제베도 거란족 영토에서 비슷한 처지에 직면해 있었다. 동쪽의 수도, 랴오양은 난공불락이었다. 성 아래 진영을 배치하고 공격을 이끌었지만 병사의 수는 계속 줄고 사기는 떨어져 갔다. 제베는 묘책을 강구했다. 마치 전쟁을 끝내려는 듯, 또는 다른 적이 있는 곳으로 떠나려는 듯, 그의 군사는 야영지와 짐을 내버려 둔 채, 갑자기 도시로부터 사라졌다. 그들은 다음날 저녁이 되자 되돌아왔다.

새벽녘, 그들은 텐트를 약탈하기 위해 성 밖으로 나온 거란의 군사들을 공격했다. 주둔군들은 후퇴하기도 전에 섬멸당했다. 곧 요 왕자는 거란족의 독립을 선포했고, 자신은 칭기스칸의 도움 아래 몽골국의 가신(家臣)이 되었다.

봄이 되자 전쟁이 재개됐다. 이제 몽골군은 기세가 등등했다. 북부의 요새화된 도시들은 몽골군의 공격에 무너져 내렸다. 많은 거란 출신 장군들이 금나라에 대한 충성을 포기했다. 그럴수록 칭기스칸 세력은 점점 커져 갔다. 그동안 황궁은 부패하고, 한 환관 재상이 반란을 일으켜 황제를 살해했다. 새로운 황제가 들어선 뒤, 환관 재상은 몽골군 전위 부대를 공격하여 승리했다. 그는 몽골군을 완전히 박살낼 측면 공격을 기다리고 있었다. 그렇지만 공격은 시작되지 않았다. 장수 카오치의 소극성 때문이었다. 그리고 그것으로 금나라 군대에게 다시는 승리할 기회가 오지 않았다.

칭기스칸은 금의 수도를 공격할 병력을 다시 셋으로 나누고 본토를 약탈했다. 이제 몽골군은 포위 공격을 하지 않았다. 여성, 아이, 노인들을 모아 전진 부대 앞에 세웠다. 그들은 성곽을 지키는 병사들의 가족이었다. 몽골군이 공포가 좋은 무기가 될 수 있음을 깨달은 것도 이때였다. 항복한 도시는 피를 흘리지도 약탈당하지도 않았다. 저항하는 도시는 가차없이 파괴당했다. 90개의 도시가 칭기스칸의 손에 넘어갔다. 11개 도시만이 고립된 채 필사적으로 버티고 있었다.

약탈과 살육은 6개월 동안 계속되었다. 그해 봄 몽골군은 북경 성 밖에서 다시 모였다. 이번에도 성은 절대 무너뜨릴 수 없는 것처럼 보였다. 장군들은 압도적 승리를 자신했지만, 칭기스칸의 생각은 달랐다. 백 번이 넘는 교전을 통해 금나라는 폭약, 쇠뇌, 공성 무기 등 몽골인들이 만들 수 없는 것들을 보유하고 있음을 알았다. 그럼에도 불구하고 칭기스칸은 공격을 허락했다. 아니나 다를까. 전투는 대규모의 피해를 입고 끝났다. 다른 지방의 성들도 이내 세력을 회복했다. 몽골군들은 우회하여 출격한 금나라에 의해 후방을 공격당하곤 했다. 칭기스칸은 금나라 황제에게 휴전을 제의했다. 얼마간 주저하던 황제는 동의했다. 1214년 봄의 일이었다.

몽골족이 물러가는 조건으로 금나라는 큰 대가를 치러야 했다. 금, 은, 비단, 말 3천 마리, 노예로 쓸 500명의 남녀 아이들, 칭기스칸 자신을 위한 공주 한 명…… 칭기스칸은 고비 사막을 건너가기 전, 일꾼이나 예술가, 학자, 장인들을 골라낸 뒤 나머지는 죽여 버렸다.

여름의 더위가 가실 무렵 칭기스칸은 금 황제가 수도를 북경에서 남쪽 양쯔 강 너머에 위치한 개봉으로 옮겼음을 알게 됐다. 금나라는 양쯔강이란 장벽이 있는 안전한 장소에 있으면서 1,2년 후에 반격해올지도 모를 일이었다.

모칼리(추정도)
칭기스칸은 어떤 조건에도 매달리지 않고 편견없이 동지를 만들었다. 모칼리가 대표적인 경우이다. 고려의 천민 출신이라고 알려진 최하층민 모칼리는 칭기스칸의 역사를 위해 3대가 과로사 하는 기적적인 모범을 남긴다. 칭기스칸은 그에게 훗날 지상 최대의 나라 금나라를 준다. 중국 대륙을 호령한 권(權) 황제가 바로 그였다.

북경에서 다시 중국군과 몽골군 최고 사령관이 된 모칼리의 군대가 만났다. 1214년 겨울, 2차 원정에서 금나라 북부는 함락되었다. 800개의 자치단체들이 모칼리 군대의 손아귀에 들어갔다. 몇몇은 완전히 파괴되었고, 다른 몇몇은 몽골인의 지배하에서 금나라 관리에 의해 통치되도록 남겨졌다. 이제 많은 중국인들은 그 지역의 새로운 실력자에게 충성할 준비를 하기 시작했다. 일부 여진족들도 합류했다.

완옌 왕자의 통치 아래 북경은 완강하게 버텼지만 기근에 질병까지 돌았다. 남쪽에서 구원병들이 나타나곤 했지만 그들은 몽골군에게 전멸당했다. 금나라 군대들의 사기는 저하되었다. 생존자들은 서로를 잡아먹기까지 했다고 한다. 완옌은 자살을 택했다. 1215년 5월, 모칼리가 지휘하는 5천의 병사들은 금나라 장교의 안내를 받으며 성 안으로 들어갔다. 마침내 그들은 북경 성 내부에 진입하게 된 것이다.

정복자들은 주민들을 무참히 살해했다. 여자들은 성벽에서 뛰어내려 목숨을 끊었다. 약탈은 4주일 동안이나 계속되었다. 도시의 대부분이 화염에 휩싸였다. 몽골족은 닥치는 대로 죽이고 불을 질렀다. 이 대량 학살은 초원의 거주자들이 세련된 문명을 지닌 전통의 도시를 수중에 넣었을 때 얼마나 당황했는지를 역설적으로 보여 주었다.

유목민들은 도시 사람들을 유심히 살핀 후, 자신들이 발견한 사실에 기뻐하지 않았다. 도시인들은 재물에 너무 열중했고 너무 상냥했으며 명예를 지키는 것과는 거리가 멀었다. 그들은 분명 영리했다. 그러나 유목민들로서는 그런 것을 배울 필요가 없었다. 중국인들은 몽골인들의 고상함도 강함도 가지고 있지 않았다. 그들과는 어떠한 동맹도 맺지 말아야 했다. 하지만 칭기스칸은 북경 함락 과정에서 아주 중요한 인물과 만나게 된다. 야율초재였다. 옷감, 황금, 비단, 보석을 가득 지닌 대상(隊商)들이 차례차례로 칭기스칸을 찾아왔다. 그들과 함께 많은 현자, 정치가들도 왔는데, 그 중에 야율초재도 있었던 것이다.

남쪽 수도에 있던 금나라 황제는 평화를 희망했다. 칭기스칸은 그에게 평화를 제안했다. 대신 하남의 왕은 칭기스칸의 가신이 되어야 한다는 조건이었다. 황제가 이 조건을 거절하자 전투가 벌어졌다. 하지만 칭기스칸은 1216년 봄, 모칼리와 4천여 명의 군사들을 양쯔강 일대에 남겨두고 오논강으로 돌아갔다. 서쪽 사태가 급박하게 돌아갔기 때문이다.

서아시아 대원정

나이만이 칭기스칸에게 패하자 타양칸의 아들 쿠출루크는 카라 키타이로 도망갔었다. 그곳에서 카라 키타이의 지도자 구르칸의 손녀와 결혼한 그는 은혜를 원수로 갚았다. 1211년 그는 구르칸을 몰아내고 권좌에 앉았다. 그리고는 회교도들을 박해했다. 쿠출루크는 나이만 특유의 네스토리우스파 기독교인이었다. 아내의 영향으로 불교로 개종한 그는 회교도들에게 부처나 예수의 가르침을 따를 것을 요구했다.

회교도 족장들은 몽골군에게 도움을 요청했다. 쿠출루크에게 칭기스칸은 아

카스피해
아랄해
시르다리아
샤리우
발하쉬호
아제르바이잔
바그다드
칼리프조
화레즘
우르겐치
오트라르
추강
일리강
이식쿨
카라키타이제국
위구르
부하라 · 사마르칸트
트란스옥시아나 코젠트
파미르고원
카라인조
메르브
화레즘제국
카불
세이스탄
페샤와르
키르만
인더스강
구 르 조
벵

화레즘 제국(13세기 초)

버지를 죽인 원수였다. 그는 회교도들을 고문하고 처형했다. 칭기스칸은 제베에게 약 2만의 군사를 주어 서쪽으로 보냈다. 제베의 임무는 이슬람 사원을 다시 열고 모든 사람들을 위한 종교적 관용을 선포하는 것이었다. 칭기스칸은 타민족의 신앙에 관여하지 않았다. 자신들의 샤머니즘 외에도 네스토리우스교, 불교, 라마교, 도교 등을 자유롭게 믿도록 했다.

회교도들은 제베군이 나타나자 성문을 열었다. 칭기스칸의 특명에 따라 몽골 군사들은 약탈도, 강간도 저지르지 않았다. 쿠출루크는 파미르 산맥의 높은 곳, 협곡과 눈밭까지 도주한 끝에, 1218년 제베의 군사에게 살해됐다. 그의 머리는 전투에서 유일한 전리품인 재갈 물린 흰색 말과 함께 오논강 동쪽으로 옮겨졌다.

이제 칭기스칸에게 금나라가 머리를 조아렸고 동쪽으로는 고려가 가신이 되었다. 남쪽에서는 서하가 조공을 상납했으며 요나라의 왕들도 몽골에 의지하게 되었다. 북쪽으로는 키르기스족과 토마트족이 굴복했다. 위구르와는 동맹

관계를 맺었고, 서쪽으로는 카라 키타이가 지배를 받았다. 세계의 지평선이 칭기스칸의 수중에 들어 있었다.

하지만 세상에는 항상 라이벌이 존재하는 법이다. 카라 키타이 부족을 제압한 몽골은 경쟁 관계의 세력과 직접 맞서게 되었다. 서쪽으로 콰레즘 제국이라는 술탄 무함마드 2세의 영토와 맞닿게 된 것이다.

13세기 초부터 확장되기 시작한 콰레즘 제국의 영토는 지금의 페르시아, 아프가니스탄, 파키스탄, 우즈베키스탄 등지였다. 콰레즘 제국은 매우 큰 영토를 가진 부강한 국가이며 금 왕조와 관계를 맺고 있었다. 그래서 칭기스칸은 전쟁을 도발하는 행동을 하지 않았다. 오히려 콰레즘과 교역하는 문제에 관심을 보여 우호적인 메시지를 지닌 사절단과 많은 선물을 보내 관계를 돈독하게 유지하고자 했다. 대부분 위구르족인 이슬람 조언자들과 상인들을 통해 칭기스칸은 크게 발달한 문명의 오랜 중심 도시와 교역함으로써 얻게 될 이익에 대해 확신을 갖고 있었다.

그러나 콰레즘측이 군사적 충돌의 빌미를 제공했다. 북중국에서 칭기스칸이 성공을 거두었다는 소식이 전해졌을 때, 콰레즘의 도시 부하라 출신의 상인들은 대상(隊商)을 조직해 중국에 있는 칸의 진영으로 보냈다. 칭기스칸은 물품들을 후한 값으로 사들이고 나서 대상단을 조직할 것을 명령했다. 콰레즘의 대상들과 지방의 성주들은 몽골족과의 교역에 흥미를 느끼고 있었다. 그러나 술탄 무함마드 2세는 달랐다.

시르다리아 중류에 위치한 오트라르는 칭기스칸이 우호의 사인을 보이기 위해 떠나보낸 대상단이 첫번째로 만난 콰레즘의 도시였다. 이 도시의 총독 이날치크는 칭기스칸의 대상단을 습격하라고 명령했다. 대상단과 함께 여행했던 몽골의 사신들, 이슬람교도 대상단과 그들의 동행인들 등등 약 백명이 죽음을 당했다. 이른바 '오트라르 사건'이다. 때는 1218년이었다.

이 끔찍한 살육에 대해 가해자측은 몽골 상인들이 정탐을 하고 주민들에게 공포감을 조장하려 했다고 주장했다. 상인이 정보를 수집하는 것은 이상할 것이 없다. 아마 칭기스칸의 사신들은 유창한 말솜씨로 자신들의 지도자를 자랑했을 것이다.

콰레즘의 사신 행렬
콰레즘제국은 처음에는 몽골제국과의 평화공존을 위해 사절단을 보내기도 하였다. 그러나 칭기스칸의 대상단과 사신들이 콰레즘에 의해 학살당하는 사건이 발생했고, 이어 칭기스칸은 서방 원정을 본격적으로 전개한다.

몽골은 살육에 대한 책임이 술탄에게 있다고 보았다. 술탄의 명령이나 동의없이 일개 총독이 단독으로 그런 행동을 할 수는 없었다. 칭기스칸은 콰레즘의 수도 사마르칸트에 사신을 보내 이날치크를 처벌할 수 있도록 몽골에 넘기라고 요구했다. 그러나 무함마드 2세는 칭기스칸이 보낸 사절단을 안내했던 콰레즘인의 목을 베고, 두 명의 몽골 사신을 죽여서 되돌려 보냈다. 이제 전쟁은 피할 수 없게 된 것이다.

1219년 가을, 몽골군은 시르다리아강을 향해 서쪽으로 행군을 시작했다. 칭기스칸은 계속적인 훈련과 전투로 다양한 전략과 전술을 쌓은 15만 이상의 군사들을 이끌고 나섰는데 금나라를 치던 때보다 두 배나 더 강한 군대였다. 술탄 무함마드 2세 알라 앗 딘은 그보다 더 강한 군대를 움직일 수 있기는 했지만, 통일된 국가의 지도자로서 나설 수 있었던 칭기스칸에 비해서 형편없이 약한 상태에 있었다. 확장된 지 불과 몇 년 되지 않은 술탄의 지배 영역은 행정상의 모습으로만 존재했다. 신생 국가의 정치적 통일성은 당연히 미비했으며 이질적인 주민들간에는 반목이 있었다. 정착민 기질의 이란인과 유목생활을 하는 투르크족들은 서로 적대시했다. 술탄의 가족 내부에서까지 공개적인 다툼이 빈번했다.

1219년 늦가을, 몽골 기마병 한 무리가 남쪽으로 내려와서 시르다리아강 하류 지역을 따라 마을을 불태우고 약탈했다. 그리고 나서 주력 부대의 측면을 보호하면서 다시 남서쪽으로 후퇴했다. 술탄은 군사를 강을 따라 배치하고 파미르와 아랄해 사이에 방어선을 구축했다. 하지만 제베는 또 다른 통로를 발견했다. 그 해 겨울 제베와 조치 휘하의 3만 몽골군은 눈보라를 헤치고 살을 에는 추위와 배고픔을 참아 가며 파르가나 지방의 초원과 무성한 삼림 계곡을 향해 나아갔다. 몽골군은 톈산 산맥과 파미르가 만나는 지점에 위치한 길을 찾아냈다. 그 길은 트란시옥시아나 평야로 연결되어서 콰레즘의 수도 사마르칸트와 부하라로 가는 길을 열어 주었다.

한편 조치는 5천 명의 군사를 이끌고 사마르칸트의 동쪽 도시인 시르다리아강 연안 코젠트를 향해 나아갔다. 그곳의 총독, 티무르 메리크는 강 안에 있는 섬으로 후퇴했다. 비슷한 시간에 차가타이와 어거데이는 오트라르 성문 밖에 나타났다. 이날치크는 필사적으로 저항했다.

오트라르에서 승리하는데 5개월이 걸렸다. 주민들은 죽임을 당하거나 죄수가 되었으며 노예가 되었다. 이날치크는 성벽이 무너지자 성채로 후퇴했다. 성채가 함락되자 침입자들과 층수를 올라가면서 싸웠다. 지붕에서 화살이 떨어지자 그는 기와를 던지면서 저항했다. 그러다가 붙잡혀 칭기스칸에게 끌려갔다. 형벌은 가혹했다. 은을 끓여 눈과 귀에 넣자 그는 고통으로 몸부림치며 죽었다.

쌍방향에서 포위망이 좁혀지는 가운데, 제베는 술탄이 기다리는 성의 서쪽을 공격했다. 술탄은 필사적으로 아무다리야강 계곡을 넘어 증원군을 부르러 보냈다. 하지만 그곳은 몽골군의 약탈로 검은 연기가 모든 마을과 도시 위로 올라가고 있었다. 얼마나 짙은 연기인지 남쪽 산맥이 보이지 않을 정도였다.

몽골군은 아랄해 남부 지방에 위치한 키질쿰 사막을 건넜다. 몽골군은 매수된 현지인들의 길안내를 받았다. 칭기스칸 군대는 1220년 2월, 부하라에 이르렀다.

몽골군은 적에게 도주 통로를 주는 것을 좋아했다. 도망칠 때 죽이는 것을 더 선호했기 때문이었다. 부하라의 2만 콰레즘 군사는 적군이 보이지 않는 문을 통해 도망쳤으나 성으로부터 수마일 떨어진 곳에서 한 사람도 남김없이 전멸당했다. 칭기스칸은 항복한 부하라 주민들에게 연설을 했다. 주민들은 여름철에 기도하는 거대한 공터에 사형수처럼 긴장된 표정으로 모여서 통역자의 말에 귀를 기울였다. 칭기스칸은 "콰레즘 사람들은 씻을 수 없는 죄를 지었다"고 열변을 토한 후, 세금 징수자들을 임명했다. 그리고는 그들에게 '돈이 아니면 생명'을 요구했다. 이제 부하라는 몽골군에게 더 이상 위협적인 도시가 아니었다.

칭기스칸은 사마르칸트를 향해 진군을 계속했다. 사마르칸트에서 술탄은 어느 쪽을 둘러 보아도 적밖에는 보이지 않았다. 동쪽은 조치, 북쪽은 차가타이와 어거데이, 남쪽에는 제베, 그리고 서쪽에서는 칭기스칸이 다가오고 있었다. 다른 곳의 요새들은 차례로 함락되었다. 사마르칸트도 곧 몽골군의 수중에 떨어졌다. 이 도시는 성직자들과 상인들이 전투에 반대했기 때문에 비교적 무사할 수 있었다. 술탄 무함마드 2세는 도망자의 신세가 되었다. 칭기스칸은 제베와 수베에테이에게 술탄을 쫓으라고 명령한 후, 자신은 그 도시 함락에 주력했다. 성벽과 탑 너머에서는 오십만의 사람들이 있었다.

그들은 만명의 병사들을 믿었지만 그 믿음은 곧 낙담으로 바뀌었다. 포위망을 뚫으려던 병사들은 붙잡혀 살해당했고 남은 병사들은 더 저항해봤자 소용없음을 깨닫고 몽골군에게 항복했다. 반역자를 살려두지 않는 칭기스칸은 그들을 마지막 한명까지 사형시키라고 명령했다. 나머지 병사들은 성채로 피난했다. 반면 시민들은 세이크울이란 이슬람 지도자를 따라 침입자들에게 문을 열었다. 공포와 감사를 무기로 사용한 칭기스칸은 5만 명의 회교도 가족에게 자유를 주었다. 칭기스칸은 이슬람 성직자들은 건드리지 않았다. 칭기스칸은

그들의 지혜와 재능을 이용할 줄 알았다. 어떤 종교든 그 성직자들이 갖고 있는 영향력을 잘 알고 있었던 것이다.

적들을 추격하는 칭기스칸.
콰레즘의 왕 술탄 무함마드를 쫓아 지구의 1/4 바퀴를 가로지르는 대장정을 하였다. 이 그림은 일칸국의 사서인 라시드 웃 딘이 쓴 몽골족의 역사서 『집사』에 수록된 것이다.

저항하던 나머지는 초원으로 내몰렸다. 칭기스칸은 예술가, 기술자, 노동자, 그리고 몽골군측에서 싸울 수 있는 전사들을 뽑고 나머지는 죽여 버렸다. 사마르칸트는 완벽하게 함락되었다. 일 년은 걸릴 것이라고 예상했던 도시와 요새가 공포, 외교, 정열, 규율을 가진 칭기스칸 군대에게 3일 만에 정복당한 것이다.

한편 멀리 남쪽에서는 무함마드 2세와 추격군들이 생사를 건 숨바꼭질을 하고 있었다. 술탄은 발흐로 도망쳤

콰레즘의 수도 사마르칸트의 성벽

다. 나라 전체는 사마르칸트의 회교도인들이 어떻게 대접받았는지에 대한 얘기들로 가득했다. 몽골인이 통치하는 지역에 남은 사람들이 엄격하지만 친절하고 공평한 대접을 받고 있다는 사실도 알게 됐다. 종교적 관용은 다양한 신앙이 존재하는 곳에서 새로운 안전을 제공했다.

칭기스칸의 공정한 법령은 주로 야율초재의 조언에 기초하고 있었다. 칭기스칸은 사람들이 술탄에게 등을 돌리도록 만들기 위해 그를 뒤쫓는 군대에게 불필요한 살인과 약탈을 하지 말도록 명령했다. 항복한 사람들은 관대한 처분을 받았다.

그럼에도 몇몇 도시는 끄떡없이 버티었으며 술탄은 3주전에 서쪽으로 도망쳤다. 마침내 추격자들은 무함마드 2세를 붙잡았다. 하지만 그가 술탄인 것을 몰랐다. 작은 접전에서 몽골 순찰병들은 한 무리의 기마병대를 급습했다. 화살이 날아들자 한 백마가 도망쳤고 말을 탄 자는 소매가 피로 검게 물든 채, 안장으로 고개를 숙였다. 무함마드 2세가 부상을 당하고 거의 잡힐 뻔한 것이었다. 그는 다시 도망쳤다.

이제 그는 북서쪽으로 카스피해 해안을 지나 그 너머로 도망치는 중이었다. 그가 정착한 곳은 작은 섬이었다. 섬에 들어갈 당시 그에게는 걸칠 수 있는 변

변한 옷 한 벌도 없었다. 1220년에서 1221년으로 해가 바뀌는 때에 그는 그곳에서 죽었다.

후계자를 생각하다

1221년 1월이었다. 칭기스칸은 아무다리야강 근처에 위치한 테르메즈시를 공격하고 있었다. 그곳은 아들 어거데이가 만든 거대한 포위 공격 무기를 위한 실험장이 되었다. 성벽을 통해 돌과 화염에 휩싸인 나프타 단지를 던지며 저항하던 주둔군이 항복하는 데에는 열 하루가 걸렸다. 칭기스칸은 세 아들을 콰레즘 중심지, 아랄해 남부, 아무다리야강 하류로 보냈다. 그리고 그들을 지켜보고 업적과 처신을 보고하도록 하기 위해 보오르초를 자신의 수석 보좌관 자격으로 그들에게 보냈다. 그는 후계자 문제를 심각하게 생각하고 있었을 것이다.

열정에 불타는 이 지배자는 사랑하는 아내 예수이가 모든 생명체의 유한성을 일깨워주고 후계자에 대한 질문을 던질 때까지 서방 정벌을 준비하고 있었을 만큼 전혀 죽음을 생각하고 있지 않았다. 그 상황을 『몽골비사』는 이렇게 전한다.

> "당신은 높은 산길을 오를 것을, 넓은 강을 건널 것을, 멀고 먼 원정의 길을 떠날 것을 생각하고 있어요⋯⋯. 그렇지만 높은 나무와 같은 당신의 몸이 쓰러지려 기울어지면 당신이 지배하는 이 민족을 누구에게 맡기겠습니까?"
> 칭기스칸은 이렇게 대답했다.
> "예수이가 비록 여자이기는 하나 아주 옳은 말을 하였다. 마치 내가 선조의 뒤를 이어온 것이 아니라는 듯 나는 한번도 그런 생각을 해보지 않았다. 마치 내가 결코 죽지 않으리라는 듯이 편안하게 잠잤다."

사냥훈련을 그린 역사화
살아 움직이는, 날뛰고 달려드는 동
물을 사냥하는 것은 전투를 위한 최
선의 훈련이었다.

동시에 그는 자신이 제정한 법령 중 하나를 마음 속 깊
이 새기고 있었다.

> 전투가 없을 때에는 사냥을 해야만 한다. 젊
> 은이들에게 야생 동물을 죽이는 방법을 가르
> 쳐 전투에 익숙해지도록 만들기 위해서이
> 다……

그는 거대한 사냥 대회를 조직했다. 어느 페르시아인
구경꾼은 4개월 동안 사냥을 하는 몽골군들을 보고 놀라
워했다고 한다.
서쪽 지방에서 조치와 차가타이 사이에 논쟁이 벌어졌
다. 칭기스칸은 즉시 성품이 온화한 어거데이를 보냈다.

그는 술을 좋아하고 연회를 좋아했지만 영리한 인물이었다. 그의 중재 덕택에 몽골의 야영지는 평화를 되찾았다.

아들들이 전쟁을 수행하는 동안 칭기스칸은 무함마드 2세를 추격했던 수베에테이에게 귀환 명령을 내렸다. 뚱뚱한 그는 '화살 기수'처럼 온 몸을 붕대로 감은 채, 35마일마다 말을 바꿔 타고 안장에서 먹고 자면서 일주일에 1,200마일을 달렸다. 칭기스칸이 그에게 원했던 것은 정보와 경험있는 눈으로만 알 수 있는 정세 분석이었다. 수베에테이는 코르산 서부 지역에 대해 보고했다. 그리고 어떠한 페르시아군도 활동하지 않으며 남서쪽에 위치한 부유하고 인구가 많은 이라크에서도 군사적 움직임이 없음을 확신시켜 주었다. 수베에테이 장군은 또 다른 소식도 전했다. 카스피해 너머까지 말을 달렸던 그의 부하들이 전혀 다른 종류의 사람들을 발견했다는 것이었다. 그들은 길고 좁은 얼굴을 가졌고, 머리카락은 밝은 색이었으며, 둥글고 파란 눈을 가졌다는 것이었다. 그들을 좀 더 자세하게 관찰하기 위해서, 그리고 킵차크 서쪽 지역을 탐사하기 위해서 수베에테이는 카스피해 주변 서쪽과 북쪽 여행을 허락해 주도록 건의했다. 그 지역은 칭기스칸이 오래 전 조치에게 준 땅으로 이르티쉬 강 서쪽이었다. 그는 수베에테이의 계획에 동의했다. 하지만 3년을 넘기지 말아야 한다고 못 박았다.

칭기스칸은 수베에테이가 가져온 정보에 만족했다. 페르시아에 어떠한 적군도 없기 때문에 자신이 원하는 어느 곳으로도 군대를 움직일 수 있었기 때문이다. 그래서 유럽 정찰대를 보내는 일도 가능했다.

그러나 콰레즘 제국에서는 여전히 우르겐치시(市)가 버티고 있었다. 어거데이는 자신이 개발한 공성(攻城) 무기를 사용하려고 했다. 그러나 그곳에는 공성에 이용할 돌이 거의 없었다. 어거데이는 성벽에 맹공을 퍼부었지만 난공불락이었다. 어거데이는 강물의 흐름을 바꿔 버렸다. 그러자 성 안의 주민들은 우물을 파서 물을 내용했다. 결국 불타는 나프타들이 수도 없이 성 안으로 날아들었다. 7일간의 전투 후에 도시는 함락되었다. 주민 대부분은 학살당했으며, 불길이 잦아들었을 때 강물은 다시 한번 더 진로가 바뀌었다. 잿더미로 변한 마을은 강물에 휩싸였고 지하실에 숨었던 마지막 생존자들까지 쓸어 버렸다.

전투 속으로 달려가는 칭기스칸
그는 거의 모든 전투에서 최전방을
고수했다. 그의 인생 역정은 말에서
태어나고 말에서 죽는다는 유목민의
삶을 선명하게 보여준다.

때는 1221년 4월이었다.

그러나 세상은 조용해지지 않았다. 예컨대 코르산에서
는 회교도들이 자신들에게 종교의 자유를 주었던 칭기스
칸의 관용적인 자세에 대해 반발하기 시작했다. 그들은
이교도의 존재를 막기 위하여 폭동을 일으켰다. 칭기스
칸은 아들 톨로이를 출격시켜 몰살하도록 했다.

이같은 일은 다른 정복지에서도 나타났다. 칭기스칸이
점령지 헤라트에서 떠난 뒤 봉기가 일어나자, 그는 다시
다른 군대를 보내면서 차갑게 말했다.

"죽은 자들이 다시 살아났으므로 그들 육체에서 머리
를 자르도록 명령한다."

몽골군이 다시 갔을 때 반란군만 1만 명이었던 곳에서 40
명만이, 그것도 넝마를 걸치고 폐허 속에서 기어 나왔다.

이런 일도 있었다.

힌두쿠시 산기슭에서 칭기스칸이 가장 사랑했던 손자이자 차가타이의 아들인 무투겐이 전사했다. 그에 대한 복수는 너무도 끔찍하여 아름다움과 풍요함으로 유명했던 곳이 100년이 지나도록 아무것도 자라지 않고, 아무도 살지 않았다고 한다. 차가타이가 전투에서 돌아왔을 때 칭기스칸은 자신의 모든 명령에 복종할 것인지를 물었다. 무릎을 꿇고 차가타이는 그렇게 하겠다고 대답했다.

너의 아들은 죽었다. 나는 네가 울거나 불평하는 것을 금한다.

차가타이는 결코 울거나 불평하지 않았다고 한다.

어거데이가 자신보다 지위가 높은 것에 기분이 상한 조치는 콰레즘인들이 항복하자 북쪽으로 철수해 버렸다. 하지만 칭기스칸에게 정말로 나쁜 소식은 남쪽으로부터 들려왔다. 무함마드 2세의 아들인 잘랄 앗 딘이 아프가니스탄의 가즈나에서 군대를 이끌고 나타나 몽골군들을 패배시켰다는 소식이었다. 칭기스칸은 시키 코토코를 보냈다. 하지만 잘랄 앗 딘은 흔들리지 않았다. 시키 코토코는 말 위에 허수아비를 앉혀서 자신의 3만 군대가 더 많아 보이도록 하려고 했지만 잘랄 앗 딘은 속임수임을 간파했다. 몽골군은 처음으로 도망쳐야만 했다. 하지만 잘랄 앗 딘은 전술가이지 전략가는 아니었다. 그는 몽골군 포로들을 고문하고 축배를 들며 시간을 허비했다. 칭기스칸과 세 아들이 아프가니스탄의 산과 계곡을 가로질러 다가왔을 때 그는 철수하기 시작했다.

잘랄 앗 딘의 앞에는 몽골군이 반달 모양으로 에워싸고 뒤에는 인더스강이 흐르고 있었다. 잘랄 앗 딘은 맹렬하게 몽골군 중심부를 공격했다. 몽골군이 움찔하여 와해될 기미를 보이자, 칭기스칸은 천 명의 군사들에게 잘랄 앗 딘 군대의 측면을 보호해 주고 있는 산을 넘도록 했다. 불가능한 방향으로부터 예기치 않았던 공격을 당하자 잘랄 앗 딘은 흔들렸다. 그래도 그는 결사적으로 항전했다.

칭기스칸은 그를 생포하라고 명령했다. 하지만 영웅은 잡기 어려운 사냥감이었다. 방향을 바꿔서 강 위에 걸린 절벽의 가장자리로 달려갔다. 잘랄 앗 딘은 말을 탄 상태로 절벽 아래로 뛰어내렸다. 그 때가 1221년 11월말. 그 일은 지금도 회자된다. 어떤 사람은 20피트였다고 하고 어떤 사람은 50피트, 70피트였다고도 했다. 하지만 그것은 중요한 문제가 아니었다. 그의 용기는 목격한 모든 사람들에 의해 인정됐다. 칭기스칸은 추격을 중단하라고 명령을 내렸다. 잘랄 앗 딘이 몰아치는 폭풍우를 뚫고 뛰어내렸던 페샤와르 남쪽, 인더스강 건너편의 지역은 오늘날에도 '준마의 도약'으로 불리고 있다. 그 근처의 바위 부스러기들은 '잘랄의 사막'으로 불린다.

철군하기 전 칭기스칸은 이슬람의 귀족들로부터 '도시의 실체와 의미'에 대한 설명을 들었다. 도시들에는 몽골의 총독이 주재하기 시작했다. 경험이 풍부한 정복지의 관리들은 몽골인들과 대등한 지위를 받았다.

초원에 별이 지고

이 모든 일이 끝난 뒤 칭기스칸은 인간적인 고뇌와 연민에 휩싸였다. 어거데이와 차가타이는 도착했지만 조치는 돌아오지 않았다. 전령은 그가 병에 걸려 여행을 할 수 없다고 말했다. 조치는 대신 킵차크 산(産) 얼룩무늬 말 2만 필을 보냈다. 하지만 칭기스칸은 장남을 보고싶어 했다.

수베에테이는 돌아와서 서양 사람들과 승리에 대한 소식, 그리고 힘들었던 여행에 대하여 보고했다. 슬픈 소식도 있었다. 제베의 죽음이었다. 처음에는 적이었지만 약속대로 끝까지 충성을 바친 인물, '화살촉'이란 이름을 가졌고 자신의 주인이 될 사람(칭기스칸)을 거의 죽일 뻔한 인물, 그가 사망한 것이다. 그는 투르키스탄의 서부 어느 지역에서 열병으로 죽었다.

또다른 나쁜 일도 발생했다. 조치가 끝까지 오지 않자 칭기스칸의 실망이 분노로 변하면서 무력으로라도 끌어오기로 결심했다. 칭기스칸은 전쟁 준비를 했고 부자지간의 싸움이 곧 있으리라는 소문이 돌았다. 그때 조치가 아프고 쇠약해져서 텐트 안에서 사망했다는 소식이 전해졌다. 칭기스칸은 이틀 동안 겔에서 나오지 않았다. 고향으로 향하는 칭기스칸은 자신의 분노가 정당하지 못했다는 생각에 더욱 슬퍼했다.

칭기스칸은 영원한 생명과 후계자 문제에 대해서 숙고하면서 지친 심신을 끌고 1225년 초 몽골로 돌아왔다. 돌아오는 길에 유일하게 기뻐한 것은, 국경에서 사냥을 할 때 세상에 태어나 처음으로 동물을 죽여본 두 손자들의 자랑을 들으면서였다고 한다. 아홉 살의 훌라구와 열 한 살의 쿠빌라이가 그들이었는데, 두 사람의 이름은 훗날 아시아의 양쪽 끝에서 울리게 된다.

이같은 인간적인 번뇌의 와중에도 칭기스칸은 큰 일을 치르느라 빠뜨렸던 것들을 생각하고 있었다. 금나라에서 마지막까지 전쟁을 이끌었던 장군 모칼리가 1223년 죽고 난 이후 제국의 남쪽은 어려움에 처했다. 탕구트가 반란을 일으켰고, 여진족은 빼앗겼던 지역의 일부를 탈환했다. 모칼리는 사망할 당시 금 왕조의 남쪽 수도를 정복하지 못한 데 대해 너무도 후회했다. 모칼리는 자신의 자리를 계승하는 아들 보로에게 "이제 그 일은 네가 할 차례다" 라고 유언했다. 그러나 칭기스칸은 보로에게 훨씬 더 중요한 임무를 주었다. 탕구트 재정벌이었다. 처음 술탄 무함마드 2세에게 복수하기 위하여 출정할 때, 칭기스칸은 동맹국들에게 도움을 요청했었다. 그러나 서하의 왕은 거절했다. 그들은 그런 일을 할 수 있는 유일한 세력이었다. 서하는 칭기스칸의 군대가 혼자서 전쟁을 이길 정도로 강하지 않다면, 싸우지 않는 편이 낫다는 논리를 세웠다. 금나라에선 새로운 황제, 슈슈가 등극했다.

일년의 휴식 기간이 지난 1226년 가을, 칭기스칸은 18만 군사를 이끌고 출정했다. 그는 지난번 서하와의 전쟁에서 실수를 했었다. 적들이 무릎을 꿇기 전에 싸움을 끝낸 것이다. 이제 그는 아들과 손자들이 그 사실을 마음에 새기길 바랐다.

그런데 진군 초기에 불길한 사고가 일어났다. 탕구트 제국으로 가는 도중 겨울이 되자 칭기스칸은 유명한 아르부하의 야생마들을 잡기 위한 말몰이 사냥대회를 개최했다. 그는 얼룩말을 타고 있었다. 야생마들이 그의 앞을 지나 달려갈 때 이 얼룩말이 갑자기 섰다. 칭기스칸은 말에서 떨어졌다. 그는 대단한 고통을 느꼈고, 즉시 진영이 세워졌다. 그는 '온몸에 끓어오르는 신열'로 밤을 지새웠다. 장군들은 원정을 중단할 것을 제안했지만 칭기스칸은 반대했다.

탕구트는 우리가 용기가 없어서 돌아갔다고 말하게 될 것이다.

그렇게 말하기는 했지만 칭기스칸은 마음을 고쳐먹고 돌아가려는 듯이 보였다. 그는 탕구트의 왕인 보르칸에게 사신을 보내 협상하려는 뜻을 내비쳤다. 하지만 돌아온 대답은 선전포고였다. 칭기스칸은 고열에 몸을 떨며 말했다.

그자가 이렇게 큰 소리를 치는데 어찌 우리가 피할 수 있겠는가! 내가 죽는 한이 있더라도 기필코 그리로 가서 그 말을 후회하게 만들어 주리라. 영원한 하늘이 나의 증인이 되리라.

몽골군은 이번에는 다른 길을 택했다. 그들은 북서쪽 국경 황야에서 갑자기 나타났다. 1226년, 그는 에트시나를 함락시켰다. 몇 주 후 간쵸우, 산쵸우를 잇따라 정복했다. 몇 달 후 그들은 량쵸우의 비옥한 지역 대부분을 파괴하고 서쪽으로 행군했다.

이제 가을이 되었고, 살을 에는 강한 바람은 곧 겨울이 올 것임을 예고했다. 몽골군들은 서하의 수도 닝샤에 다가가고 있었다. 수도에서 60마일 떨어진 잉리가 그들의 손아귀에 떨어졌다. 수도에서 20마일 떨어진 링쵸우를 포위했을 때, 쉬고 있던 칭기스칸은 다시 지휘봉을 잡았다.

겨울이 오자 땅은 얼어붙었다. 강물은 얼음 아래에 멈추었다. 서하의 왕은 링쵸우를 구하기 위해 3만 명의 군사를 보냈다. 몽골군은 후퇴했다. 사기 충천한 탕구트 기마병은 승리가 눈앞에 보이는 듯 그들은 얼어붙은 황하강을 지나 공격했다. 하지만 무모함이 그들을 파멸시켰다. 말들의 편자가 얼어붙어버린 것이었다. 말들은 한 마리씩 한 마리씩 소리를 지르며 얽히고 넘어졌다. 편자를 박지 않은 몽골의 조랑말들이 얼어붙은 황하강 위로 달려들었다.

탕구트 병사들은 강둑으로 몸을 돌리려고 했지만 너무 느렸다. 강 위에서 공포에 떨고 있는 군사들에게 몽골군이 다가가는 동안 새로운 회오리바람이 불었다. 두 번째 몽골 기마병들이 얼음을 가로질러 다가온 것이다. 그들은 탕구트군 측면을 공격했다. 양 측면을 공격당한 탕구트 부대는 뒷걸음질칠 수밖에

칭기스칸의 오르도(칸의 겔)를 호위
병들이 지키고 있다. 광활한 초원을
감상하기를 즐겨했던 칸을 위해 그의
오르도 앞에는 어느 누구의 겔도 허
락되지 않았다.

없었다. 얼음 위에서 살해되고 와해된 탕구트 군대의 생
존자들이 서로 얽혀가며 몸을 돌리려 하는 사이, 몽골군
들이 다시 돌진했다. 탕구트 군사들은 모두 죽었다.

서하의 왕은 산 속으로 도망쳤다. 그가 떠난 도시와 마
을에서 연기가 피어 올랐다. 사람들은 산기슭의 황야와
관목 지대에 숨었다가는 더 높이 올라가 산 속 갈라진 틈
이나 협곡에 몸을 숨겼다. 하지만 그들은 모두 죽임을 당
했다. 서하의 왕은 고지대 성 안에 갇혀서 죽었다.

탕구트족 새 지도자 시두르고는 수도에서 항전했다. 그
곳은 지금까지 몽골군의 최신식 포위 무기에도 버텼던
성이었다. 한편 어거데이는 금나라로 향했다. 또 다른 몽
골군은 서하의 서부 지역을 정복했다. 칭기스칸은 충성

칭기스칸은 중요한 손님이 오는 날을 제외하고는 겔 생활을 하며 유목관습을 유지했다.
'따뜻한 흙벽 속에 사는 날 제국이 망할 것이다' 란 그의 유언은 몽골 제국을 150여 년 동안 지속시킨 힘이었다.

산맥 동쪽에 자리를 잡았다. 그곳은 송과 금나라의 움직임을 내려다볼 수 있는 유리한 지역이었다. 탕구트족이 중국과 연결하려는 시도를 막을 수 있는 장소이기도 했다. 시두르고는 결국 '왕위를 양도하고 도시 안의 백성들을 내보내기 위해 한달의 말미를 달라'고 간청했다.

이 순간 불멸의 칭기스칸에게도 끝이 다가오고 있었다. 부상 후유증으로 쇠약해지고 늙은 칭기스칸은 자신이 죽어가고 있음을 깨달았다. 여러 해 동안 관심을 가져온 것이 이젠 긴급한 현안이 됐다. 그는 자신의 후계자를 지명해야 했다. 적어도 언급은 해야 했다. 이미 거대한 제국은 분할된 상태였다. 차가타이는 서쪽을 소유할 예정이었다. 그곳은 카라 키타이, 아랄해 남부의 구 콰레즘 제국, 위구르 민족의 영토였다. 북서쪽은 조치의 아들, 바투의 지배를 받게 되었다. 동쪽은 어거데이의 것이 되었다. 그곳은 아직은 정복되지 않은 금나라와 동아시아의 다른 정복지들이었다. 막내인 톨로이는 몽골의 전통에 따라 본토를 계승받을 예정이었다. 하지만 이러한 분할은 지도자를 결정하지 않은 연방 정부와 마찬가지였다. 모두가 따를 수 있는 칸이 필요했다. 칭기스칸은 자신의 걱정을 두 마리의 뱀 우화에 비유했다. 첫번째 뱀은 몸은 하나인데 머리가 여러 개 있었다. 두 번째 뱀은 머리는 하나인데 몸이 여러 개 있었다. 겨울이 오자 머리가 많은 뱀은 모든 머리가 동의할 수 있는 피난처를 찾을 수 없었다. 그들은 말다툼하고 서로 으르렁거렸다. 그 뱀은 얼어죽고 말았다. 다른 뱀은 머리 아래의 여러 개의 몸을 잡아당겼다. 그리고 겨울을 준비해 다음 해 봄을 볼 수 있었다. 교훈은 분명했다. 만일 제국이 살아남으려면 오직 하나의 머리만 있어야 했다. 누가 머리가 될 수 있을까?

아들들은 장단점을 동시에 가지고 있었다. 모두가 활기차고 용감하고 유능한 장군 이상의 능력을 가지고 있었다. 가장 약하고 가장 부드러운 성격의 어거데이는 술을 너무 많이 마시는 인물이었지만 영민하고 융화적인 성격의 소유자였다. 그는 남의 말을 잘 들어주었고, 주위의 사람들이 좋아했으며 다른 아들들의 장점을 가장 좋은 방향으로 이끌 수 있는 인물이었다. 어거데이는 필요할 때 굽힐 줄 알며, 각각의 성격 차이를 알고 타협할 수 있는 인물이었다. 어거데이는 칭기스칸이 정복한 세상의 지도자로 따라야 한다고 말한, 바로 그 인물이었다. 하지만 칭기스칸은 자신이 만든 법에 따라 코릴타에서만이 다음의 칸을 선출할 수 있다는 것을 잘 알고 있었다. 코릴타가 소집되기 전까지는 톨로이가 섭정해야 했다.

육체는 쇠약했지만 칭기스칸의 판단력은 여전히 날카로웠다. 다시 한번 그는 가족이 단결하고 조화롭게 행동할 것을 촉구했다. 그는 각자가 하나의 화살을 부러뜨리게 했다. 그리고 나서는 한번에 한 통의 화살을 부러뜨리도록 했다. 그들은 서로가 실패하는 모습을 보았다.

> 너희들은 이처럼 단단해야만 할 것이다. 아무도 믿지 말아라. 어떠한 적도 믿지 말아라. 생명이 위험할 때 서로를 돕고 의지해라. 나의 법, 자사크를 순종해라. 결론에 이른 모든 행동을 수행해라.

칭기스칸은 말에서 떨어지면서 입은 내상(內傷)을 끝내 이겨내지 못했다. 1227년 8월 18일, 몽골족에게는 돼지해 가을 중간 달의 15일, 칭기스칸은 세상을 떠났다. 그는 탕구트의 땅에 세웠던 주둔지에서 죽었다. 그는 죽기 몇 시간 전에 마지막 명령을 내렸다. "내 죽음을 알리지 말라. 적군이 눈치채지 못하도록 절대로 울거나 한탄하지 말라. 그리고 약속한 날에 탕구트의 왕과 백성들이 성을 떠났을 때 그들을 전멸시켜라."

몽골군은 그의 명령을 따랐다. 시두르고를 따라 사람들이 충성성의 문을 나왔을 때 몽골군들은 사방에서 달려가 그들을 죽이고 또 죽였다. 시두르고는 칭기스칸의 거대한 천막으로 안내되었다. 그는 분명 칭기스칸을 알현할 수 있을 것으로 기대했을 것이다. 하지만 그와 모든 관리, 하인들은 살해당했다.

그리고 나서야 몽골군들은 슬퍼하며 서하를 떠났다. 칭기스칸의 시신은 마차에 안치돼 오논 강변의 고향으로 옮겨졌다. 몽골족의 관념에서는 고향에서 장사지내는 것이 중요한 의미를 지닌다. 그곳에서 칭기스칸의 영혼은 그의 씨족과 전체 민족을 보호하게 되리라는 것이었다.

운구 행렬과 마주치는 모든 생명체는 죽임을 당했다. 마르코 폴로는 이렇게 쓰고 있다.

몽골 군사박물관에 소장된 칭기스칸의 출정 그림

칸의 시신을 운구하던 자들이 도중에 마주친 모든 사람을, '다른 세계로 가거라. 그리고 그곳에서 너희들이 돌아가신 군주를 모셔라'라고 말하며 처죽이는 것은 당연한 일로 여겨졌다. 그들은 그러한 방식으로 죽음을 당한 모든 사람들이 실제로 내세에서 그의 하인이 되리라 믿었던 것이다. 칸이 타던 말들도 비슷하게 처리되었다.

— 마르코 폴로, 『동방견문록』

칭기스칸의 시신은 오논강 상류 근처에 안치되었다. 그곳은 칭기스칸이 청년 시절 생존과 부와 명성을 위해 투쟁을 하던 곳이었다. 운구는 다시 보르칸 칼돈산의 가파

르고 산림이 우거진 산비탈 위로 옮겨졌다. 그 산은 칭기스칸의 탄생과 성장, 승리를 내려다 본 곳이다. 꼭대기 근처에는 나무 하나가 있었다. 어느날 사냥을 하던 칭기스칸은 그 아래에서 쉬게 되었는데, 그때 그는 이렇게 말했다고 한다.

이곳은 내가 묻히기에 좋은 장소구나. 잘 표시해 두거라!

그곳에 무덤이 만들어졌다. 그리고 시신을 옮긴 마차와 함께 그곳에 묻혔다. 여덟 개의 흰 천막이 세워졌다. 그를 기억하면서 기도를 하고, 명상을 하기 위한 사당이었다. 톨로이도 그곳에 묻힐 것이다. 다음 세대인 쿠빌라이도 역시 그곳에 묻힐 것이었다.

나무가 자라서 우거지고, 역사는 마침내 몽골족의 자존심을 낮추었다. 텐트들은 매서운 바람에 찢겨져 버렸다. 과거에 서 있었던 하나의 나무는 쓰러지고 많은 나무가 자라 숲이 되었다. 칭기스칸의 무덤은 잊혀졌다. 칭기스칸은 자신의 이름에 대한 천둥 같은 기억만을 남긴 채 사라져 버린 것이다.

오늘날 몽골 민족은 오논강과 케룰렌강 사이에 위치한 여러 봉우리들의 기슭에서 이 영웅을 추모하고 있지만, 그 중 어떤 봉우리가 실제로 성스러운 산 보르칸 칼돈인지 자신있게 말할 수 있는 사람은 아무도 없다.

10 장

그리고
역사 속으로 사라져 간 제국

후계자들

칭기스칸 사후 세계는 새로운 질서에 휘말리게 된다.

1227년 칭기스칸의 사망 후, 제국은 형식적으로 네 명의 아들들에게 나누어졌다. 큰아들 조치(당시 조치는 이미 사망한 후였고, 그의 자리는 손자인 바투가 대신했다)는 킵차크 초원과 러시아 공국을 받았으며, 둘째 차가타이는 투르키스탄 서부 지역의 대부분을, 셋째 어거데이는 중가리아와 알타이 남부 지방을, 그리고 막내 톨로이는 몽골의 관습에 따라 아버지의 영토를 물려받았다. 그러나 최고 정치 권한은 여전히 한 사람의 칸에게 집중되어 있었다.

대칸은 제국의 이익을 위하여 외국과 관계를 유지할 수 있는 독점적 권한을 가졌다. 지방 칸이나 장수들은 대칸에게 알리지 않거나 혹은 대칸의 승인이 없이는 그러한 관계를 시도하거나 유지할 수 없었다. 그렇다면 그 대칸에는 누가 어떻게 해서 옹립되었는가?

칭기스칸은 1219년 콰레즘 원정 전날 밤, 그리고 1227년 숨을 거두기 직전 자신의 셋째 아들인 어거데이를 후계자로 지목했다. 칭기스칸이 숨을 거두자 이 문제를 빨리 매듭짓기 위한 코릴타가 소집되었다. 칭기스칸의 유언에도 불구하고 어거데이가 후계자가 되는 것이 당연지사는 아니었다. 코릴타 참석자들이 법에 따라 심의에 들어갔다.

중국, 페르시아, 그리고 몽골의 자료들은 모두 칸위 공백 기간 동안 제국을 통치했던 막내 톨로이를 권좌에 세우려는 세력이 있었다고 전한다. 그러나 칭기스칸이 후계자를 지명한 사실을 사후(死後)라고 해서 무시할 수는 없었다.

1229년 어거데이는 정식으로 대몽골 제국의 칸으로 선출되었다. 톨로이는 자신의 패배를 받아들이고, 1234년 사망할 때까지 북중국과 만주를 지배했던 금나라를 치는 전투에서 어거데이에 협력했다. 몇년 후인 1236년에서 1241년까지 톨로이의 아들 중 장남 멍케와 넷째 아들 아리크 버케는 어거데이의 명령에 따라 러시아 공국과 킵차크 대초원 정복을 도왔다.

후계자들은 대몽골 제국을 엄청난 규모로 확장했다. 13세기 말엽, 중국 전

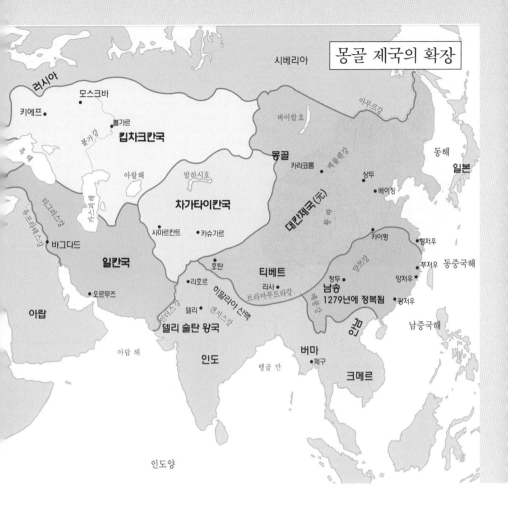

체, 중앙아시아, 이란, 이라크, 러시아의 광대한 지역이 몽골의 지배 하에 있었다. 당시의 풍경이 어떠했는지를 전해주는 것은 유럽에서 몽골을 다녀간 사람들의 목격담이다. 제7차 십자군 전쟁을 주도한 프랑스 왕 루이 9세(1214년~1270년)의 명을 받고 선교사의 자격으로 몽골을 다녀온 프란치스코회 소속인 루브르크 출신의 수도사 윌리엄은 이렇게 전한다.

눈보라를 헤치며 수도 카라코롬에 도착했다. 카라코롬은 두 구역으로 나뉘어져 있다. 하나는 회교도 지역인데 시장들이 들어서 있다. 궁정을 중심으로 한 지역은 수많은 타타르인이 모여 살고 늘 사절들로 붐빈다. 또 다른 구역은 중국인 지역이다. 그들은 전부 기술자

마르코폴로

였다. 이 두 지역 앞에는 큰 궁전들이 있어서 궁정의 비서(서기관)와 같은 역할을 담당했다. 카라코롬은 다양한 이방인들이 섬기는 우상을 모셔 놓은 사원이 12곳이나 있었다. 이 중의 2곳은 마호메트의 계율을 내건 회교도, 1곳은 도시 맨 끝에 위치한 기독교인들의 교회였다. 카라코롬은 진흙 벽으로 둘러싸여 있었으며 문은 4개였다. 동쪽에는 수수 같은 곡물을 팔았지만 다른 물건은 별로 없었다. 서쪽에는 양과 염소, 남쪽에는 황소와 이륜 짐차, 북쪽에는 말을 파는 시장이 서 있었다.

이같은 번영은 150년 간 지속되었다. 특히 몽골 세계 제국의 융성은 칭기스 칸의 손자 대에 이르러 두고두고 중화 문명을 파괴했다는 악명을 떨칠 만큼 눈이 휘둥그레지게 세계를 바꿔 버렸다. 아마도 그 절정은 마르코 폴로가 목격한 쿠빌라이칸의 시대였을 것이다. 마르코 폴로는 다음과 같이 쓰고 있다.

항주는 세계에 유례가 없는 최고의 도시이다. 거기에는 너무나 다양한 즐거움이 있어서 천국에 있는 것이 아닐까하고 착각할 정도이다.

항주
송 왕조 초기인 11세기 초엽부터 항주는 해변 지역과 북중국을 연결하는 대운하의 최종 하구에 위치한 지리적 여건 때문에, 해로와 하천을 이용하는 무역의 중심 도시였다. 파리 국립 도서관 소장.

마르코 폴로는 항주가 몽골의 수중에 들어간 1276년에서부터 1292년까지 그곳에서 살았다. 그에 의하면 몽골 치하의 항주는 크게 번영했던 남송 시대와 별로 다를 바 없었다. 몽골의 타격을 전혀 안 입었던 것이다.

실제로 몽골군은 항주에서 거의 약탈을 하지 않았다. 진주 과정에서 있었던 약간의 피는 오히려 남송의 병사들간에 발생한 충돌에서 생겨난 것이었다. 항주성(杭州城) 일대에는 40만에 이르는 병력이 주둔해 있었는데, 남송정부가 무조건 항복을 결정하자 실직을 두려워한 일부 부대가 폭동을 일으켰기 때문이다. 폭동의 주력은 하급 군인들이었는데, 그들은 몽골 진주군에 대하여는 저자세 였고 남송 정부에 대해서는 고자세를 취했다. 그러나 간부급 군인들은 항복에 찬성한 고급 관료들과 함께 신변 안전 문제에 열중해 있었다. 결국 반란군의 일부는 진압 되고 일부는 남송의 어린 군주로 소제(小帝)라고도 하고 공종(恭宗)이라고도 불리게 되는 조현의 어린 형제를 데리고 항주를 탈출, 재기를 기약하면서 남으로 향했다.

따라서 몽골군은 매우 점잖게 입성하여 순조롭게 권력을 이양받았다. 그리고 치안 유지를 위해 항주 시내의 모든 가구마다 가족 전원의 이름을 써 붙이게 하고 야간 외출을 금지시켰다. 쿠빌라이칸의 엄명이라고는 해도 이러한 무혈 입성은 중국의 왕조 교체사에서 매우 이례적인 것이었다. '정복'이라기보다 '접수'라는 표현이 어울릴 만큼 몽골의 항주 진주는 평화로웠던 것이다.

그렇다면 항주는 아무것도 변하지 않았는가? 그것은 아니다. 몽골의 접수 후, 항주에 있었던 기존의 왕실·궁정·중앙 정부는 사라졌다. 다른 곳은 가난한 채 수도만 비대했던 역대 중화 왕조의 전통을 간직한 중앙 도읍지로서의 기능이 해체된 것이다. 그런데 이상하게도 몽골 치하의 항주는 번영을 계속했다. 대몽골 제국 때문에 세계 각지로부터 인간·사물·문화가 모여 남송 시대를 무색케 하는 공전의 번영을 이룩했던 것이다. 그것은 도대체 어떻게 가능했을까? 거대한 물류 유통 국가를 꿈꾸었던 유목민들의 국가 경영 방식이 항주를 남송 중앙 정부가 없어져도 전혀 지장을 받지 않는 활력의 도시로 탈바꿈시킨 것이다. 마르코 폴로, 이븐 바투타가 전하는 자유롭고 활달했던 원대(元代) 항주의 모습은 그야말로 '정치가 없는 경제 번영 도시'의 모델이었던 것이다.

여기서 우리는 칭기스칸의 영광을 빛낸 또 하나의 리더 쿠빌라이칸을 만나게 된다.

쿠빌라이칸의 시대

칭기스칸의 손자 쿠빌라이칸은 매우 탁월하고 특이한 인물이었다. 칭기스칸을 이은 어거데이칸·구유크칸·멍케칸은 칭기스칸과 다름없는 유목군주였다. 그러나 쿠빌라이칸은 그렇지 않았다. 그는 할아버지의 정복지 관리 시스템

쿠빌라이칸
칭기스칸이 창업(創業)의 모델이라면 쿠빌라이는 수성(守城)의 모델이라고 한다. 그의 지배 기간 동안
제국이 정착화된 점도 있지만, 그는 제국의 영토를 두 배로 넓혔고 해상 제국을 만들어 낸 또 하나의 창업 모델이기도 했다.
칭기스칸이 비트를 모아 네트를 이룩하였다고 하면, 쿠빌라이는 그것을 사용한 최고의 네트워커인 셈이다.

을 전면 수정했다.

쿠빌라이는 제국의 창업자 칭기스칸과는 또다른 창업자였다. 쿠빌라이는 금나라와 남송을 몰아낸 중원 대륙에 원나라를 세웠다. 원나라는 몽골 제국 자체가 아니라 몽골 제국의 중앙 정부였다.

쿠빌라이칸은 몽골 제국을 한화(漢化)시킨 첫 번째 인물이라는 점에서 할아버지 칭기스칸의 실망을 사기에 충분한 후예였다. 반대로 할아버지의 제국을 더 크게 완성시켰다는 점에서는 얼마든지 칭찬받을 만했다. 칭기스칸이 뿌리이자 씨앗이었다면 어거데이칸과 멍케칸은 줄기였고, 쿠빌라이칸은 열매였다.

쿠빌라이칸에 이르러서야 일칸국의 페르시아 정벌이 완료됐다. 킵차크칸국도 강력한 주권 국가로서 유럽을 향해 포효했다. 중원을 석권한 쿠빌라이는 베트남 · 미얀마 등 동남아시아와 대만 · 오키나와 · 고려 등을 장악했다.

몽골 제국의 영토는 쿠빌라이칸 대에 사상 최대가 된다. 그런 그에게도 뼈아픈 아킬레스건이 있었다. 형인 멍케칸이 사망하자 정식 코릴타를 열지 않고 중원 땅에서 기습적으로 대칸에 즉위해 버린 사실이다.

당시 몽골 고원에는 쿠빌라이의 막내동생 아리크 버케가 주둔하고 있었다. 멍케칸의 친위대도 그의 휘하에 있었다. 멍케칸이 유언을 남기지 않고 급사하자, 후계를 코릴타에서 정하라는 뜻으로 받아들인 아리크 버케는 어거데이가(家)와 차가타이가의 지원을 받으며 코릴타를 준비했다. 섭정에 오른 멍케칸의 부인과 멍케칸의 자식들도 유목민 기질을 타고난 아리크 버케를 지지했다.

그러나 군사력 면에서 최강자는 쿠빌라이였다. 쿠빌라이는 멍케칸 사망 후에도 남송 정벌군을 이끌고 있었기 때문에 실전 경험이 풍부한 푸른 군대가 그의 휘하에 있었다. 몽골 고원의 카라코롬에서는 대칸을 선출할 코릴타 준비가 착착 이루어졌다. 모두가 아리크 버케를 후임 대칸으로 믿을 정도로 대세가 기울어갔다. 차가타이가, 어거데이가, 그리고 처가였던 오이라트족을 위시한 몽골 고원의 귀족들이 아리크 버케를 지지했다. 킵차크칸국과 일칸국 쪽에서는 가타부타 의사를 표명하지 않았다.

상황이 긴박하게 돌아가자 실질적인 몽골군 통수권자이던 쿠빌라이는 이른

사냥길에 나선 쿠빌라이칸

바 '비겁한 코릴타'를 열어 대칸에 올랐다. 이 코릴타에
참석한 사람 중 칭기스칸의 직계 자손인 황금 씨족은 몇
명 되지 않았다. 나머지는 한족 세후(世侯)들이거나 중원
의 천호장을 맡고 있는 거란족·여진족 부족장들이었다.
개회 정족수나 의결 정족수 따위는 처음부터 따질 형편
이 아니었다.

 한편 몽골 고원에서는 합법적인 코릴타가 열려 아리크
버케를 대칸으로 선출했다. 몽골 제국은 두 대칸이 맞서
는 위기 상황으로 치달았다. 쿠빌라이칸과 아리크 버케
칸은 형제 전쟁을 벌였다. 몽골판 남북 전쟁이었다. 결
과는 쿠빌라이칸의 승리였다. 아리크 버케는 연금됐고,

그를 지지하던 장수들은 참수당했다. 침묵을 지키던 일칸국과 킵차크칸국도 쿠빌라이칸을 지지했다.

그러나 정통성을 비껴간 비겁한 코릴타 때문에 문제는 계속 불거졌다. 황금 씨족들이 들고 일어났다. 톨로이가와 숙적이던 어거데이가가 조직적으로 반발하기 시작한 것이다. 그러지 않아도 차가타이가와 어거데이가는 쿠빌라이와 아리크 버케가 벌인 형제 전쟁에서 아리크 버케를 지지했다가 차별 대우를 받고 있었다. 그들은 쿠빌라이가 수도를 중도(북경)로 옮긴다는 소식에 강력하게 반발했다. 깃발을 든 사람은 어거데이칸의 손자 카이도였다.

카이도는 어거데이가와 차가타이가만으로 코릴타를 소집해 대칸에 즉위했다. 제2차 남북 전쟁이 벌어진 것이다. 카이도는 칭기스칸이 기회 있을 때마다 되풀이한 경고를 쿠빌라이가 짓밟고 있다고 비난했다.

카이도는 결코 정착해서는 안된다는 유훈을 어긴 쿠빌라이를 순수 유목 국가인 몽골 제국을 한화시키려는 역적으로 규정했다. 쿠빌라이가 수도를 중도로 옮겨 대도(大都)라 칭하고 그곳에 한족식 궁궐을 짓는 것을 겨냥한 것이다. 카이도는 거란족과 여진족이 그랬듯이 몽골도 결국 중원에 흡수되고 말 것이라며 유목정신을 지켜나가자고 역설했다.

카이도의 주장은 큰 호응을 얻었다. 차가타이가와 어거데이가 뿐만 아니라 킵차크칸국까지 가세하고 나섰다. 대칸 직속 영지이던 사마르칸트와 부하라까지 카이도의 수중에 떨어졌다. 그러나 쿠빌라이와 형제인 훌라구계(系)의 일칸국이 쿠빌라이를 지지하고, 몽골 고원의 귀족들도 쿠빌라이를 지지하기 시작했다. 카이도군은 중앙아시아를 쫓겨다니다가 몰락했다.

천신만고 끝에 대칸에 오른 쿠빌라이칸은 유목과 농경의 장단점을 정확하게 파악해 몽골 제국의 뿌리를 생산성이 뛰어난 농경지대로 옮겼다. 그러면서도 농경문화에 동화되지 않고 유목마인드를 지키기 위해 성 밖에 겔을 치고 그 속에서 잠을 잤다.

쿠빌라이칸은 또 공식 용어로 한어(漢語)를 쓰지 못하게 했다. 각국 외교 사절들에게도 몽골어만 쓸 것을 요구했다. 몽골인과 한족의 결혼도 금지시켰다. 남송 출신 한족 여인은 첩으로도 두지 못하도록 했다.

쿠빌라이칸의 후손들도 한족에 동화되지 않으려고 안간힘을 쏟았다. 금나라가 지배하던 하북(河北) 지역에서는 금나라 출신 관리들을 몰아내고 거란족·한족 출신들을 채용했으며, 남송 지역에서는 과거를 폐지하고 몽골인을 관리로 등용했다. 그러나 시일이 지나면서 쿠빌라이칸의 후예들은 중원과 한족이 변하는 상황에 대처하지 못했다. 그 결과 원나라도 쇠퇴의 운명을 맞는다.

제국의 황혼

그토록 위세 당당하던 칭기스칸 제국의 중앙 정부 원나라가 몰락한 것은 1백여 년만이었다. 몽골 제국 성립 후 170여 년, 칭기스칸 사후 150여 년……. 그러나 그것이 일반 국가의 흥망성쇠를 논할 때 쓰는 말뜻 그대로의 멸망은 아니었다. 일단 칭기스칸의 나라는 멸망한 적이 없다. 원 제국이 쇠퇴한 후에도 요나라, 금나라, 남송과는 달리 왕조 자체가 사라지지 않았다. 굳이 말한다면 그들은 점령지 중원에서 물러나 고향이자 출발지였던 카라코롬으로 철수했을 뿐이다. 그들이 왔던 곳, 양을 치고 말을 기르는 그 땅으로 돌아간 것이다. 몽골인들은 오늘날까지 그 국가를 유지하고 있다.

이를 원나라를 몰아내고 명나라를 세운 주원장(朱元璋) 입장에서 보면 한족의 땅을 수복한 것일 뿐이다. 영업이 안되는 다국적 기업이 현지 경영을 일시 중단했다고나 할까? 실제로 고원으로 철수한 몽골인들은 명나라가 들어선 후에도 여러 차례 만리장성을 넘나들면서 명군을 괴롭혔다.

그러나 어쨌든 몽골 제국은 퇴각 후 다시는 세계사 무대에 복귀하지 못했으니 그 까닭을 묻지 않을 수 없다. 그들이 쇠퇴한 원인은 도대체 어디에 있었는가? 학자들은 그 이유와 배경을 다양하게 든다.

몽골 제국이 쇠퇴한 이유 중의 하나는 소모적인 후계자 경쟁이었다. 유목 기마 민족은 예외 없이 여러 부족의 연맹체였으므로 권력의 중심부가 흔들리면

해체의 속도도 빠를 수밖에 없었다. 원나라를 비롯한 몽골 칸국들 역시 계승 분쟁에 휘말려 들었고, 이는 결국 제국을 분열시키는 치명적인 결과를 낳았다.

'테크노 헤게모니의 상실'도 쇠퇴의 한 이유가 됐다.

여기서 부득불 총 이야기를 하지 않을 수 없는데, 요즘 누가 칼과 총 중 어느 쪽이 더 강력한 무기인가를 묻는다면 바보 취급을 받을 것이다. 그러나 중세라면 사정은 달라진다. 그 옛날 총은 칼을 능가하지 못했다. 그것은 불편하고 시끄럽고 무거운 무기였다. 머스킷(musket) 총이 그랬다.

머스킷이란 정확한 개념어는 아니지만 대체로 구식 소총을 가리키는 말이다. 지금처럼 탄피와 탄두가 결합된 실탄을 총구 후방으로 장전하는 현대식 소총이 아니라 총구를 통해 화약 가루와 납구슬 탄환 (그야말로 '丸'이다)을 안쪽에 쑤셔 넣고, 총구 후방에 마련된 점화 화약 접시에 불을 붙여 총탄이 발사되는 총을 가리키는 경우가 많았다.

머스킷 총의 기원은 대포다. 인간은 대포를 먼저 발명했고, 이를 좀더 줄여 손에 들고 쏠 수 있게 만든 것이 총이다. 쇠로 만든 통에 화약과 동그란 탄환을 밀어 넣고 불을 붙여 발사하는 대포 방식을 그대로 총이 적용한 것이다. 모양도 총이라고 하기보다는 휴대용 축소판 대포 비슷했다. 그래서 핸드 캐논, 즉 손 대포라고도 불렸다. 바로 총의 시조가 그랬다는 것이다.

머스킷 총은 이 핸드 캐논이 진화하고 진화한 끝에 16세기쯤 등장했다. 초기엔 불을 붙여 심지를 화약 접시에 닿게 해 발사하는 화승총이었다. 화승총을 발사하려면 화약과 총알을 총구 앞으로 장전한 뒤 심지에 불을 붙여놓아야 한다. 발사하고 싶은 순간에 방아쇠를 당기면 불붙은 심지가 총구 후방에 마련된 화약 접시로 내려가 닿으면서 점화용 화약이 터지고, 순식간에 총열 후방 안쪽에 쑤셔 넣었던 추진용 화약이 터지면서 탄환이 발사된다.

그러나 이 화승총은 현대식 총과 비교해 보면 사용하기가 너무 불편했고, 성능도 형편 없었다. 총의 길이가 150센티미터나 되는 긴 총구에 화약과 탄환을 넣고 불을 붙여 발사하는 복잡한 사용 방법 때문에 2분에 1발 꼴로 밖에 발사할 수 없었다. 그나마 비라도 오는 날이면 물에 젖은 심지 때문에 불이 붙지 않아 제대로 발사할 수 없었다.

카라코롬
원(元)나라가 성립되기 이전 몽골 제국의 수도. 현재의 몽골 수도 울란바타르 남서쪽 오르콘강 연안에 자리한다. 카라코롬이란 '검은 자갈땅'을 뜻하는데, 이곳을 중심으로 제국 각지로 뻗은 도로망과 역참제가 실시되어 사람의 왕래는 물론 정치·경제·사회·문화의 중심 도시로 번성했다

사진은 카라코롬에 있는 에르덴 죠 사원의 외벽이다. 어거데이칸이 세운 카라코롬의 궁전이 파괴된 후, 남은 벽돌로 라마사원인 에르덴 죠를 지었다고 한다. 한때는 웅장했을 건물이지만 지금은 외벽에 솟은 108개의 스투파(탑)와 서너채의 건물만 남아있다.

몽골 제국과 테크노 헤게모니

테크노 헤게모니라는 개념으로 세계사를 풀이한 일본의 야쿠시지 타이조 교수의 견해를 보면 이 시스템의 전말을 한눈에 알 수 있다. 그는 저서 『테크노 헤게모니』에서 러시아 모델을 이렇게 설명하고 있다.

노르웨이 민족이 지배하던 러시아의 키예프 공국에 몽골 제국이 침입해 온 것은 1237년의 일이었다. 몽골 제국은 1223년에 정찰대를 보냈다. 콰레즘의 술탄 무하마드를 추격하던 제베와 수베에테이의 군단이었다. 그리고 14년 후 대군이 공격해 왔다.

원정 대장은 칭기스칸의 손자(장남 조치의 아들)인 바투였다. 그는 서부 시베리아에서부터 현재의 카자흐공화국 일부, 볼가강 유역, 코카서스 산맥의 북부, 그리고 전 러시아의 광대한 영토를 지배했다. 바투 제국은 흔히 정복지의 이름을 따서 킵차크칸국이라고 불리지만, 유럽에서는 알탄 오르도라고 불리고 있다. 알탄 오르도는 황금 장막이라는 뜻이다.

알탄 오르도는 2세기 반 동안 러시아의 대지에 군림했다. 알탄 오르도의 인구는 당시 약 2천만 명에 이르렀지만, 그들을 지배하는 몽골인들은 불과 4만 명에 지나지 않았다. 얼마 되지 않는 몽골인이 상대적으로 인구가 훨씬 많은 피정복 민족을 통치하기 위해서는 한 가지 방법밖에 없었다. 그것은 압도적인 군사력의 우위 속에서 점령 지역의 호족에게 징병과 징세의 책임과 권리를 맡기는 것이었다.

몽골은 정복한 나라를 군대 조직과 마찬가지로 천호제로 나눈 군관구(軍管區) 방식으로 편성하고, 징세와 징병을 위해 정연한 행정 시스템을 확립했다. 징병과 징세는 그 지역 사정에 밝은 러시아 귀족이 담당하도록 했다. 납세를 거절하면 각지의 전략 지점에 배치되어 있는 몽골 주둔군이 바람처럼 달려가 당장에 진압했다. 이러한 군사적 징병과 징세 시스템은 알탄 오르도가 러시아에서 사라진 뒤에도 러시아 귀족에게 승계 되어 로마노프 제국을 거쳐 소련에까지 이어졌다. 소련제국(팍스 소비에티카)은 이 몽골리안 메모리를 기반으로 나타났다.

소련 시스템은 몽골이 소련을 지배했던 시스템인 알탄 오르도, 즉 신

탁 통치 시스템의 현대판이다. 러시아 귀족이 몽골로부터 알
탄 오르도를 위한 징세권을 위임받은 것처럼, 크레믈린으로
부터 신탁권을 받은 동구 제국의 공산당 간부가 나라별로 생
산을 분담하여 그 제품을 소련에 제공하고 나머지는 자기들
끼리 분배했다. 1949년에 설립된 코메콘은 알탄 오르도적 물
물 교환 경제를 제도화한 것이었다.

황금의 문
블라디미르 성당에 있는 황금의 문이다.
중앙의 빈 공간에 황금으로 만들어진 문이
있었다고 하는데 조치의 몽골군이 러시아
를 정벌할 때 약탈당했다.

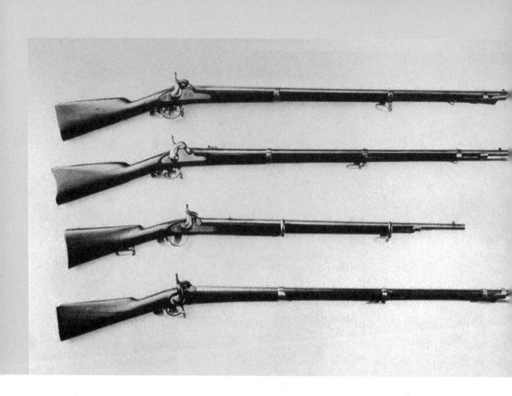

머스킷 소총
총의 발명은 몽골 제국의 퇴각을 알
리는 신호탄이 됐다. 머스킷 총의 출
현 앞에서 유목군대의 스피드는 제
힘을 발휘하지 못했다.

머스킷 총이 얼마나 실용적이지 못했는가를 보여주는 사례가 알렉상드르 뒤마의 소설 『삼총사』에 나온다. 『삼총사』의 원제목(Three Musketeers)은 바로 '세 명의 머스킷 소총수'라는 뜻이다. 그러나 소설 어느 곳에서도 삼총사들이 머스킷 총을 들고 쏘는 모습은 찾아보기 힘들다.

영화 「삼총사」에서도 달타냥이 임금을 호위하는 정식 총사로 임명되는 마지막 대목에서 머스킷 총이 등장하는 정도다. 이것은 당시 총이라는 것이 실용적인 무기라기보다는 공을 세운 사람에게 하사하는 일종의 상징물이었음을 알려준다. 마치 지금도 대통령이 진급한 장군들에게는 긴 칼 한 자루씩을 예도로 수여하는 것과 같다.

초기의 총이 이처럼 우스꽝스러웠지만 이 총의 발명이야말로 몽골 제국의 퇴각을 알리는 신호탄이 됐다. 몽골 유목민들이 세계를 정복한 무기는 말을 탄 푸른 군대의 스피드, 기동성이었다. 말을 탄 그들은 날이 잘 선 칼과 멀리 날아가 깊숙이 꽂히는 화살촉의 두 날개를 달고 문명 국가들을 정복했다. 그러나 머스킷 총의 출현으로 유목 군대는 스피드를 놓쳐버렸다.

유럽인들이 몽골의 속박에서 벗어날 수 있었던 것은 이 신무기 덕택이었다. 기동성의 근원인 말이 신무기의 총알에 맞아 죽은 게 아니다. 처음 듣는 총소리에 놀라 겁을 집어먹고는 병사들의 지시에 따르지 않고 도망치거나 대오를 흐트러뜨렸기 때문이다.

몽골 군대는 황급히 말들이 총소리에 놀라지 않도록 적응 훈련을 실시했지만, 말이 적응하는 것보다 더 빠른 속도로 머스킷 총이 개선됐다. 이렇게 해서 말로 지배한 몽골 제국은 총에 의해 역사의 전면에서 밀려났다. 총포는 그 후 유럽에 테크노 헤게모니를 주었다. 총포는 유럽 제국주의가 동양과 아프리카를 유린할 수 있게 하는 결정적인 신기술이었다.

정체성의 상실도 몽골 제국 멸망의 큰 원인이었다. 칭기스칸은 일찍이 이 점을 경고했다.

내 자손들이 비단옷을 입고 벽돌집에 사는 날 내 제국이 망할 것이다.

그러나 몽골 제국은 끝내 이 충고를 지켜내지 못했다. 소수인 몽골인들은 다수의 정복민들을 지배하기 위해 정착지역에 생계의 근거를 두었고, 그 결과 그들의 존재 기반인 수렵, 유목성을 스스로 거세하고 현지에 동화될 수밖에 없었다. 그것이 자신들의 정체성 상실로 이어졌다.

마지막으로 들어야 할 중요한 이유는 조정의 재정이 고갈된 데 있었다. 몽골 제국은 창업 초기부터 창업 공신들에게 엄청난 양의 지분을 할당했다. 그러고도 예속민들이나 대상들에게 무한한 재산 축적을 허용하다 보니 대칸이 대주주로서의 지분을 잃어버린 것이다.

토곤 테무르칸(元순제)이 중원에서 카라코롬으로 철수할 때 황실이 가진 지분은 거의 남아 있지 않았다. 막강한 부의 근원이었던 운남(雲南)의 은광 채굴권은 주원장 등 반란군의 손아귀로 떨어져 나가고, 소금 전매권 등 황실에서 쥐고 있던 권한마저 분산되기 시작했다. 지방 각 군현의 세금은 제후들이 차지해

후계국가 🐇

몽골 제국의 중앙 정부인 원나라가 주원장에게 밀려 몽골 고원으로 돌아간 뒤 제국에서는 어떤 일이 벌어졌는가?

제국의 일원이었던 페르시아의 일칸국과 킵차크칸국은 전혀 다른 역사를 창조해 나갔다. 일칸국은 철수해야 할 몽골 고원이 너무 멀리 떨어져 있어 그 자리에서 소멸됐지만, 킵차크칸국은 16세기까지 이어졌다. 그때까지도 러시아는 몽골인의 통치를 받는 속국 신세를 면하지 못했다.

16세기에 이르러서 변화는 외부가 아니라 내부에서 일어났다. 킵차크칸국은 크림칸국·카잔칸국·아스트라칸국으로 분열됐다. 이후 킵차크칸국은 크림칸국에 합병됐다. 크림칸국은 킵차크칸국의 계승자로 존속하다 1783년 러시아에 합병됐다.

일칸국은 1325년 아부사이드칸이 독살되면서 분열의 길로 치달았다. 그러나 혼미한 이 지역에서는 강자 없이 10여 년의 세월이 흐르다가, 1336년 티무르가 탄생했다. 티무르는 몽골의 귀족 출신이었을 뿐 혈통적으로 칭기스칸의 피를 이어받은 인물은 아니었다. 그래서 그는 칭기스칸의 혈통을 가진 부인을 얻은 뒤 칭기스칸의 후예를 자처하면서 나라를 일으켰다. 몽골의 후예를 자처한 그들은 이후 일칸국과 킵차크칸국의 남부, 차가타이칸국의 영지 등을 아우르는 티무르 제국을 건설했다.

1526년에는 티무르의 후손 바베르가 아프가니스탄과 인도에 걸쳐 무굴 제국을 건설했다. (무굴은 힌두어로 몽골이란 뜻이다) 그리고 1636년에는 누르하치의 아들 홍타이지(皇太極)가 몽골의 릭단칸에 이어 복드 세첸칸이라는 이름으로 여진족과 몽골족을 통합하는 칸에 추대됐다. 몽골과 여진족이 통합, 연합군을 편성한 것이다. 같은 계열의 민족으로서 역사적인 통합을 이루어낸 이들은 원 제국을 고원으로 밀어낸 명 나라를 향해 칼을 쳐들었다.

만몽(滿蒙) 연합국의 칸이 된 홍타이지는 여진족으로 구성된 팔기군과 몽골 기마 군단을 앞세워 명나라를 몰아내고, 원 제국을 복원한 청나

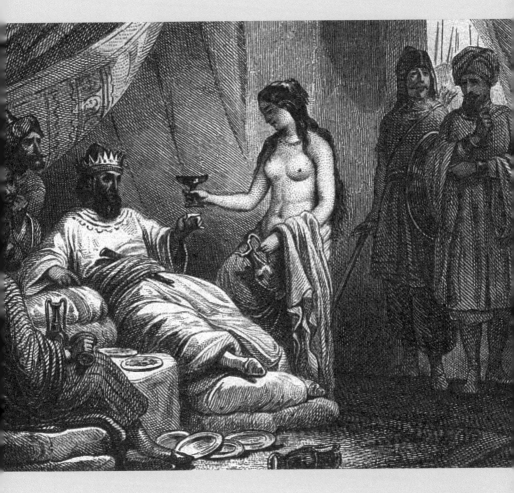

라를 건국했다.

이로써 대몽골 제국의 계승 국가는 킵차크칸국의 영지에서
일어난 크림칸국 등 3개 칸국, 그리고 일칸국과 차가타이칸
국 영지에서 일어난 티무르 제국과 무굴 제국, 중원에서 일
어난 청나라까지 포함된다.

몽골 제국의 최후를 이끌었던 티무르.
차가타이칸국과 일칸국 등 몽골 후계국을
통일한 후 명나라를 향해 진격하였다.
그러나 원정길에 오른 티무르는 추운 날씨
를 이기기 위해 너무 과음을 했고, 75세라
는 노령을 이기지 못해 죽음을 맞는다. 이
로써 유목민에 의한 중국 재정복은 청나라
개국 때까지 미뤄지게 된다.

대칸이 가질 수 있는 지분은 거의 남아 있지 않았다. 원제국의 대칸이 대주주의 지분을 잃고 소주주 내지 경영권만 가진 상징적인 존재로 전락한 것이다.

군대도 각 제후와 토호들에게 분산되어 대칸의 명령이 먹혀 들지 않았고, 설사 군대가 있다 해도 군량과 전비를 댈수 없었으므로 그 결론은 뻔했다. 카라코롬으로 돌아가야 했다.

이렇게 해서 칭기스칸의 손자 쿠빌라이칸이 세운 원나라는 1백여 년 만에 쇠퇴를 맞았다. 그 원인은 생각하기에 따라 앞서 지적한 것들보다 훨씬 많을 수도 있을 것이다.

하지만 그 핵심적 이유를 어디에 놓고 생각하든, 예컨대 소모적인 후계자 경쟁이었다고 보든, 테크노 헤게모니의 상실에 있었다고 보든, 유목 민족으로서의 정체성을 상실한 데 있었다고 보든, 그리고 또 하나의 요인으로 꼽히는, 조정의 재정이 고갈된 데 있었다고 보든 공통점은 하나로 귀착된다. 즉 이동마인드의 상실이 그들의 쇠퇴를 가져왔다는 것이다. 그리고 그것은 또한 중세적 세계 체제의 붕괴와 와해를 낳는데, 그럼에도 불구하고 칭기스칸이 인류에게 안겨 주었던 '지구촌 시대'의 체험은 지속적 발전을 거듭한 끝에 오늘날의 '세계화 시대'에 닿는다.

11장

유목문명사가 남긴 것

지구를 좁힌 사람들

그리고 많은 세월이 흘렀다. 인류가 기억하고 있는 어느 한때, 전 지구인의 가슴에 메아리쳤던 유목민 리더의 이름은 잊혀졌다. 이제 어디에서도, 또 어떤 이유로도 거론되지 않을 것처럼 감쪽같이 사라져간 것이다. 그러다가 1995년, 「워싱턴 포스트」지가 독특한 기획 기사를 엮어 내보내면서 다시 그의 이름을 거명한다.

아마도 저무는 20세기를 바라보면서 지난날을 정리해보려는 기획이 그런 질문을 낳았을 것이다.

지난 1000년(서기 1001년에서 2000년까지)의 역사에서 가장 중요했던 인물은 누구인가?

이 뜬구름 잡는 질문에 답하기 위하여 「워싱턴 포스트」지는 역사의 궤도를 추적한다. 당시 신문은 이렇게 보도하고 있다.

1천 년 전 세계 인구는 약 3억이었다. 문명은 극소수 지역에만 존재했다. 당시 인간은 자신들이 어디에 사는지 몰랐다. 유럽인이 만든 지도에는 흔히 유럽 동쪽으로 거인들의 땅이 그려져 있다. 그들에게 세계는 극도로 크고 신비스러우며 대부분 접근이 불가능한 곳이었다.

오늘의 세계를 보자. 그것은 조그맣다. 지난 1천 년 동안 지구가 축소된 것이다. 어째서 이런 일이 일어났는가. 이것이 우리가 지난 1천 년의 인물을 찾는 배경이었다. 이 세계를 작게 만든, 인간과 기술이 지표면을 가로질러 이동하도록 만든, 그래서 전 지구에 인간이 지배력을 펼칠 수 있도록 만든 누군가를 찾는 작업이었다.

여기에 맞는 인물은 과연 있는 것일까? 많은 독자들은 지난 1천 년의 역사가 배출한 무궁무진한 수의 영웅들을 헤아려 가며 흥미진진한 상상들을 펼쳤을 것이다. 「워싱턴 포스트」의 작업도 그 지난한 일이 결코 간단하지 않았음을 보여준다. 다각도로 검토된 끝에 선자들의 눈길이 머문 곳은 콜럼버스였다.

> 이 개념에 꼭 들어맞는 인물이 있다. 크리스토퍼 콜럼버스는 유럽과 아메리카 두 대륙을 연결시켰다. 콜럼버스는 아메리카 원주민에게 심각하고 파괴적인 영향을 가져다 주었다. 각종 질병과 낯선 동식물이 대서양을 건너왔고, 야만적인 노예 무역이 시작됐다. 콜럼버스식의 모험은 유럽이 세계를 식민지화할 수 있는 문을 열었다.

그러나 콜럼버스의 이름은 곧 암초를 만난다. 그가 최초의 유럽 탐험가가 아니었던 까닭이다.

> 콜럼버스는 단지 다른 사람들이 동쪽으로 떠날 때 서쪽으로 떠난 것이다. 왜 그는 대양을 가로지르면 중국에 도착할 수 있다고 생각했을까? 지구의 크기를 잘못 생각한 것 외에도 그는 이미 쿠빌라이칸의 궁전에 대해 엄청나게 묘사해 놓은 2세기 전 마르코 폴로의 여행기를 읽었던 것이다.

그렇다. 콜럼버스가 항해에 나선 것은 마르코 폴로가 쓴 여행기『동방견문록』이 있었기 때문이다. 마르코 폴로가 육로를 이용해 간 길을 콜럼버스는 단지 바닷길로 가려고 했을 뿐이었다. 또 스페인의 이사벨라 여왕에게 배를 얻어 현재의 아메리카 대륙 일부를 발견했을 때 그것을 동인도 제도라고 말했다. 그는 당시의 유럽을 초라한 시골로 생각하는 엄청난 제국의 칸에게 보내는 여왕의 편지를 가지고 갔지만 전해주지 못했다. 그렇다면 지구를 좁게 한 결정적인 인물은 마르코 폴로였는가? 선자들은 다시 벽에 부딪친다.

만약 이슬람이 동서양 사이에 철의 장막을 치고 있었다면 마르코 폴로는 그런 여행을 할 수 없었을 것이다. 또 나침반이나 화약·인쇄술 같은 중국 기술도 유럽에 들어올 수 없었을 것이다.

콜럼버스보다 먼저 마르코 폴로가 있었고, 마르코 폴로보다 먼저 정착문명의 칸막이를 무너뜨린, 그리하여 마르코 폴로로 하여금 놀라운 세계를 기행하게 만든 누군가가 있었다. 그리고 그 누군가는 유럽인들로 하여금 지구를 탐험하지 않으면 안될 호기심을 주었던 만큼 당연히 유럽 안에 있지 않았다. 그 점이 명확해지고 나면 이제 1천 년의 인물을 찾는 일은 급물살을 탄다.

우리는 1천 년 전 지구를 지배하는 두 문명은 이슬람 문명과 중국 문명이었다는 사실을 기억해야 한다. 기독교 문명의 유럽은 고여 있는 물과 같았다. 봉건 장원, 주교령, 귀족 영지 등이 모여 있는 곳일 뿐이었다. 1천 년 전에는 아무도 유럽의 기독교도들이 이 지구를 식민지화해 나갈 수 있다고 생각하지 못했다.

이 모든 것을 뒤흔든 것이 완전히 새로운 제국의 출현이었다. 그것은 몽골 제국, 즉 칭기스칸의 제국이었다.

이렇게 해서 「워싱턴 포스트」지가 뽑은 지난 천년의 역사에서 가장 중요한 인물은 칭기스칸이 되었다. 역사는 그를 호전적이고 잔혹한 인간으로 묘사했지만, 결국 우주처럼 광대한 지구를 좁게 만들어, 그 속의 사람들이 대륙을 넘어 서로 왕래할 수 있도록 만든 장본인이 된 것이다.

유목문명 다시 보기

오늘날 칭기스칸의 역사에 대한 해석은 나라와 민족에 따라, 또 보는 시각과 철학에 따라 복잡하고 다양하다. 우리나라의 국정 교과서는 고등학생용『세계사』에서 북방 유목민의 흔적을 이렇게 가르친다.

> 동아시아의 역사는 만리장성을 경계로 북방의 유목민족과 남방의 한족 사이의 끊임없는 대결의 연속이었다. 한족이 통일 제국을 이루어 세력이 강력해지면서 북방 민족의 남침은 주춤했으나, 남방이 혼란에 빠지면 북방 민족의 남침이 다시 시작되는 것이 일반적인 움직임이었다. 북방 민족은 부족 체제 하에 유목생활을 하고 있을 때에는 별로 힘을 발휘하지 못하였으나, 강력한 지도자가 나타나서 통일 국가를 수립하면 중원에 진출하여 문화 수준이 높은 한족을 무력으로 지배하였다. 이를 정복 왕조라 하는데, 거란족의 요, 여진족의 금, 몽골족의 원, 그리고 만주족의 청이 그 보기이다.

만리장성을 경계로 북방의 유목민족과 남방의 한족이 있었다! 이는 누구도 뒤집을 수 없는 하나의 사실(史實)에 속한다. 그러나 서로 갈등했던 두 세력을 논하면서 중립을 취하는 것은 불가능한 일인지 모른다. 우리 교과서가 취하는 입장은 한족에 가깝다.

> 몽골은 무력으로 한족을 지배했으나 문화와 경제면에서는 중국 사회를 변혁시킬 수 없었다. 그것은 정복자의 수가 적은 데다 그들의 유목문화로는 수준 높은 중국 문화를 수용하기 어려웠기 때문이다. 따라서 농업 성책도 강남에서는 송대의 전호제를 인정하고 장원체제하의 양세법을 그대로 실시하였다.

유목문화를 폄하하는 것, 바로 이것을 농경정착민의 입장이라고 말할 수 있

다. 그리고 그것은 '원 초에 과거제의 폐지로 관직이 막힌 유학자들' 의 눈을 기
준으로 한다.

　　원 초에 과거제의 폐지로 관직이 막힌 유학자들은 학문과 예술 방면
　　에 몰두하여 문인화와 원곡, 전기, 소설 등 많은 작품을 남겼다.

일견 절제되고 균형 잡혀 보이는 이 아슬아슬한 시선의 뒤쪽에는 그러나 몽
골에 대한 우리의 뿌리깊은 부정적인 이미지가 감추어져 있다.
　농경정착문명만이 문명인 것은 아니다. 유목민이 건설했던 사회를 결코 야

칭기스칸의 세계 정복을 그린 몽골의 현대화

만적인 세상이었다고 속단할 수는 없다. 그러한 사례는 무수히 많다. 예를 들어서, 유목민은 원래 강점 통치에는 별로 흥미가 없었다. 몽골은 언제나 점령 후 그곳에 본래 있었던 통치 방법이나 관례에 따랐다. 반란자만 아니라면 특정 사람들과 집단을 억압하거나 탄압하지도 않았다. 조세도 기존의 방법으로 징수하고 고액을 요구하지도 않았다.

또한 직접 정권을 담당한 지배층 외에는 신분이나 계급을 구별시키는 제도적 차이도 없었다. 따라서 최하층인

'한족 중에서도 남인'이 특히 심하게 학대당했다는 말도 진실이 아니다. 그 말이 성립하려면 몽골인들이 최상층에 있어야 마땅하지만 사실 몽골인 중에는 가난 때문에 처자를 팔거나 일용 인부로 나섰던 자도 많았다.

그리고 이상한 현상은 여기서 끝나지 않는다.

편견없이 보면 몽골 시대는 누구의 눈에도 경제 · 문화 · 사회 전반에 걸친 활성화가 현저했다. 중원을 에워싼 국경의 벽은 모두 없어지고 중원의 남북을 오랫동안 격리했던 정치적 긴장도 풀렸다. 사람들의 활동이나 의식을 구속하고 제약해 온 온갖 '테두리'가 제거되어, 사람들은 더욱 활달한 기풍을 갖게 되었다. 그 결과 상하를 불문하고 같은 오락을 즐기는 여유가 폭 넓게 번져갔다. 『수호전』도 이 무렵에 만들어지고, 『삼국지연의』의 근원이 되는 것도 이 시기에 유행되었다. 문화와 학예가 쇠퇴하기는커녕 질 · 양 모두 활성화했던 것이다.

지구촌 시대의 서막

인종 · 언어 · 종교 · 문화의 차이에 거의 구애받지 않았던 사회, 정권과의 연고(?)가 없이도 실력만 있으면 아무라도 쉽게 등용이 되는, 능력 주의 · 실력 주의의 인물 선발이 보통이 된 사회, 압도적 다수의 농민과 서민 등 하층 대중에게 출세와 성공의 기회가 열려 있는 사회…….

이 신기한 제국의 성격을 우리는 중세의 '지구촌 시대'였다는 말이 아니곤 달리 설명할 길이 없다. 그렇다! 칭기스칸은 최초의 지구촌 시대를 만들었다. 그것을 증거해 줄 사례는 너무나도 많다.

첫째, 중세 자유무역 지대 구축

대몽골 제국은 지금의 한반도와 중국, 아랍, 유럽, 러시아, 중앙아시아를 하나의 정치 · 경제 · 문화권으로 묶는 글로벌 체제였다. 「워싱턴 포스트」지는 이렇게 말한다.

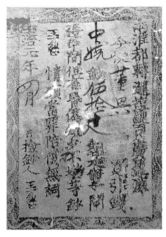

원나라가 만든 세계인의 지폐,
지원통행보초

칭기스칸의 제국은 13세기 말까지 태평양에서 동유럽까지, 시베리
아에서 페르시아만까지 팽창을 거듭했다. 그와 그의 후손들은 유라
시아 대륙을 아우르는 광대한 자유무역 지대를 만들어 냈고, 동서양
문명의 연결을 강화했다. 이는 중세의 GATT 체제라 할 수 있다. 그
는 끝없는 범위의 잠재적인 자유무역 지대를 만들어 냈다. 외교관에
게, 용병에게, 상인에게 그곳은 처녀지였다.

국제 교역이 폭발적으로 늘어나고 이질적인 문명간에 통합이 이루어졌다.
그에 따라 화폐 제도에도 획기적인 변화가 왔다.

둘째, 단일 지폐 경제권의 창출

칭기스칸이 정복한 지역과 나라는 인종도 다르고 종교도 다르며 언어, 문화,
생활 모든 것이 각양각색이었다. 이들 피정복 국가들을 하나로 통합하는 것은
여간 어려운 일이 아니었다. 칭기스칸 제국은 이를 해결하기 위해 단일 지폐를
유통시켰다. 유럽보다 무려 4백 년이나 앞서 만든 지폐였다. 한국은행이 발간
한 『우리의 화폐 세계의 화폐』에는 이렇게 적혀 있다.

지폐가 세계 최초로 사용된 것은 10세기 말경 중국에서 상인들 사이
에 사용된 예탁증서 형태인 교자로 알려져 있다. 그러다 정부가 지폐
를 공식 발행한 것은 1170년 남송이 처음이며, 몽골 황제 쿠빌라이칸

지폐는 순금이나 은에 필적하도록 그
만한 보증과 행정 절차를 거쳐 제작
되었다. 만약 지폐를 위조하다 적발
되면 3대까지 교수형에 처했다고 한
다. 이 그림은 『동방견문록』에 수록
된 대칸의 화폐 발행장면의 축소화이
다. 파리 국립도서관 고문서실 소장.

에 의해 대량으로 발행됐다. 몽골 즉, 원나라
는 금·은·동을 모두 정부가 보관하고, 그 보
증으로 지원통행보초(至元通行寶鈔)라는 이름
의 지폐를 통용시킴으로써 지폐의 유통이 활
발했다.

원나라는 지폐를 발달시켰을 뿐만 아니라 전 제국에 걸
쳐 강력하게 유통시켰다. 마르코 폴로의 『동방견문록』에
그 자세한 기록이 있다. 그 가운데 '대칸이 국민에게 사
용하도록 한 지폐' 대목을 보면 이러하다.

이렇게 해서 지폐가 만들어지면 대칸은 일체
의 지불을 이것으로 끝내며 지배하고 있는 전
영역, 전 왕국에 통용시킨다. 유통을 받아들이
지 않으면 사형이 되므로 누구 한 사람 수수를

마르코 폴로가 전하는 단일 지폐 경제권에는 원나라만이 아니라 킵차크칸
국, 일칸국, 차가타이칸국 등도 포함돼 있었다.

단일 지폐 경제권의 위력은 대단했다. 돈만 있으면 언제 어디서나 어떤 물건
이든 살 수 있고, 또 팔 수 있었다. 원나라의 지폐는 오늘날의 '달러' 처럼 세계
의 기축통화(基軸通貨)였던 것이다.

셋째, 다민족 다종교 국가의 건설

이질적인 사람이나 사회를 수용하면서 그 어떤 차별도 하지 않는 정책을 펼
침으로써 칭기스칸은 광활한 지역에 걸친 다민족, 다종교, 다문화의 대제국을
경영할 수 있었다.

칭기스칸의 손자인 멍케칸 시절, 프랑스 국왕 루이 9세가 파견한 루브루크 출
신의 윌리엄이라는 수도사가 남긴 『루브루크의 몽골 여행기』는 이렇게 말한다.

이같은 풍토가 조성되기 시작한 것은 오래 전의 일이었다. 칭기스칸은, 자신
의 생명을 위험에 빠뜨린 적의 장군을 수용하여 동지로 삼거나 전사한 적장의
딸을 며느리로 삼았고 적장의 아들을 자신의 아들로 삼아 자신의 보호 아래
두기도 했다. 심지어는 적에게 빼앗겨 적장의 아들을 임신한 자신의 아내와
그 아들을 거리낌없이 받아들이기도 하였다. 또한 칭기스칸과 몽골인들은 대
체로 샤머니즘계였으나 칭기스칸의 며느리는 기독교계였다. 칭기스칸의 막
내 아들 톨로이의 부인 소르카크타니는 케레이트부 옹칸의 친동생 자카 감보
의 딸인데, 네스토리우스 교도였다. 그녀가 바로 멍케칸과 쿠빌라이칸의 어머

칭기스칸이 도시를 점령한 후 그곳의 주민들에게 설교하고 있다.
칭기스칸은 자신이 신의 심판자임을 말하면서도 모든 종교를 자유롭게 허용했다.

니였다.

마치 지금의 미국을 연상케 하는 이 혼혈성 사회가 바로 유목문명의 특성이었다.

13세기 초원의 유목세계에서는, 생존을 향한 끊임없는 '적과의 동침'이 비일비재하고, 끊임없이 변화하는 현실 상황에 대응하기 위해 부족들 간에 벌이는 합종연횡이 숨막힐 정도로 빈번하였다. 그래서 패배한 적에 대해서도 용서하고 수용하며 화해하는 것이 필요하였다. 이런 데에서는 영원한 적이란 존재하지 않는다. 그리하여 나는 오로지 나일 뿐 다른 무엇일 수 없다는 생각 즉, 자기의 고정된 정체성을 고집하지 않는다. 요즘은 이것을 '칸막이 가로지르기(cross-over)'라고 부른다.

유목민이 만든 사회 시스템 —천호제·자사크·코릴타

중세의 환경에서 도대체 어떻게 하여 그런 세상이 가능할 수 있었을까? 추측해 볼 수 있는 생각의 하나는 싸움의 내용이 그 싸움을 통해 세워질 세상의 내용을 결정한다는 유럽 학자들의 말이다. 모든 것은 칭기스칸의 통치 방식에서부터 비롯되었다.

칭기스칸이 몽골을 통일하면서 칸에 즉위할 때, 이제 세계를 경영하러 나서기 전에 몇 가지 내부 개혁을 단행한다. 그것은 가히 유목 '문명'이라 표현해서 손색이 없을 만큼 획기적인 것이었다. 그 중 먼저 이야기해야 할 것은 아마도 사회 구성의 원리를 혁신한 천호제의 시행이라 할 것이다.

첫째, 천호제

천호제는 기존의 씨족 단위 편재를 해체하고 10명, 100명, 1000명씩의 단위로 묶고, 각 단위에서 공이 큰 사람을 리더로 뽑는 생활 조직이자 군사 조직이었다.

천호제의 매력은 각 부족마다, 또 씨족마다 수없이 많은 계급과 직위로 나뉘

대자사크

현재 알려진 몽골법 최고의 성문법전은 칭기스칸의 예케-자사크(Yeke Jasag)이다. 초기에는 각지에 산재해 있던 몽골족 내부적으로 지방의 관습에 따랐다. 칭기스칸이 통일을 달성하자 관습법의 통일과 범몽골법의 성문화의 필요에 의해서 1206년의 코릴타(Khurilta)의 승인을 거쳐 성립된 것이 예케-자사크(대법령)이다. 자사크(Jasag)는 금령·규칙·법이란 뜻이다. 여기에 '예케(大)'를 붙인 것은 동시대에 존재한 개별 부족적인 것과 구별해서 전 몽골에 공통의 법이란 뜻이라고 생각된다. 예케-자사크는 원본도 사본도 전해지지 않는다. 단지 아라비아, 페르시아, 아르메니아의 기술가(記述家)들이 그 단편을 전하고 있음에 지나지 않는다. 예케-자사크가 격언의 집성이라든가 성문형태의 법률적 문서로 존재한 것이 아니라 단지 전승되어 전해진 것에 그친다는 러시아 학자의 견해도 있다. 그러나 그것들은 당시 몽골측의 기록들과 모순된다.

예케-자사크는 몽골의 유목생활의 규정을 목적으로 했기 때문에 토지법이 결여되어 있다. 따라서 그 자체로도 정착농경생활을 하는 지방에 적용될 수 없는 성격을 띠고 있다. 또 이것은 몽골의 전 생활을 규정한 것도 아니다. 처음부터 울루스(Ulus)를 구성하는 동맹 부족간의 관계를 원활하게 하기 위해 만든 것이다. 즉 각각의 부족 관습의 일반적 특징을 모아 모두가 준수할 수 있는 공통법으로 만들려는 것이 그 주요 목적이었다.

현존하는 31조의 규정의 내용은 (1) 군사적 성질의 규정 (2) 내부 행정 관계의 규정 (3) 형법 (4) 사법 (5) 스텝의 관습 등의 5개로 구별할 수 있다. 전반적으로 칸의 무한 권력을 확인하고 준엄한 제재 규범에 가득 차 있는 것이 그 특색이라 할 수 있다. 그리고 그 근본적 법연원은 몽골의 관습법이었고 보조적 법연원은 칭기스칸의 입법 규정과 중국법이었다.

어져 있던 수직적인 직제를 전면 개조하여 모든 직위를 단 두 단계로 단순화시킨 데 있었다. 여기에 덧붙여 능력과 성취에 따라 누구나 빠르게 신분 상승을 할 수 있도록 했다. 특히 결정적인 것은 개별 약탈을 금지시켜 오늘날의 성과급 제도와 같은 분배 방식을 부여한 것이었다.

그러한 결과 천호제는 대몽골 제국을 건설하는데 어마어마한 위력을 발휘하였다. 당시 사회로서는 유례가 없는 평등과 민주적인 기회 보장이 살아 있는 구조여서 누구든지 열심히 일하고 능력을 발휘하여 출세하고자 노력했기 때문이었다.

그러나 그 천호제의 시행보다 더욱 중요한 것이 있었다. 그것을 보장하는 법치(法治)의 문제였다.

둘째, 「대자사크」라는 법령의 선포

「대자사크」는 당시 유목사회로서는 전례가 없던 명문화된 법이었다. 문맹의 제왕 칭기스칸이 법치주의에 눈을 뜬 지도자였다는 것은 믿기 어렵지만 사실이었다. 그가 만든 법은 유목사회의 낡은 과거를 청산하고 세계를 향해 진격해 나가기 위해 스스로 고쳐야 할 내부 문제들을 해결하기 위한 것이었다. 더욱이 흥미있는 것은 이 법의 특징이 규정은 최소로 정해놓고 어느 누구든 최대로 지켜야 하는 것이었다는 점이다. "서로 사랑하라, 도둑질하지 말라, 위증하지 말라, 노인과 가난한 사람을 돌보아 주라. 그렇지 않으면 사형에 처한다"와 같은, 인간으로서 마땅히 지켜야 할 바를 정해놓고 위반하는 자를 엄하게(주로 사형으로) 다스린다는 원칙이었다. 그것은 몇 개 안되는 조항으로 대정벌에 나선 군대를 유지시킨 밑바탕이 되었다.

하지만 엄벌한다고 해서 잔인무도한 처벌을 가하는 것은 아니었다. 「대자사크」 시행에 대해 칭기스칸은 이렇게 말한 적이 있다.

> 대자사크를 어기면 먼저 말로 훈계하라. 그래도 세 번 어기면 멀리 발조나(1203년 칭기스칸의 너커르들이 맹약을 했던 곳) 계곡으로 보내어 반성하게 하라. 그래도 고치지 않으면 쇠사슬로 묶어 감옥에 보내라. 그리고 나서 반성하면 다행이지만 그렇지 않으면 친족들을 모아

처리를 논하라.

　신분 사회의 해체와 법치, 이 두 가지가 몽골이 이룩한 유목문명의 필요조
건이었다면 여기에 덧붙여 또 한 가지 놀라운 충분 조건이 있었다. 칭기스칸
은 사회적 관계를 개혁하고 법치를 시행하면서 그것을 수행하는 권력의 중추
에 지금의 입법 기관과 같은 부족 회의 기구를 두었다. 그 부족 회의가 칭기스
칸 사후 150년 간을 지탱한 대몽골 제국의 핵심 제도였다고 봐도 될 것이다.
그것이 얼마나 위력적인 것이었는지는 칸의 후계자 문제에서 적나라하게 드
러난다.

　셋째, 코릴타의 힘

　여기 한 일화가 있다. 칭기스칸이 후계자 문제를 거론한 것은 콰레즘 원정을
떠나기 직전이었다. 60세를 바라보던 칭기스칸의 나이로 봐도 대장정을 앞두
고 후계자 문제를 거론하는 것은 당연한 일이었다. 그는 큰아들 조치, 둘째 차
가타이, 셋째 어거데이, 막내 톨로이를 불러모아 정식으로 자신의 후계자를 정
했다.

　그런데 칭기스칸은 왜 셋째인 어거데이를 후계자로 지명했을까?

　칭기스칸은 제국의 안정을 해칠 수 있는 가장 위험한 요소가 황금 씨족으로
불리는 칭기스칸 일족간의 내분이라고 판단했다. 큰아들 조치는 출생 신분 때
문에 형제간의 화합을 이룰 수 없었다. 둘째 차가타이는 조치와 사이가 나빴
다. 막내 톨로이는 무장으로서 탁월한 공을 세웠지만 형들이 그의 권위를 인정
하지 않을 수 있었다.

　형제간의 화목만이 후계자 선택의 유일한 기준은 아니었다. 비대해진 대제
국은 칭기스칸의 시대와 달리 힘보다는 지혜, 일벌백계보다는 관용과 용서, 약
탈보다는 동정과 베풂을 마다하지 않는 합리적인 관리자를 필요로 했다. 화합
이 가장 중요했던 것이다.

　이 점에서도 어거데이가 네 아들 중 가장 경쟁력 있는 후보였다. 칭기스칸은
자신의 아들들에 대하여 다음과 같은 평가를 남기고 있다.

어거데이칸
원사(元史)에 인의(仁義)의 군주로 기록된 어거데이칸의 초상. 제2대 칸인 그는 제국의 수도 카라코룸을 건설했고 몽골의 유일한 역사서 『몽골비사』를 편찬했다.

차가타이는 군대를 아끼지만 교만하고 호전적이다. 톨로이는 훌륭한 전사지만 인색하고 잔인하다. 어거데이는 어릴 때부터 남에게 잘 베풀고 도량이 넓은 성품을 가지고 있다. 누구든 부귀를 찾으려면 어거데이에게 가라.

다른 형제들보다 뛰어난 전사도 아니고 의지력이 부족한데다가 주연과 향락이 지나치다고 칭기스칸 자신이 몇 번이나 꾸짖었던 어거데이를 후계자로 선택한 것이다. 그러나 이같은 후계자 지명도 유목민의 국가 시스템을 지탱하는 법 절차에 의해 집행되었다. 주요 국사를 논의하는 요즘의 의회 제도를 방불케 하는 유목민의 부족 회의가 재음미되는 것은 이 대목에서이다.

몽골 제국의 대칸은 반드시 코릴타를 통해 절차에 따라 선출되었다. 칭기스칸의 사후 공식 후계자인 어거데이의 칸위 등극이 늦어진 원인은 이 코릴타에서 탁월한 군사 지도자였던 막내 톨로이가 상당한 지지기반을 확보하고 있었기 때문이다.

상당수의 천호장들은 제국의 지속적인 확장을 위해 톨로이가 대칸이 되길 원했다. 이것은 칭기스칸 사후에 예비된 내분의 씨앗이기도 했다. 황금씨족의 내분, 칭기스칸이 죽자마자 그가 생전에 걱정했던 일이 현실로 나타난 것이다. 칭기스칸 사후 막내아들로서 몽골 본거지의 군대를 위임받아 새 군주가 선출될 때까지 감국(監國, 대칸 대리인)의 역할을 맡았던 톨로이는 새 군주를 추대하는 코릴타 소집을 의도적으로 지연시켰다. 그 바람에 무려 2년 동안이나 어거데이가 칸에 오르지 못했다. 대칸의 부재 상황은 제국의 위기를 불러일으켰다. 그러자 실질적인 실력자였던 차가타이가 나섰다. 그는 칭기스칸의 유언이 지켜지지 않는 데 분노했다.

이는 어거데이와 톨로이를 지지했던 고집 센 천호장들을 부끄럽게 했다. 후계자를 유언한 칭기스칸의 본뜻은 코릴타의 승낙을 얻는 것이지 그들의 토의를 이끌어내자는 것이 아니었다. 칭기스칸은 자신의 후계자인 어거데이에게 모두가 승복하는 환경을 만들어주고 싶었던 것이다. 바로 여기에 코릴타의 무서움이 있었다. 한번 코릴타에서 결정되면 누구도 그 결의를 번복할 수 없었다. 이는 제국을 유지하는 버팀목이었다.

어거데이칸의 등극과 집권으로 후계 문제는 일단락 되었다. 쾌락과 음주를 즐겼던 어거데이칸은 사람들이 생각한 것보다 훨씬 유능한 군주가 되었다. 그는 재위 12년 동안 국내의 각종 제도를 정비하고, 아버지가 시작한 정복 사업을 계속하여 금나라를 멸망시키고 동유럽 정벌을 완수해 내는 등 제국을 더욱 넓혀 놓았다.

그러나 후계 문제가 완전히 해소된 것은 아니었다. 계승 분쟁은 칭기스칸의 손자대로 이어져 네 아들 가문간의 대결로 비화된다. 그리하여 어거데이칸의 사후에도 5년 간 대칸이 없는 상황이 발생했다.

몽골인들은 끈질기게 기다려 반목 대신 통합을 이루는데 성공했다. 그러나 이와 정반대의 상황이 멍케칸의 즉위 때 발생했다. 전임자 구유크칸의 사후 그동안 소외를 당하고 있던 조치가(家)와 톨로이가가 의기투합하여 코릴타를 개최했다. 힘있는 중재자가 없는 상황에서 일어난 이 사건은 제국의 위기를 초래했다. 이 위기를 넘기기 위해 멍케칸은 어거데이와 차가타이의 후손들을 무자비하게 처형했다. 그러나 이 균열로 말미암아 훗날 쿠빌라이가 불법 코릴타를 이끌게 하는 비상 시국이 연출된다. 그로써 발생된 폭발이 몽골 제국의 대분열을 야기한 카이도의 반란이었다.

코릴타의 가장 중요한 의의는 반대파에게 충분한 시간을 주어 완벽한 동의를 받아내는 데 있다. 그 원칙이 무너지면 코릴타의 가치와 의미는 사라진다.

최고 권력을 창출하는 과정도 마찬가지였다. 아무리 강력한 군사력을 소유한 자도 불법 코릴타일지언정 코릴타를 통과하는 절차를 밟아야지 그 절차를 무시한 쿠데타는 상상할 수 없었다. 이같은 시스템을 통해 몽골 유목민들은 '신의'에 바탕한 사회적 관계를 형성하고 그것으로 대제국을 건설했으며, 또 유지했다. 그리고 그것은 13세기의 환경에서는 다른 어떤 나라의 시스템보다도 우월하고 강력했다. 그 결과가 바로 칭기스칸 사후 150년 간의 번영과 평화였다.

몽골 제국이 유지되는 동안 전쟁에서 패하여 갈 곳이 없는 자들, 막막한 들판에서 의지할 데가 없는 사람들은 대부분 몽골족에 편입되었다. 칭기스칸과 그 후계자들의 주위에는 몽골인 뿐만이 아니라 멸망당한 민족의 후예, 착취당하던 하층민들, 가난과 궁핍에서 고통받던 이들 등 각종의 한 맺힌 자들이 모여들었다. 그리하여 노예가 장군이 되고, 가난한 자가 부자가 되며 가족을 적에게 몰살당한 자가 원수를 갚거나 나라를 빼앗긴 자가 자기 민족을 되찾는 등, 숱한 인간 드라마가 펼쳐졌다.

중세를 수놓은 유목문명의 꽃
─ 역참제, 속도 숭배 그리고 레고식 사고

이제 마지막으로 칭기스칸 제국이 이룩한 유목문명의 현재성을 이야기할 차례이다.

어떤 사람들은 오늘날의 정보화를 두고 인류 역사를 뒤바꿔 놓은 3대 혁명 가운데 하나라고 평가한다. 농업혁명, 산업혁명에 이어 등장한 정보화혁명은 인류를 전혀 새로운 삶의 세계로 인도할 것이라는 뜻이다. 실제로 우리는 사이버 영토, 사이버 거래, 사이버 가수, 사이버 머니, 사이버 소설 등 지금까지는 상상할 수 없었던 새로운 대지를 만나고 있다.

그 새로운 대지를 가능케 한 것, 또 그 때문에 펼쳐지는 문명의 속성과 삶의 성격, 사실은 이 모든 21세기적인 현상들의 모태를 칭기스칸 제국은 가지고 있었다.

하나, 역참제

오늘날 새로운 역사의 대지를 묶고 있는 것은 인터넷이다. 그런데 재미있는 것은 그 인터넷의 모델이 일찍이 13세기 유라시아 대륙 초원의 유목제국에서 이미 등장했다는 사실이다. 칭기스칸 제국이 광활한 유라시아 대륙의 유목제국을 하나의 네트워크 망으로 연결하면서 설치했던 통신 방식이 있었다. 역참제!

새로운 정복지가 생겨날 때마다 칭기스칸은 파발마를 두어 정보를 유통시켰다. 몇 킬로미터에 하나씩 역을 만들고, 그 사이를 말들이 달리면(물론 말이 달리는 길이 닦여져 있거나 고정된 것은 아니다), 달리는 말은 한 구간을 뛰지만 칸의 명령이나 보고 사항들은 역에서 역으로 연결되어 광활한 대지를 하나로 묶었다. 이 정보가 이동하는 시간은 매우 짧았다. 고려에서 헝가리까지의 거리일지라도 전혀 지체하지 않고 지금의 고속버스의 속도로 연결시켰던 것이다.

이 경이로운 릴레이 전달 방식은 인터넷과 더불어 인류 역사상 단 두 번에 걸쳐서 나타난 반(反)중앙 집중적 정보 전달 체제였다고 말할 수 있다.

대륙의 곳곳에 마치 깨알을 뿌려놓은 것처럼 역들을 깔아놓고, 정보를 말에 싣고 달리는 전달자는 아무 역이든 자기의 입장에서 가장 빨리 닿을 수 있는 곳까지만 가면 된다. 그래서 각 전달자는 전속력으로 달릴 수 있다.

전달 경로도 직선적으로 고정돼 있지 않다. 이같은 네트워크의 핵심적인 특성은 유연성이라 할 것이다. 만약 직선으로 전달 경로가 고정돼 있다면 중간에 어떤 지역에 강이 범람해 홍수가 난다면 거기서 전달은 중단되고 실패하고 만

칸의 전령들이 전갈을 전하고 있다. 파리 국립 도서관 소장.

다. 그러나 역참제는 그때그때 닥치는 상황에 따라 전달 경로가 바뀐다. 수 천 개의 역이 점점이 흩어져 있기 때문에 전달 경로는 가장 빠른 길을 찾아 때에 따라 변경될 수 있었던 것이다. 더 재미있는 것은, 전화처럼 수신자가 고정돼 있는 것이 아니라 최종 수신자가 이동중일 수도 있으므로 역참제는 이동중인 최종 수신자의 이동 방향과 속도, 경로에 따라 그 전달 경로 역시 이동한다는 것이다. 정착문명의 네트워크인 전화가 고정 표적을 향해 사격하는 직격 포탄이라면, 유목이동문명의 네트워크인 역참제는 이동 표적을 향해 사격되는 자동 추적 미사일에 비유된다.

역참제와 인터넷, 이 둘의 차이가 있다면, 하나는 밀이 달리고 다른 하나는 전자(電子)가 달린다는 점뿐이다. 그 둘에 공통되는 것, 그것을 현대 과학에서는 프로토콜(protocol) 방식이라고 한다.

둘, 속도 숭배와 물품의 휴대화

유목문명이 오늘날의 우리에게 남기고 있는 유산 중의 또 하나는 속도를 중시하고 모든 물품을 간소화, 경량화, 휴대화 하는 이동적마인드이다.

칭기스칸이 대제국을 건설한 배경에서 빼놓을 수 없는 것이 말이 가져다 주는 속도의 경쟁력이었다.

농지에 정착해서 사는 사람은 식물이 자라는 것, 수확량이 느는 것이 최고의 가치이다. 그들에게 속도란 의미가 없다. 유목민들은 사냥하고 전쟁하기 위해, 즉 살기 위해 속도가 중요했고, 말이 중요했다. 걸어다니면서 싸우는 사람과 말을 타고 달리면서 싸우는 사람의 전쟁은 승패가 뻔하다.

디지털 문명 시대에 국가의 경쟁력은 그 땅덩어리에 달려있는 것이 아니라 그 속에서 움직이는 사람들의 다이나믹한 속도에 좌우된다. 칭기스칸은 이것을 8백년이나 앞서서 실현했던 사람이라고 볼 수 있다. 그는 인구가 적은 몽골이지만, 사람 수를 늘릴 수 없다면 속도는 늘릴 수 있다고 생각했는지 모른다.

군사 장비를 경량화 하고, 군대 식량의 무게를 줄이는 것은 속도를 빠르게 하는 중요한 방법이었다. 당시 유럽 기사단의 갑옷 및 무기의 무게는 70kg이지만 유목민들의 것은 7kg 밖에 나가지 않았다. 가벼운 갑옷, 가벼운 화살 등 여러 신소재들을 개발하고 무기로서 가치가 없는 것은 없앴다. 또한 육포, 설렁탕, 햄버거 등 요즘 인스턴트 음식의 시초인 식량을 만들어 군량미의 무게를 가볍게 하였다. 소 한 마리를 말려 만든 육포는 양의 방광에 모두 들어가 병사 1인의 1년 식량이 되었다. 대규모 원정 전쟁은 동원할 병사의 숫자 때문에 못하는 것이 아니라 군량을 운반할 수 없기 때문이라는 점을 간파하였던 것이다.

셋, 레고 문명의 발상지

칭기스칸의 현재성은 여기에 그치지 않는다. 더욱 놀라운 것은 군대의 호환성(互換性)을 높인 점인지도 모른다.

칭기스칸의 군대는 그가 손을 한번 들면 10만이 되고 한번 더 들면 20만, 30만, 40만 등으로 얼마든지 변신 가능했다고 한다. 군대의 숫자가 이렇게 고무줄처럼 늘었다 줄었다 했다니 과연 그럴 수 있었을까? 이것은 영웅들에게 따라 붙는 설화적 과장이 아닐까?

칭기스칸 제국 당시 전령들이 지니고 다니던 패스포트.

그러나 사실이었다. 칭기스칸은 자기 조직을 레고(Lego) 조직으로 만들었다. 레고는 '21세기를 통털어 가장 보편적인 놀이 도구'라고 일컬어진다. 레고는 조각들을 이리저리 구상하는대로 맞추면 자동차도 되고 배도 되며 집도 된다.

칭기스칸은 몽골 고원에서 출발하여 유럽에까지 이르는 대원정을 장기간에 걸쳐서 벌였다. 전쟁을 치르는 동안 전사자도 늘어나고 부상자도 늘어나는 것은 당연한 일이다. 그렇다면, 반드시 필요한 임무를 수행할 사람이 없어서 정상적인 전투를 진행하기 어렵게 되는 경우도 생겨났을 것이다. 애초부터 칭기스칸 군대는 다른 정착문명의 대국에 비해 절대 소수였다.

여기서 칭기스칸이 찾은 방법이 현지동원(現地動員)이었다. 새롭게 정복한 곳에서 적의 병력 즉 포로도 자신의 군대로 편입시키는 것이었다. 그래서 그의 병력은 항상 충분했고 칭기스칸이 원할 경우 20만이 되기도 하고 30만이 되기도 한 것이었다. 칭기스칸은 레고 게임을 한 것이다.

이것은 칭기스칸이 자기 체제로 들어온 사람이라면 적이있든 이교도였던 티인종이든 누구든 상관하지 않고 받아들였다는 뜻도 된다. 만약 칭기스칸이 종교가 다르고 출신이 다르고 인종이 다르다고 차별 정책을 썼더라면 적이었던 사람이 칭기스칸의 병사가 되는 일은 없었을 것이다. 그는 포로나 적국의 노예

역참제와 인터넷에 공통된 프로토콜(Protocol) 방식의 힘은 전화와 비교해 보면 확연하게 드러난다.

20세기 정보 통신 문명의 총아였던 전화는 중앙 집중제적 마인드의 전형이었다. 전화는 네트워크 체제의 중심에 있는 교환원을 통해, 또는 자동 교환기를 통해 전화를 건 사람과 받을 사람이 연결되는 방식이다. 시스템의 모든 단말기(전화기)가 그 중앙으로 집중되어 있다. 이케다 노부오는 『인터넷 자본주의 혁명』에서 인터넷에 비교되는 전화의 한계와 문제점을 이렇게 지적한다.

> 단말기(전화기)는 그저 상대방을 골라 통화하는 능력밖에 갖지 않는, 대단히 부하가 편중된 구조로 되어 있다. 이 때문에 전화 회사는 엄청난 설비 투자를 필요로 하는 거대기업이 될 수밖에 없어 많은 나라에서 국영으로 운영했다.

전화는 정보를 보내는 출발단계에서 이미 그 전달 경로가 직선으로 고정된 네트워크 체제였다. 발신자와 수신자, 그리고 그 사이를 이어주는 유일한 전달자로서 전화국의 교환원이나 교환기. 이 세 가지가 직접 연결되어 있기 때문에 최종 수신자가 그 자리에 없으면 통화는 실패한다. '부재중'임을 알리는 메시지만 남게되는 것이 전화다. 또 수신자가 어느 한 사람과 통화 중일 때 다른 모든 사람은 아무리 급하게 전할 말이 있어도 그와 통화할 수 없다. 뿐만 아니라, 중앙의 전화국 자동교환기나 교환원에게서 문제가 발생한다면 모든 전화 단말기는 무용지물이 되고 만다.

반면, 인터넷과 역참제가 지닌 프로토콜 방식은 이른바 릴레이 전달방식이다. 수천 개의 역이 점점이 흩어져 있어서 가장 빠른 길을 찾아 전달 경로를 바꿀 수도 있고, 최종 수신자가 이동중일 때는 그 전달 경로역시 이동한다. 또한 전쟁으로 통신망이 끊겨 전체를 관리하지 못하더라도 남은 네트워크(역참)만으로 정보를 전달할 수 있다. 반중앙집중제이기 때문이다.

등에게 차별 정책을 쓰기는커녕 오히려 자신의 군대와 조직 내부로 편입시켜 새로운 기회와 가능성을 주었다.

그러한 결과 그의 군대는 혼혈 군대, 잡종 군대였다고 이야기되지만 사실, 자크 아탈리 식으로 말하자면 '레고 군대'였다고 할 것이다.

> 미래 문명은 단일한 형태로 구성되지 않을 것이다. 개인적이고 종교 중립적인 서양 모델을 중심으로 모든 문명이 융합된 형태를 띠게 된다. 미래는 각 문명이 폐쇄적으로 움추러들지 않고 개인은 다양한 문명 철학이나 이데올로기, 정치 체제, 문화, 종교, 예술 같은 요소 중에서 자신이 원하는 대로 마음껏 가치 체계를 선택할 수 있는 골동품 상과 같을 것이다. 이미 현지 문화와 식민 통치 문화가 뒤섞인 아프리카나 라틴 아메리카는 레고 문명의 전위가 될 것이다.
> 레고 문명은 문명 중의 문명이 될 것이다. 레고 문명은 모든 혼합이 조화를 이루고 서로가 서로에게 관용을 갖게 하며 새로운 차이점을 만들도록 독려하는 것이다. 새로운 것을 반가운 것으로 받아들이고 불안한 것을 하나의 가치로 받아들이는 것은 독특한 연대감을 지닌 새로운 유목민 부족의 창조자인 레고 문명을 끊임없이 쇄신시킬 것이다.
>
> — 자크 아탈리, 『21세기 사전』

칭기스칸이 보여주는 이러한 레고적 사고의 미덕, 유목적 인간관계의 미덕은 우리에게 '타자(他者)'와 공존할 줄 아는 인간이어야 한다는 것을 가르쳐 준다. 13세기의 선택이 21세기적 선택의 모델이 되는 새로운 문명의 유산이 되고 있는 것이다.

이제 모든 이야기가 끝났다. 생각해 보면 칭기스칸과 그의 몽골 제국이 세계사 속으로 사라지고 몽골 유목민들이 그들의 고향으로 돌아간 뒤, 인류의 역사는 다시 정착문명으로 돌아갔다. 그리고 정착문명은, 토지라는 이익의 칸막이

를 차지하고 살던 농경정착 시대를 지나 기술이라는 칸막이를 차지하고 사는 기술정착 문명 시대, 자본이라는 칸막이를 차지하고 사는 자본정착 문명 시대로 이어졌다. 13세기 몽골 제국 이후, 인간은 다시, 자신의 기득권을 보호하는 이익의 칸막이를 근거지로 삼아서 생존해 가는 삶 속으로 귀환한 것이다. 결국, 길을 닦는 인간 대신에 성을 쌓는 인간의 역사로 회귀한 셈이다. 그것이 기술이든, 자본이든, 학벌이든, 신분이든 그 성곽이 튼튼하고 근거지가 넉넉한 자는 행복했고 근거지가 없거나 성곽에서 쫓겨난 자는 불행했다.

그러나 지금 우리는 오랜 정착문명 시대에서 벗어나 기존의 지식으로 설명할 수 없고 기존의 생존방식으로는 살아가기 곤란한 매우 낯설고 새로운 세계로 진입하고 있다. 불행한 자들과 행복한 자들 사이를 가로막고 있는 정착문명의 성곽들이 다시 무너지고, 또 한 번 인간의 역사는 폭풍처럼 질주하는 영혼의 시대, 바람 속을 고향으로 삼는 이동의 시대로 전환하고 있는 것이다.

이제 모든 칸막이는 무너지고 있으며 경계는 파괴되고 정착의 고정된 근거지들은 안개 속으로 사라지고 만다. 자신의 칸막이 안에서 안주하며 살고자 하는 욕망은 이제 더이상 허락되지 않는다.

글을 끝내면서

1

인류의 과거와 미래에 대하여 오랫동안 많은 이야기들이 있어 왔다. 최근에는 특히 그랬다. 과거나 미래가 지금 우리들의 시간에 작용하는 역할을 놓고 숱한 주장들이 쏟아져 나와 역사에 대한 기존의 인식을 끝없이 정정하고 있는 것이다. 이 책도 그런 것 중의 하나이다. 하지만 독자는 부담 없이 읽었으면 좋겠다.

나는 역사를 전공하거나 문명을 연구한 적이 없는 저널리스트이다. 학자들이 무엇인가를 주장하기 위해 글을 쓴다면 저널리스트는 무엇을 전달하기 위해 글을 쓴다. 학자들이 분석과 추리에 근거한다면 저널리스트는 취재와 알리바이에 근거한다. 그리고 학자들이 학문적 지평에 기대고 있다면 저널리스트는 동시대인들의 상식에 의존한다.

그러나 이 글이 유목민의 역사를 단지 소개하기 위해서만 쓰여진 것은 아니다. 그것들에게서 드러나고 있는, 그리고 미래의 인류에게 꼭 필요하다고 생각되는 하나의 관점을 제출하려는 것이었다. 유목이동문명적 관점!

2

유목민이 걸어온 '질주의 문명사'를 내가 머리 속에 그려오기 시작한 것은 오래 전의 일이었다. 길게는 40년, 짧게는 3년 동안 틈이 날 때마다 그에 관한 사료(史料)를 확보해 왔다.

하지만 역사에서 공식을 찾으려는 노력은 하지 말기로 하자. 다만 한 가지, 꼭 기억해야 할 것은 지배자가 세계를 질주할 때 강자와 약자를 가리지 않는다는 사실이다. 강자는 태풍처럼 막무가내의 힘으로 사방팔방을 흡수해 버린다. 무수히 많은 약자들의 상처가 이곳에서 생긴다.

인간이 자꾸만 역사에 매달리는 것은 영혼에 새겨진 상처 때문일 것이다. 그러나 아무리 몸부림쳐도 상처 입은 자의 과거는 철거되지 않는다. 문제는 용서하고 사랑하고 복권시키고 화해하는 것 아닐까?

3

내가 『밀레니엄맨』을 출간한 것은 3년 전이었다. IMF를 맞아서 세상은 시끄럽고 사람들은 하나같이 풀이 죽어 있었다. 평소에 술좌석에서만 떠들던 칭기스칸 이야기를 내가 왜 그토록 흥분해서 써야 한다고 생각했는지 모른다. 여기저기에서 시련을 못 이겨 나자빠지는 사람들을 보면서 저널리스트로서 들려주고 싶은 이야기가 있었고, 또한 같은 이유로 하고 싶어도 할 수 없는 말이 있었다. 나로서는 가장 편하고 자유로운 형식이 단행본을 내는 것이었다. 책을 서점에 내놓고 여러 자리에서 읽었다는 사람들을 만났다.

하지만 그것이 기쁘기만 한 것은 아니었다. 책임감이 때로는 죄책감을 낳기도 했다. 그래서 유라시아 대륙을 찾아가 칭기스칸의 무대를 답사했고, 혹시 저질렀을지 모르는 '역사에 대한 오독의 부담감'을 덜기 위해 전문가들에게 묻고 독서도 했다.

그 사이에 한국은 IMF 상황을 벗었고, 내가 칭기스칸을 말하면서 전하고자 했던 21세기에 대한 생각을 세계의 저명한 석학들이 동일한 컨셉으로 내놓는 반가운 일들도 여러 건 있었으며, 또한 우리를 서기 1900년대의 자리에서 2000년대의 자리로 옮겨다 준, 세월의 어김없는 진행이 있었다.

다시 한번 서둘러야겠다는 결심을 한 이유의 하나가 바로 여기에 있다. 그 밀레니엄의 밤을 건너온 후 사람들이 마치 거대한 역사의 강을 하나 건너와 버린 것처럼 말하고 사고하며 행동하는 것을 보았다. 우리는 지금 어디에서 어디로 건너온 것인가? 이제 우리는 어떤 출구를 향하게 될 것인가?

4

앞으로 발간하고자 하는 책들 중에서도 이 책, 제1권은 나로서는 상당한 고뇌와 심혈을 쏟은 것이다. 이 책을 쓰기 위해 많은 자료들을 모았고, 많은 시간을 허비했으며, 또한 이루 말로 다하기 어려운 신세들을 져왔다. 이제 결실을 보는 자리에서 도움을 준 분들을 소개한다.

나와 동시대를 함께 한 모든 것이 다 도움을 주었지만 특별히 거론하지 않으면 안될 이름들이 있다. 우선 몽골 여행에 기꺼이 동행해 준 부산 범어사 관조 큰스님과 이십년지기 김호석 화백, 『천년영웅 칭기스칸』의 작가 이재운 씨, 그리고 국경을 넘어 우정을 보여준 몽골인들, 언제나 격려를 아끼지 않으셨던 반가반디 대통령 각하, 주한 몽골대사관의 우르진훈데브 대사와 롬보 참사관(지금은 주북한 대사로 옮기셨다)과 하과 영사, 몽골 내일신문사의 발도르치 사장, 몽골 사회과학원의 촐몽 교수, 히쉭트 교수, 바야르 교수, 복드칸 박물관장을 지내신 바뜨럴 박사, 전 몽골 국립대 교수 다그바 화백, 민도여 몽골 문화원장, 주몽골 한국대사관의 김원태, 최영철 전 대사와 대사관 직원들 등은 숨은 공로자들이다. 그리고 내가 읽은 많은 자료 중에서도 특히 도움이 되었던 『몽골 세계경영』과 『유목민이 본 세계사』를 쓴 일본의 스기야마 씨, 또 참 좋은 글을 읽게 되는구나 싶어서 이름을 들춰보면 꼭 나타나곤 하던 서울대 김호동 교수에게도 절을 올리고 싶다.

그리고 그 못지 않게 실무적으로 신세를 진 분들에게도 감사의 말을 하지 않을 수 없다. 몽골사에 관해 내게 결여된 지식을 제공한 분이 있는데 _그_가 몽골을 정열적으로 연구하고 있는 박원길 교수이다. 교열의 과정에서도 여러 사람의 도움을 받았다. 몽골, 러시아, 독일, 일본, 미국 등지의 자료를 구입하느라 애써 준 이영산 씨도 고맙다.

2년 여의 집필 기간 동안 물심양면으로 도움을 주었던 현대자동차 사장 정순원 경제학 박사, 조길연 한국신용평가정보 전무, 박재천 인하대 정보정책학 교수. 민경복 한국산업은행 분당지점장, 박세원 (주)ADD테크놀로지 회장, 박균서 동부생명보험 상무, 이제섭 MARSH KOREA 상무, 오동주 고려대학교 구로병원장, 박종민 전 서울은행 소공동 지점장 등 동창생들과 (주)규호의 김명덕 사장, 현대경제사회연구원의 유병규 경제본부장(상무)도 너무나 고마운 사람들이다. 몽골에 있는 손석원 몽골알타이투어캠프 사장과 귀한 사진을 제공해 주신 (사)한국광고사진가협회 강종진 이사, 경기방송 황규필 PD, 목동 인치과 박종순 원장, 한국에서 공부하고 계신 싸인비렉 교수와 서울대 허를러 양에게도 이 자리를 빌어 감사의 인사를 전한다.

끝으로, 아내의 내조가 결정적이었음을 고백해 둔다. 가장의 불성실을 견뎌 준 자식들에게도 건투를 빌며……

2005년 1월
김종래

부록

유목제국사연표 · 찾아보기

유목제국사 연표

연 대	유목제국사　세계사　한국사
B.C.	
50~30만년경	고생 인류 출현, 자바인, 베이징인.
3만년경	현생 인류 출현, 크로마뇽인.
3000년경	4대 문명 기원, 이집트, 메소포타미아, 황하, 인더스.
2333년경	고조선 건국.
2000년경	몽골 초원과 카스피해 사이의 중앙아시아 지역에 유목민의 활동이 시작됨.
1400년경	4대 정착문명에 대한 유목민족의 침략. 메소포타미아엔 히타이트인, 인더스엔 아리아인, 이집트에는 힉소스인 점령.
1000년경	아리아인, 갠지즈강으로 이동.
	한반도에 청동기 문화 전래(스키타이계).
770년경	앗시리아의 오리엔트 통일.
	페르시아 제국 성립.
8세기경	흑해 북동부에 유목민족 스키타이 등장, 키메르인 정복.
674	앗시리아와 동맹한 스키타이가 메데 점령.
525	페르시아 오리엔트 통일.
514	페르시아의 다리우스 대제 스키타이 침공, 실패.
492~479	페르시아 전쟁.
430년경	헤로도토스『역사』 편찬.
400년경	한반도에 철기 문화 보급.
334~324	마케도니아의 알렉산더 동방 세계 통일.
321년경	페르시아 제국 멸망.
300년경	중앙아시아 북쪽에 흉노족 출현.
3세기	기마유목민 사르마트에 의해 스키타이 멸망.
221	진(秦) 시황이 중국 통일. 흉노(匈奴)를 방어하기 위해 몽염을 시켜 만리장성 수축.
210	묵특선우(재위 B.C.210~174)가 즉위하면서 흉노의 전성시대 개막. 만주의 유목민족 동호 정벌, 티베트 계열의 월지 정벌로 동방의 민족 이동이 일어남.
202	한 고조의 30만 대군이 흉노 정벌 위해 출병. 백등산 전투에서 대패.
194	위만의 찬탈.

연 대	유목제국사　세계사　한국사
B.C.	
140년경	한무제의 정복 사업.
121	한무제(재위 B.C.141~87) 곽거병, 위청을 파견하여 흉노 제압.
108	고조선 멸망. 한군현 설치.
97	사마천 『사기』 완성.
60	중국 서역에 도호부 설치.
57	신라 건국.
43	흉노의 선우 호한야와 질지의 싸움으로 1차 동서분열.
37	고구려 건국.
36	한(漢)의 장군 진탕이 서흉노의 선우 질지 죽임. 서흉노족 사라짐.
18	백제 건국.

연 대	
A.D.	
3	고구려 국내성 천도.
48	흉노의 2차 분열(남북으로 영원히 분열됨), 남흉노는 후한(後漢)에 항복.
105	채륜 종이 발명.
155년경	몽골 고원의 북흉노가 유목민족인 선비(鮮卑)의 단석괴(檀石槐)에게 정복됨.
158년경	북흉노가 카자흐스탄으로 이동하여 유럽에 최초로 훈족(Huns)으로 알려짐.
200년경	사산조 페르시아 흥기.
245	위나라 고구려 침입.
293	선비의 모용외가 고구려를 공격함.
304	남흉노 선우의 후예 유연(劉淵, 호주천)이 대한황제(大漢皇帝)에 즉위함.
312	남흉노의 유요(劉曜)가 장안을 함락시켜 서진(西晉) 멸망.
	五胡十六國 시대 시작(~439).
313	낙랑군 멸망.
320	인도 굽타 왕조 성립.
342	전연의 고구려 침입.
375	게르만족의 이동.
386	선비의 탁발규(拓跋珪: 도무제)가 북위(北魏, 탁발 왕국)를 건국함.
391	고구려 광개토대왕 즉위.

연 대	유목제국사 　세계사 　한국사
A.D.	
395	로마 제국 분열.
400년경	훈족의 서방 이동.
427	고구려 평양 천도.
434	아틸라 훈족 왕으로 등극.
439	탁발도(拓跋燾, 태무제)가 북중국의 모든 투르크 몽골계 왕국을 정복함.
449	동로마 사절단 일원인 프리스코스가 훈족 방문.
441	훈족의 아틸라 동로마 제국 침범.
451	훈족이 라인강을 건너 메츠 점령.
452	훈족 이탈리아 침공.
453	훈족왕 아틸라 사망.
475	백제 웅진 천도.
476	서로마 제국의 멸망.
486	프랑크 왕국 성립.
494	북위의 탁발굉(拓跋宏)이 평성(平城)에서 낙양(洛陽)으로 천도하여 한화정책 (漢化 政策) 완성.
534	북위가 동위(東魏)(~550)와 서위(西魏)(~557)로 분열함.
538	백제 사비 천도.
552	부민칸이 서위의 도움으로 유연의 아나괴를 이기고 돌궐국 세움(~744).
553	부민칸의 아들 무한과 동생 이스테미의 싸움으로 돌궐이 동서로 분열함.
572	이스테미의 서돌궐 야브구국이 비잔티움과 연합하여 사산조 페르시아 공격(~591).
598	고구려 요서 공격.
600년경	슬라브 민족 이동 시작.
612~613	수의 고구려 공격, 을지문덕 살수대첩.
630	동돌궐이 당 태종 이세민(李世民)에게 멸망함.
645~668	당의 고구려 공격.
657	서돌궐이 당 고종에게 멸망함.
660	백제 멸망.
668	고구려 멸망.
676	신라 삼국 통일.
682	동돌궐이 다시 일어남.
698	발해 건국.

352

A.D.	
711	사라센, 서고트 왕국 멸망시킴.
720년경	빌게칸과 그 동생 퀼테긴에 의한 동돌궐의 최전성기.
744	쿠틀룩이 돌궐을 무너뜨리고 위구르 제국을 건국, 내몽골을 통일함.
751	불국사 건립.
813	위구르가 토번(吐蕃 ; 티베트)을 정벌.
828	청해진 설치.
840	키르기스가 위구르를 무너뜨리고 몽골계 사람들과 함께 몽골 고원으로 진출.
866	위구르의 서천, 천산(天山) 위구르 왕국 성립.
916	야율아보기가 거란족을 통합함.
917	야율아보기 동몽골에서 거란 건국(~1125).
918	고려 건국.
926	발해 멸망.
936	고려 후삼국 통일.
947	거란이 중국식 국호 요(遼)를 채택함.
960	송(宋) 건국.
962	신성 로마 제국 성립.
986	거란이 송(宋)을 공격.
993	거란의 소손령(蕭孫寧)이 고려를 침공(1차).
1010	거란의 성종(成宗)이 고려를 침공(2차).
1018	거란의 소배압(蕭排押)이 고려를 침공(3차).
1019	강감찬 귀주대첩.
1033	고려 천리장성 건축.
1037	셀주크 투르크 건국.
1096	십자군 운동 시작.
1107	윤관의 여진 정벌.
1115	여진족(女眞族) 완안부(完顔部)의 아골타(阿骨打)가 금(金)을 건국함(~1234).
1126	이자겸의 난.
1127	금이 송의 수도 변경을 함락시키고 미종(微宗)과 흠종(欽宗)을 납치, 북송 멸망과 남송의 성립.
1135	묘청의 난.
1145	김부식 『삼국사기』 완성.

연 대	유목제국사 세계사 한국사
A.D.	
1161	금이 남송 침공. 금의 전성기.
1162	테무진 출생(혹은 1155년).
1170	무신의 난.
1175	망이, 망소이의 난.
1196	테무진 옹칸과 부자의 맹 결성(~1199).
1196~1258	최씨의 무단 정치.
1198	만적의 난.
1203	테무진 카라 칼지트 전투 승리.
1205	테무진 서하 원정. 자모카 사망.
1206	테무진이 칭기스칸에 추대되고 몽골 제국을 창건함.
1209	칭기스칸 서하 원정. 서하 항복(1210).
1211	칭기스칸 금나라 출정.
	쿠출루크가 구르칸을 몰아내고 서요(카라 키타이)의 국왕이 됨.
1214	몽골군 금나라 수도 중도(中都) 포위. 금 수도를 황하 이남의 변경으로 천도.
1215	몽골군 중도를 함락시킴.
1218	몽골군의 장군 제베가 쿠출루크의 서요 정벌. 몽골 대상단이 콰레즘의 오트라르에서 피살. 몽골군 금의 화주·맹주·순주·덕주 함락.
1219	고려 장군 조충(趙仲)·김취여(金就礪) 등이 몽골과 함께 강동성의 거란을 격퇴. 몽골의 합진(哈眞)이 고려에 강화를 청함. 최우(崔瑀)가 집권하면서 몽골 사신 11명이 고려에 도착. 칭기스칸 콰레즘 원정.
1220	몽골군 콰레즘의 오트라르, 부하라, 수도 사마르칸트 점령.
1221	콰레즘의 왕 술탄 무함마드 2세 알라 앗 딘 카스피해 고도에서 사망.
1222	칭기스칸 전진교 교주 장춘 진인 만남.
1225	몽골 사신 저고여(著古與) 고려에서 피살.
1227	서하 재원정 중에 칭기스칸 사망. 서하 멸망.
1229	어거데이(재위 1229~1241 : 元太宗)가 대칸에 즉위함.
1231	몽골장군 살리타이가 고려를 침공(1차) 부인사의 대장경이 소실됨.
1232	몽골 장군 살리타이가 김윤후(金允侯)와 처인(處仁) 부곡민들에게 살해됨.
1234	금나라 멸망.
1235	어거데이 칸이 카라코룸을 건설함. 바투의 유럽 원정 시작.
	몽골군이 고려를 침공함(2차).

연 대	유목제국사　　세계사　　한국사
A.D.	
1236	몽골군이 고려를 침공함(3차).
1236~1251	고려 팔만대장경 조판.
1238	몽골군이 황룡사와 9층 목탑을 불태움.
1240	바투의 몽골 서정군(西征軍)이 키예프 점령.
1241	몽골 서정군 헝가리, 폴란드 점령. 태종 어거데이칸 사망.
1246	구육(재위 1246~1248 : 元 定宗)이 몽골 제국 대칸에 즉위함.
1247	몽골 장군 아모간(阿母侃)이 고려를 침공함(4차).
1251	멍케(재위 1251~1259 : 元 憲宗)가 대칸에 즉위함.
1258	훌레구가 바그다드의 압바스 칼리프조를 멸망시킴. 일칸국 성립(~1393).
1259	고려 태자가 몽골에 항복의 뜻을 전함.
1260	쿠빌라이(재위 1260~1294: 元 世祖)가 대칸에 즉위함.
1262	쿠빌라이칸 아리크 버케 반란 진압.
1268	카이도의 반란.
1269	파스파(로테 갼첸)가 몽골 공용문자인 파스파 문자를 창제함.
1270	파스파를 제사(帝師)에 임명. 고려의 삼별초가 대몽항쟁을 벌임(~1273).
	삼별초의 항전.
1271	쿠빌라이가 중국식 국호인 원(元)을 채택하고 카라코롬에서 북경(北京)으로 천도. 원실(元室)의 공녀 요구로 고려 조혼 풍습이 유행함.
1271~95	마르코 폴로 동방 여행.
1276	원, 남송 수도 임안 공격.
1278	원, 미얀마 침공.
1279	려몽 연합군의 일본 정벌(1차)이 실패함.
	남송 멸망.
1281	원이 고려에 『수시력』을 보냄. 려몽 연합군의 2차 일본 정벌이 실패함.
1285	일연 『삼국유사』 편찬.
1290	동녕부 철폐.
1299	오스만 투르크 제국 성립.
1309	단테 『신곡』 완성.
1325	아부사이드칸이 독살되면서 일칸국 분열 시작.
1340	고려의 기씨(奇氏)가 원실의 황후로 책봉됨.
1348~1351	유럽 전역에 페스트 유행.

연 대 A.D.	유목제국사	세계사	한국사
1352			공민왕의 배원 정책.
1359~1362			고려에 홍건적 침입, 서경 함락.
1367			문익점 목화씨 전래.
1368	주원장(朱元璋:홍무제)이 원조(元朝)를 무너뜨림. 마지막 황제 토곤 테무르(재위 1330-1370: 元 順帝) 내몽골로 피신함.		
1369	원조와 고려간의 관계가 단절됨. 이후 1377까지 북원과 부분적으로 교류함. 티무르 제국 성립(~1500).		
1377			『직지심경』 간행. 최무선 화약 제조.
1381		영국 농민 반란.	
1388			위화도 회군.
1392			조선 건국.
1398	티무르 인도 침략.		
1402	티무르, 앙고라 전투에서 오스만 투르크 대파.		
1405	티무르 중국 원정 중 사망.		
1414			이종무 쓰시마 정벌.
1439	오이라트(서몽골)의 에센 타이시 동몽골을 제압하고 전몽골의 지도자가 됨.		
1446			훈민정음 반포.
1450		구텐베르크 활판인쇄술 발명.	
1453		비잔틴 제국 멸망.	
1486		디아스 희망봉 도착.	
1491	동몽골의 다얀칸과 만두하이가 서몽골 격퇴.		
1492		콜럼버스 아메리카 항로 개척.	
1498		바스코 다 가마 인도 항로 개척.	
1500	티무르 제국 붕괴.		
1517		루터의 종교 개혁.	
1526	티무르의 후손 바베르 무굴 제국 세움.		
1530		코페르니쿠스의 지동설.	
1571	킵차크칸국이 크림칸국, 카잔칸국, 이스트라칸국으로 분열. 킵차크칸국은 크림칸국에 합병.		
1578	내몽골 지도자 알탄칸과 티베트 종교 지도자 소남 갸초가 회동함.		
1586	아바타이칸이 할하(외몽골)에 에르덴 죠(寺)를 건설하기 시작함.		

연 대	유목제국사 세계사 한국사
B.C.	
1592~98	임진왜란.
1616	누르하치가 후금을 건국함.
1623	인조반정.
1627~36	병자호란.
1634	후금의 홍타이지(복드 세첸칸)가 몽골국 마지막 황제 릭단칸을 서쪽으로 축출함.
1635	홍타이지가 중가르 제국(서몽골)을 세움.
1636	만몽연합군 칸인 홍타이지가 후금 국호를 청(淸)으로 바꿈. 조선을 침공하여 병자호란을 일으킴. 내몽골 지역에 대한 복속을 완료함.
1639	운두르 게겐(자나바자르)이 할하 지역 불교 수장으로 추대됨(제1대 보그드 제브춘담바 호탁트).
1640	할하와 오이라트 왕국 회맹으로 『몽골–오이라트 법전』이 비준됨.
1642~60	영국 청교도 혁명.
1644	청조가 중원을 제패함.
1648	중가르의 자야 탄디타가 토드 문자를 창제함.
1654~58	효종때 청나라의 요청으로 조선군이 러시아 2차례 정벌(나선정벌).
1671	갈단 보쇼그트(재위~1697)가 중가르 제국의 칸위에 오름.
1687	중가르와 할하 왕국간의 분열과 내전이 일어남(~1688).
1691	돌론노르 회맹으로 할하 지역이 청조에 공식적으로 복속됨.
1696	중가르의 갈단칸과 청 강희제가 오늘날 몽골국 테렐지에서 결전을 벌임. 청의 승리로 몽골 고원에 할하가 득세.
1712	숙종 백두산 정계비 건립.
1715	할하 중부와 서부에 청 진압군이 주둔함.
1755	청조가 중가르를 점령함. 아마르사나, 칭군잡 주도로 반청운동이 일어남(~1758)
1783	크림칸국 러시아에 합병.
1809	제4대 보그드가 후레에 간단테그친링사(寺)를 건설함.
1858	무굴 제국 멸망.

찾아보기